从价值创造到价值实现

——上市公司市值管理

马一杰　著

对外经济贸易大学出版社
中国·北京

图书在版编目（CIP）数据

从价值创造到价值实现：上市公司市值管理 / 马一杰著. —北京：对外经济贸易大学出版社，2024.2（2024.11重印）

ISBN 978-7-5663-2581-5

Ⅰ. ①从… Ⅱ. ①马… Ⅲ. ①上市公司–市场价值–研究–中国 Ⅳ. ①F279.246

中国国家版本馆 CIP 数据核字（2024）第 030382 号

从价值创造到价值实现
——上市公司市值管理
Cong Jiazhi Chuangzao Dao Jiazhi Shixian
——Shangshi Gongsi Shizhi Guanli

马一杰　著

责任编辑：张俊娟

出版发行：对外经济贸易大学出版社
社　　址：北京市朝阳区惠新东街 10 号
网　　址：www.uibep.com
资源网址：www.uibepresources.com
邮政编码：100029
邮购电话：010－64492338
发行部电话：010－64492342
E-mail：uibep@126.com

成品尺寸：185mm×260mm
印　　张：16.25
字　　数：337 千字
ISBN 978-7-5663-2581-5
印　　刷：北京九州迅驰传媒文化有限公司
版　　次：2024 年 2 月北京第 1 版
印　　次：2024 年 11 月第 2 次印刷
定　　价：58.00 元

序　言

随着中国资本市场的发展和变化，一方面，中国企业股权融资渠道会越来越多元化，上市公司的规模和质量将进一步提升；另一方面，目前在中小上市公司中已经出现的流动性和市值管理问题未来可能进一步凸显。同时，随着价值投资理念深入人心和资本运营实践的发展，上市公司和资本市场利益相关方对于市值管理有了愈加深入的认识。市值管理是上市公司战略落地重要内容的观点日渐深入人心，市值管理战略正在成为上市公司战略不可或缺甚至是关键的一环。基于合规的上市公司市值管理对于上市公司和资本市场利益相关方的意义越来越重大。在工作过程中，我深切感受到上市公司管理层、企业证券和投资者关系工作人员需要一本实操性强、理论和实践相结合的市值管理书籍，因此根据本人的从业实践、学习和思考完成了本书。

本书详细介绍了上市公司如何围绕价值这个市值核心，以价值创造为推动力，进行扎实的价值经营，最终达成价值实现的市值管理方法论和实践。这套市值管理方法论以合规为基础，立足于公司基本面及预期发展情况，深入认识资本市场变动趋势和资本市场利益相关方的需求，就此把握公司的内在价值和合理估值区间，按照公司战略和业务发展所需，规划公司市值管理战略，配合业务的发展以及上市公司投并购、公司治理和股权管理，通过扎实的信息披露和投资者关系工作，提升公司的估值和市值，最终实现上市公司发展战略和市值管理战略。需要指出的是，市值管理的核心其实就是“价值管理”，目前在实践中也会使用价值管理这一术语代替市值管理的表述。

本书主要面向上市公司、新三板挂牌公司、拟上市公司的董事、监事、董事会秘书、财务总监、证券事务代表、投资者关系总监等公司高级管理人员和证券工作人员，还可供投资者、科技企业管理层、资本市场专业服务人士和研究者参考。

本书虽然自我定位是一本入门工具书，但笔者更希望它成为一本启发读者的书，希望读者能真正理解正确的市值管理应该是什么。本书如能对中国上市公司特别是中小市值上市公司改进市值管理工作略尽微薄之力，则幸甚至哉。

本书如有任何错误，错误在我。中国资本市场快速发展，个人见识和能力有限，本书内容的不足与瑕疵，恳请读者予以谅解和指正！

马一杰

2024 年 1 月 16 日

目 录

/ 第 1 部分　市值管理概述 /

/ 第 2 部分　市值的相关因素及市值管理战略制定 /

/ 第 3 部分 市值管理实践：价值创造、价值经营和价值实现 /

第 1 部分

市值管理概述

第1章
市值管理概述

1.1　市值管理概述

经过30多年的时间，中国股票市场获得了长足的发展，截至2023年上半年，A股市场共有5 223家上市公司，总市值约90万亿元，其中超过1 000亿元市值的上市公司有151家，低于300亿元市值的上市公司有4 700多家，低于100亿元市值的上市公司有3 600多家，市值低于30亿元的超过千家。一家上市公司的市值是其整体实力的集中反映，也反映了金融市场对于该公司及其所处细分行业和领域发展前景的预期。随着资本市场的发展，市场参与者，特别是上市公司对市值管理的认知水平不断提升，随着全面注册制的落地，市值管理工作作为上市公司战略落地的重要环节，必将在上市公司管理工作中愈加重要。

我们需先对市值管理正本清源，明确市值管理的定义和内容，消除长期以来对市值管理的误解。

1.1.1　市值管理的发展历程

市值管理是在境外成熟资本市场价值管理理论的基础上，结合我国资本市场实际情况发展衍生出的概念。

在西方成熟资本市场，人们对于上市公司的企业价值和价值管理问题有一个逐步认知和发展的历程。20世纪50年代，美国学者莫迪格莱尼（Modigliani）和米勒（Miller）构建了基于现金流量的价值评估体系，提出了企业价值的概念。到20世纪80年代中期，美国的管理咨询公司在总结分析企业实践的基础上提出了股东价值管理的理念，并经麦肯锡顾问公司和波士顿咨询公司的倡导与推广，开始得到广泛的应用。麦肯锡顾问公司汤姆·科普兰（Tom Copeland）等人和波士顿咨询公司詹姆斯·A. 奈特（James A. Knight）等人，明确提出了股东价值管理的概念和应用模型，他们认为，只有当资本回报超过资本成本时，公司价值才被创造出来，价值管理是以价值评估为基础、以价值增长为目的的一种综合管理模式。价值管理所倡导的股东价值最大化的理念唤起了市场对股东价值的高度关注。美国的企业开始以股东价值最大化为导向制定公司战略、设计投融资方案、提高公司治理质量、对经理人实施股权激励，从而实现公司的价值最大化目标。

而市值管理，则是在 2005 年前后由一些中国学者提出的，目的是解决股权分置改革（简称“股改”）下上市公司的价值管理问题。2005 年股权分置改革之前，由于占有控制权的非流通股股东利益不受股票交易、市场价格变动的影响，上市公司更注重利润最大化，此时并不存在市值管理这个说法。2005—2008 年的股权分置改革，原来不流通的国有股大量进入证券市场进行交易流通，使得我国资本市场进入全流通时代，上市公司大股东和中小股东同股不同权的局面得到根本改变，原来的非流通股股东开始注重股价与持股价值，上市公司追求的目标由利润最大化转变为公司价值最大化，市值成为衡量上市公司价值的新标准，从而产生了市值管理的可能性与必要性。

2005 年，施光耀先生首次提出，股改全面推进之后，需要研究后股改时代市场将面临的一些重大问题，比如股改完成市场进入全流通之后，上市公司需高度重视收购兼并、市值管理等，尤其是要从股东、股价和股本三个方面进行市值管理，以促进公司市值的持续和稳健增长。

2005 年，国务院国资委在《关于上市公司股权分置改革中国有股股权管理有关问题的通知》中明确提出，在对上市公司国有控股股东进行业绩考核时，要考虑设置其控股的上市公司市值指标。

2008 年，股权分置改革完成，我国资本市场进入全流通时代。但 A 股却从年初的 5 272 点降至年终的 1 820 点，从牛市进入熊市，A 股市值从 32 万亿元降至 12 万亿元，市值缩水高达 63%。面对大起大落的资本市场，如何有效地使得股价反映价值的真实变化，如何通过市值管理向投资者和资本市场传递有效的信息，就成了上市公司及其大股东必须面对的问题，上市公司对于市值管理的关注和需求进一步提升。同时，随着中国资本市场不断创新，诸如整体上市、资产注入、吸收合并、借壳上市、定向增发等金融手段都逐渐可以应用。2010 年 4 月 16 日，股指期货的上市以及融资融券业务的开展，为上市公司市值管理提供了完备的平台和市场手段，国内资本市场的运作手段或工具日益丰富。

2014 年 5 月，国务院发布《国务院关于进一步促进资本市场健康发展的若干意见》，在提高上市公司质量方面，首次提出“鼓励上市公司建立市值管理制度”，此时正式肯定了市值管理的地位。依法合规进行市值管理成为提高上市公司质量的重要举措之一。

2022 年 2 月 24 日，证监会发布对十三届全国人大五次会议第 9024 号建议的答复，对市场关注的“伪市值管理”、提高上市公司财务信息披露质量等问题进行回复。证监会表示，作为我国 4 800 多万户企业中的优秀代表，上市公司要做好表率，不断完善公司治理，强化内部控制，建立健全防范“伪市值管理”的工作机制，同时审慎选择业务合作对象，主动远离从事“伪市值管理”的不良机构和个人。

因此，市值管理的核心其实就是价值管理。但是，由于中国资本市场逐渐发展的过程，西方资本市场的“价值管理”在中国成了“市值管理”。由于市值管理在资本市场上存在一定的误解和扭曲，因而在实践中会使用“价值管理”这一术语代替市值管理的表述。

1.1.2　市值管理的定义和内涵

1.1.2.1　市值管理的定义

目前，对于市值管理的定义，市场上众说纷纭，并没有定论。一般认为，市值管理是上市公司综合运用多种科学、合规的价值经营方式和手段，以达到公司价值创造最大化、价值实现最优化的一种战略管理行为。其中，价值创造是市值管理的基础，价值经营是市值管理的关键，价值实现是市值管理的目的。

企业价值是企业遵循价值规律，通过以价值为核心的管理，使所有企业利益相关者（包括股东、债权人、管理者、普通员工、政府等）均能获得满意回报的能力。公司市场价值长期稳定和增长除了公司价值创造和价值经营，还需要来自市场的对公司与重要利益相关者关系的正确评价，换句话说就是，企业能否真正创造价值取决于资本市场的正向判断。显然，企业的价值越高，企业给予其利益相关者回报的能力就越强，而这个价值是可以通过其经济定义加以计量的。

1.1.2.2　账面价值、内在价值、估值与市值

账面价值是指按照会计核算的原理和方法反映计量的企业价值。企业的账面价值，是在企业资产负债表上体现的企业全部资产（扣除折旧、损耗和摊销）与企业全部负债之间的差额，通常所指的就是企业的净资产，决定企业账面价值的基本变量是过去的账面资产价值和现在的账面盈余。

内在价值通常指的是一家企业在其存续时间内可以产生的现金流量的折现值。内在价值对于资本市场而言是一个非常重要的概念，企业未来获取现金的能力是公司估值的基础，是评估投资和判断企业吸引力的唯一符合逻辑的手段。决定企业内在价值的基本变量不是过去的账面资产价值、已经获得的市场份额和已创造的账面盈余，而是与适度风险相匹配的企业未来获取自由现金流量的规模和速度。格雷厄姆最早在《证券分析》一书中是这么描述内在价值的：由资产、收益、股息等事实和可以确定的前景决定，有别于被人为操纵和狂热情绪扭曲的市场价格。巴菲特 2001 年在乔治亚大学演讲时，对于如何计算内在价值是这么回答的：对于任一项生意，如果我们能够计算出其未来一百年内的现金流，然后以一个合适的利率折现回现在，那么就可以得到一个代表内在价值的数字。这就像一只一百年后到期的债券，在债券的下面会有很多的息票。生意也存在“息票”，唯一的问题那些“息票”并不是像债券那样打印在其下面，而是需要依靠投资者去估算未来的生意会附带一个什么样的“息票”。张磊的《价值》一书通篇讲述创造价值，对于价值的定义沿用的也基本是巴菲特的定义：从本质上看股权资产，不管是上

市公司股票还是非上市公司股权，其价值都取决于公司的剩余现金流。

估值是指着眼于公司本身，对企业的综合价值进行评估。公司估值是投融资、交易的前提。估值高低直接体现市场对上市公司的认可程度，不管国企还是民企，市场最终衡量的还是经营效益及能否持续稳定地创造价值。估值是对企业进行前瞻性预测，更多要考虑的是未来的变化，可以长期或永续经营的企业才有估值和折现的基础。资本市场给予上市公司的估值是市场各类参与者对该企业投资价值的综合认知，并以市值的形式予以体现。对于上市公司市值管理者、证券和投资者关系（简称“投关”）工作人员而言，公司估值的过程和结果既是企业基本面和证券工作成果的高度浓缩，又是投资者关系工作的起点。

企业的市值是指一家上市公司的发行股份按市场价格计算出来的股票总价值，其计算方法为每股股票的市场价格乘以发行总股数，实质上就是资本市场对企业内在价值的认可程度。对公司价值预期的上升或下降，是由资本市场参与者评价决定的。由于市值总额集中体现着各种各样的利益相关方的各种预期和情绪，所以该指标常常围绕“公司的真正价值”做波动甚至是大幅波动。正如“群体智慧”一词所说，如果某只股票被大规模买入的话，那么市值总额就能反映公司在市场中的价值。需要强调的是，如果市值增长是跟随企业价值上升而上涨的，那这种增长就是可持续的；如果企业价值没上升，那市值增长就不可持续。

资本市场对于上市公司的不同估值，甚至是同类上市公司给予差异较大的估值，从而产生较大的市值差距，向企业管理者提出了一个挑战，上市前做实业的时候只需追求把产品质量做得最好、成本做得最低、利润做到最大，但这只是解决了账面价值的问题。当公司需要融资，特别是在上市后面临资本市场时，企业管理者还应当学会公司的市值管理工作，追求企业内在价值最大化。

1.1.2.3 市值管理的核心内容

上市公司市值管理的核心内容是创造内在价值。因为内在价值是影响上市公司市值的本质因素，上市公司的市值是内在价值的外部体现。在总股本不变的条件下，好的内在价值，从理论上来说应该有一个好的价格；反之，没有好的内在价值，就难有好的股价，即便出现了好股价，由于没有内在价值的支撑，也不可能持久。由于股东希望获得的利润超出所投入资金的资金成本，如果没有价值创造，股东的利益就无法得到充分实现。因此，市值管理要求上市公司建立一种长效组织机制，为股东创造价值，追求公司价值最大化，并通过与资本市场保持准确、及时的信息交互传导，维持各关联方之间关系的相对动态平衡。在公司力所能及的范围内设法使公司股票价格服务于公司整体战略目标的实现。市值管理就是要使价值创造最大化、价值经营最优化、价值实现最大化，最终实现股东价值的最大化。

市值管理的内涵是管理者怎样将创造价值的原则应用在实际的管理决策中。它包含但不限于业务组合的设计策略，怎样做绩效管理，怎样从兼并、收购甚至业务剥离中创造价值，怎样搭建一个合理的资本结构，以及企业应该怎样提升和市场的沟通能力等一系列的价值创造、经营、实现和维护行为。高效的市值管理综合应用商业模式创新、股权增减持和股权激励、并购重组、融资、信息披露、投资者关系管理，使得公司内在价值与市场价值统一协调，并实现公司价值和股东价值最大化。

证券监管机构曾根据其前期调研情况提出，市值管理的目的是鼓励上市公司通过制定正确发展战略、完善公司治理、改进经营管理、培育核心竞争力，实实在在地、可持续地创造公司价值，以及通过资本运作工具实现公司市值与内在价值的动态均衡；市值管理的核心就是要提高上市公司的质量，包括上市公司维护全体股东的合法权益，保持股东与管理层的利益一致，建立长期的发展战略，并依法运用各种资本工具来支持长期发展，创造内在价值，使市值反映公司真实内在价值的所有行为。

市值管理的理论与内容近年来在中国上市公司的管理实践中正不断被丰富与深化。市值管理的实践反映了中国上市公司经营哲学和经营理念的深刻转变，即企业经营目标由利润最大化转变为价值最大化，企业管理由利润导向转变为价值和市值导向。

上市公司的价值不仅以报表上的净资产、净利润等财务指标来体现，对于投资人而言首先以市值规模来体现。净资产大、净利润多，并不代表公司市值大，股东投资回报率不一定高。比如，拿腾讯公司和中国工商银行相比，腾讯公司 2022 年营业收入 6 208 亿元人民币，净利润 2 107 亿元人民币；中国工商银行 2022 年营业收入 9 180 亿元人民币，净利润 3 605 亿元人民币。2023 年 5 月，腾讯公司的市值突破 3.3 万亿港元，折合 2.93 万亿元人民币，而中国工商银行的市值是 1.35 万亿元人民币，腾讯公司市值遥遥领先。

以上市值对比，揭示了上市公司收入规模、资产规模和净利润规模大，在资本市场上对应的市值不一定大，市值才是对股东投资回报价值最大的指标。因此，人们越来越关注企业的价值，越来越关注企业价值的市场表现市值，通过市值管理达致市值的持续、稳定和健康成长，这也成为上市公司的首要任务。

1.1.3　从价值创造到价值实现，市值管理是以价值为核心进行的长期动态管理

市值是企业在资本市场上的价值，是企业在公开、有效的市场中按真实的买卖价格得出的总价值。从表面上看，市值就是一段时期内企业已发行股票的总量与其价格相乘所得到的值。实际上，市值就是将企业未来的利润按照一定的折现率进行折现而形成的现值，是企业估值的外在体现。将当前情况与未来情况相结合，通过这个数值来反映企业的发展状况，是衡量企业内在价值的有效方法。因此，市值管理系上市公司基于市值信号，顺应市场规律，综合运用多种科学管理方法与手段，追求股东价值最大化的战略管理工程。市值管理不是应激性的管理行为，是一项科学管理的系统性工程。市值管理不仅需要面对牛市，也需要面对熊市和平衡市。市值管理的定位直接影响市值管理的成

效。市值管理意味着要辩证地、动态地观察市场形势，需要对反周期理论有所认知并加以运用。所以，市值管理必须放在公司的战略高度进行系统化考虑和执行。

由于二级市场股价短期的无序性，上市公司市值的表现在短期内是无序的、难以控制的；从中长期来看，穿越市场周期和事件的短期波动后，市值在本质上由公司的内在价值决定，由企业创造价值的能力决定。市值成长来源于一点一滴的通过产业经营实现的健康持续的业绩回报，即优异现金流支撑的持续成长性。金融学鼻祖欧文·费雪，在金融学的奠基之作《利息理论》中说："任何财产的价值，或财富权利的价值，是它作为收入源泉的价值，是由这一预期收入的折现来求得的。"从根本看，企业其实是一项资产，只有回归"资产的本质"才能真正理解企业的市值问题。资产的全部价值在于它未来能够带来现金流的能力，归根结底，持续不断地创造价值才是市值管理的根源。

从产融结合和价值管理的角度来看，市值管理又可以分为价值创造、价值实现和价值经营三个环节。其中"价值创造是基础，价值实现是目的，价值经营是手段"，终极目标是实现股东价值和公司价值持续的最大化。价值创造、价值实现和价值经营三个环节，并不是三个先后阶段，而是并行交叉的。诸如优化公司治理结构和股权激励等既是价值创造的内容，同时又属于价值实现的内容；横向业务并购既是价值创造的内容，同时又属于价值经营的内容。市值管理的逻辑应该是，通过价值创造的方法持续创造企业的内在价值，让企业持续成长；通过价值经营的手段持续优化企业资源配置，提升企业价值；通过价值实现的方法和手段使得资本市场认可企业的内在价值，实现企业价值最大化。

在这里，特别要强调价值创造是市值管理的真实驱动力。价值创造是一个公司存在与发展的根本目的，无论哪一行业的公司，都需要通过回报、增长与风险的相互驱动、相互平衡以实现公司的可持续发展。价值创造的体现就是持续增长的、高质量现金流入。长期稳定的现金回报是市值成长的根本驱动力，是上市公司发展的生命线，是市值战略的底层逻辑。高质量不代表着企业必须进行战略升级或转型，也不代表着必须要有非常强的当期财务指标，而是说它需要有一个非常明确的稳定现金流的预期价值，这属于高质量的价值增长。一个成功的价值创造过程需要企业将绩效管理的各个部分和企业的长期策略协同，这样才能鼓励管理者作出对企业价值最大化的决策。

真正决定市值的不是股价，而是股价背后企业深层次的价值因素，同时，市值又受到外部因素和主观因素的影响。上市公司需要有一个成体系的规划和实施市值管理战略的管理系统，而且这套市值管理战略必须能够让资本市场看得懂，必须能够让资本市场接受，必须能够借力资本市场。其中，看得懂是最低条件，除了能让内部员工理解外，还要让外部的投资者、监管机构和专业研究员等也能理解，但是看懂了不等于认可了，不等于接受了。内部员工在理解的基础上要对市值管理战略达成共识，这样才能提升执行力，而外部人员需要接受企业市值战略，才会对企业产生更正向的预期，才能实现投资。同时，只有可实现的市值管理战略才能不断增强投资者的信心。

对上市企业进行市值管理的方式有很多种，如何对企业进行价值创造、价值实现、价值经营也是一项非常艰巨的工作。产业因素、先天基因和竞争博弈抑制了公司无限生长的能力，即使是在具有吸引力的行业中，处于绝对优势地位的公司也面临这一挑战。此外，公司内部的治理架构、管理体系、组织模式、员工素质和团队精神等因素都会影响企业创造价值的进程。

1.2　真伪市值管理

遗憾的是，中国资本市场本身有个逐渐发展和合规的过程，在此过程中，市值管理长期被误解和扭曲。今天，当人们一谈到"市值管理"，第一印象往往是诸如"内幕信息""操纵股价""勾兑""跟风买入""割韭菜"等负面词汇和语境。无论是短期化的股价管理，还是非法的股价操纵，绝不是市值管理，与市值管理的本意更是相差甚远。市值管理立足长远，以产业为本，重在公司内在价值的创造和提示，实实在在做强主业，提高盈利能力，同时基于公司战略和发展需求，做好价值经营和价值实现，合法合理开展资本运作，并使两者有机结合、产融互动，以企业价值提升带动股价上涨；而伪市值管理则只看眼前、舍本逐末、忽略主业，滥用信息、持股、资金等资源优势影响短期股价，造成短期市值膨胀的假象并借机获利，涉嫌触犯法律法规，应当被监管机关、司法机关严肃处理。

1.2.1　非法行为绝不是市值管理

市值管理是上市公司在资本市场上创造价值、实现价值的战略管理行为。然而，由于市场各方认识不一、法治尚不健全等，上市公司管理层往往简单地将市值管理理解为管理好股价，唯短期股价上涨为优，进而难以避免将市值管理实践引向短期影响乃至操纵股价的方向。在资本市场发展的过程中，在市场参与各方对市值管理认识不一的前提下，一些别有用心的上市公司实际控制人和投资机构就容易打着为股东创造价值的旗号，最终演变为牟取利益的"伪市值管理"。不乏上市公司实控人和投资机构将操纵股价、内幕交易等违法违规行为披上"市值管理"的外衣，将公司价值经营异化为股票价格管理，并从中牟利。

"伪市值管理"的核心是假借市值管理之名，行操纵市场之实，牟非法不当之利。股价高低的确是影响市值大小的关键因素，但市值管理绝对不是操纵股价。股价是公司内在价值的市场评估和反应，会受到短期股票市场走势和投资者情绪的影响，但上市公司的长期市值走向和公允估值中枢都是上市公司乃至任何市场参与者无法左右的。

常见的伪市值管理行为包括：

违反信息披露（简称"信披"）的真实性、及时性要求，通过控制信息披露的时点内容，影响乃至操纵股价。可以说，绝大部分“伪市值管理”案例涉及上市公司虚假信息披露的问题，其行为本质是在上市公司公开披露的信息之外，人为制造“信息差”。

操纵股价。在实践中，上市公司大股东、实控人为了实现增发或减持股份的目的，往往存在拉升股价的冲动。而真伪市值管理的外在表现极为相似（即都可以体现为上市公司市值的提升）、不易辨识，如策划、实施虚假并购重组事项的操纵与正常的并购重组资本运作未成功极易混淆，又如控制信息披露内容、时点、节奏的操纵与正常信息披露不易区分等，这就为相关主体借“市值管理”之名行操纵股价之实留出了空间。

内幕交易。除信息披露违法和操纵市场外，“伪市值管理”还易涉及内幕交易。相较于广大中小投资者，“伪市值管理”的参与主体通常具备天然的信息优势，甚至本身便是虚假信息的制造者，其具有利用该等信息优势获利之动机，往往构成内幕交易。

合法合规是价值管理的根本前提，任何违法违规行为都是饮鸩止渴，会被监管和市场扬弃，最终无法持久。

1.2.2 市值管理不能短期化

市值管理绝不是短视化的股价管理和投机主义，而是长期实现企业价值创造的最大化。市值管理不是一锤子买卖，需要在价值创造、价值实现和价值经营三个阶段进行日积月累的改变和创新。市值管理行为短期化是指上市公司的行为片面追求短期的市值最大化或股价最大化，直接管理甚至操纵股价。上市公司通过虚假信息披露等手段影响股价，但股价不可能长期背离企业内在价值，而且操纵股价是违法行为。贪图赚快钱的实控人与管理层和觊觎股价波动的投资者形成合力，这也使得许多上市公司管理层从“搞业绩”转变为“炒股票”，市值管理也从“做好企业”演变成“炒好股价”。

市值管理行为短期化首先会给上市公司自身的发展和市值增长带来不利影响：

上市公司估值的前提和基础是永续经营。市值管理短期化的错误行为，轻则败坏上市公司在资本市场的影响，影响后续持续融资，影响利益相关方与上市公司的持续合作，重则引发伪市值管理，导致遭受处罚乃至诉讼。

影响战略投资者和机构投资者的引入。战略投资者和机构投资者在投资上市公司时，一般按现行的市场价格或参照现行的市场价格确定投资成本。确定性高、成长性好的上市公司，采取短期化的市值管理行为，必然导致市值的暴涨暴跌，严重影响战略投资者和机构投资者的投资决策和投资热情。

损害投资者和利益相关方的利益。由于投资者结构的不同，短期的市值最大化或股价最大化必然透支了未来的市值或股价，体现了大股东的意志，损害了中小投资者的利益；体现了短期投资者的意志，损害了长期投资者的利益；体现了老股东的意志，损害了新股东的利益。

如果一家企业的市值远大于其内在价值，那么从长远看，市场最终一定会了解企业的真实价值，股价还是会跌下来。当股价大幅下跌后，企业形象会受到影响，员工斗志会受到打击，核心骨干会因为无法行权而蒙受损失，管理层会受到董事会的质疑，而损失最大的将是全体股东，特别是付出了高价的二级市场小股东，同时，股价暴涨暴跌也往往会引发监管关注和监管问询。从短期出发的市值管理也会引发管理层持续不断地采取一些短期行为，比如说，管理者会降低标准进行兼并收购或炒作新闻事件，这最终会损害企业的长期价值创造。

1.2.3　全面注册制下监管趋严将有效打击伪市值管理

当前，监管趋严已成常态，上市公司需积极践行合规理念，扛起治理责任担当，为共同营造健康良好的发展环境贡献力量。近年来，证监会坚决贯彻党中央、国务院关于依法从严打击证券违法活动的决策部署，全面落实《关于依法从严打击证券违法活动的意见》总体要求，严肃查处操纵市场等严重扰乱市场秩序的违法行为。

证监会（含下属监管局）2020 年至 2022 年分别作出信息披露违法处罚决定 154 起、142 起和 158 起。2021 年办理操纵市场案件 110 起，同比下降 26%，向公安机关移送相关犯罪 41 起，同比增长 1.5 倍。2022 年，证监会稽查系统共办理案件 603 起，包括拟处罚和同一董事会秘书受多次处罚在内，时任及现任董事会秘书（简称“董秘”）受到处罚的案例超过 300 起，其中被出具警示函和书面警示的比例最高。2022 年，证监会对 15 家会计师事务所出具了 20 份行政处罚文件，共计罚款超过 1 亿元。监管机关通过查处重大和系列案件，起到明显的示范和震慑作用。

为规范市值管理，证监会明确提出上市公司应当严守“三条红线”和“三项原则”。

“三条红线”指：

一是严禁操控上市公司信息，不得控制信息披露节奏，不得选择性信息披露、虚假信息披露，欺骗投资者；

二是严禁进行内幕交易或操纵股价，牟取非法利益，扰乱资本市场“三公”秩序；

三是严禁损害上市公司利益及中小投资者合法权益。

“三项原则”指：

一是主体适格。市值管理的主体必须是上市公司或者其他依法准许的适格主体，除法律法规明确授权外，控股股东、实际控制人和董监高等其他主体不得以自身名义实施市值管理。

二是账户实名。直接进行证券交易的账户必须是上市公司或者依法准许的其他主体的实名账户。

三是披露充分。必须按照现行规定真实、准确、完整、及时、公平地披露信息，不得操控信息，不得有抽屉协议。

证监会和交易所、上市公司协会多次督促各市场主体的市值管理严格遵守“三条红线”和“三项原则”，对“伪市值管理”从严监管，精准打击。

1.2.4 消极的价值管理并非是有效的市值管理

需要说明的是，消极的市值管理也并不可取。很多上市公司实控人和管理者的认识还处于“酒香不怕巷子深”的阶段，往往认为只要做好业务，抓好生产，提高盈利水平，就能为股东创造财富，市值自然持续上升。同时，由于对市值管理的不了解和误解，将“伪市值管理”作为真正的市值管理，或者将市值管理仅仅理解为股价管理，不愿、不敢或不屑去了解、学习、认识和掌握真正的市值管理，导致消极的价值管理。这也是不可取的。

传统产业经营的逻辑认为，只需埋头把自己的产品做到极致，公司估值自然会涨上去。但是，现实情况可能是竞争对手的产品做得不如自己，却注意产融结合，通过商业模式创新、完善公司治理结构、优化资本结构、上下游整合，使之符合专业投资者的偏好。这样竞争对手的估值水平就会更高，融资成本更低，可能发展得更快。同行业中具有相同盈利水平的上市公司，有时市值会差几倍乃至十几倍，为股东、投资者创造的财富有巨大的差距；有些上市公司通过持续使用定向增发、再融资来为企业研发和项目建设持续筹资，有些上市公司很熟练地利用增减持、回购、股权激励加速股东财富增长，企业越做越大，发展得越来越好，市值也越来越大。而有的上市公司除了 IPO（首次公开募股）募资外，后续就再也没有资本运作的动作。消极的价值管理并非有效的市值管理，也必将给企业快速发展带来阻碍。

公司的业绩市值和潜力市值得到资本市场的认可并反映在公司的股价、估值及市值中。有了合理的估值，上市公司才能用好股票融资渠道，发挥股票的杠杆作用，通过增发再融资，或直接用来收购资产，有效实施股权激励，这样上市公司通过业务和资本双引擎发展，持续为股东和利益相关方创造价值。

今天的上市公司乃至创业公司的实际控制人和管理者都必须系统地理解和把握市值管理。对于走向资本市场的公司来讲，价值创造只是基础，还需要同时掌握价值实现和价值经营的各种方法与工具，才有可能使公司创造的内在价值在资本市场得到充分实现，尽可能获得较高的市场溢价，从而整体提升公司价值。

1.2.5 市值管理要以合规为基础，立足主业和长远

资本市场关注上市公司未来价值实现的预期，所以会出现热点频发与板块轮动等现象，但是成熟的上市公司不应简单粗暴地去追逐市场热点，偏离现有的战略定位或频繁调整战略定位，去透支资本市场的信任。虽然这样的上市公司会赶上一轮一轮的市场热点，却很难赢得主流投资机构的认可，市值规模的大起大落也将是常态。倘若在追逐市场热点的过程中，上市公司不能严格遵纪守法，存在内幕交易、操纵股价行为将受到监管部门处罚。主业是上市公司的立足之本，合规是市值管理的基础，价值创造是市值管理的精髓和驱动力。归根到底还是要依托公司内在价值来提高公司市值，否则就会陷入

伪市值管理的泥潭，最终影响企业的长远发展。

对上市公司个体而言，市值最大化是利润最大化目标的重要补充和提升，健康的市值和持续的股东总回报是企业再融资的基础，是运用员工持股计划和股票期权等工具激励员工的前提，也是体现资本市场对公司发展前景认可度的晴雨表。因此，市值管理应当是集战略、财务、业务、管理、组织、激励和资本市场沟通为一体的“综合工程”。

1.3　市值管理的重要性

1.3.1　资本市场的新发展使得市值管理更加重要

随着 A 股注册制的全面推行和多层次资本市场的形成，中国 A 股上市公司的数量在急剧增加。2023 年，A 股上市公司数量超过 5 000 家，而北京证券交易所（简称“北交所”）上市公司数量已经也达到了 200 多家，在此大背景下，中小微市值上市公司的流动性和估值中枢可能进一步降低，中小微市值上市公司对于市值管理工作的重视必须提上日程，市值管理工作成功与否，也将直接影响到中小微上市公司企业战略的落地和自身发展。

首先，随着全面注册制的推行，A 股上市公司的规模正在急剧扩大，未来随着新三板改革的深化，新三板、北交所推出挂牌上市直联机制，上市公司和非上市公众公司的数量会继续稳定增加。考虑到北交所是新三板改革的一部分，未来包括新三板企业在内的公众公司将达到一个惊人的数量。

其次，伴随着注册制的落地，上市公司和公众公司数量迅速增加，上市公司整体估值水平很可能出现长期的缓慢下降趋势，同时上市公司原有壳资源的价值也将迅速下降。长期以来，A 股投资者一直给予 A 股上市公司较高的估值，甚至可以说扮演了风险投资机构（VC）和私募股权投资机构（PE）的角色，实践中出现过中概股在美股退市后一旦在 A 股成功上市估值就几十倍提升的案例。市场结构性因素，如上市公司数量相对较少、缺少替代性投资市场、散户行为、国际投资人参与有限、约束机制不完备等，是导致 A 股存在多种溢价来源的主要原因。但随着中国进一步融入国际资本市场，机构投资者参与力度加大和市场约束机制加强，A 股估值水平可能逐步与世界接轨。但随着上市公司数量的大幅增加，A 股上市公司的整体估值中枢和估值水平必将大幅下降，在供给大幅超过需求的情况下，资本市场必然下调证券价格直至恢复平衡。

同时，流动性与估值有着密切的关系，流动性对资本市场和上市公司市值波动有着巨大影响。未来随着估值问题凸显出来的，还有流动性问题，A 股成交量越来越向大中市值股票集中，资金向真正的绩优股集中，A 股机构投资者正在转向投资有业绩溢价的公司。未来 A 股的流动性可能进一步向大市值企业集中。参考美股已经发生的情况，“美股七巨头”，即苹果、微软、Alphabet、Meta、亚马逊、特斯拉和英伟达 7 家企业在市场上的影响力势不可挡。七巨头的市值总额自 2023 年初增长了 60%，截至 8 月 15 日市值总额达到 10.82 万亿美元（约合人民币 79.09 万亿元），占标准普尔 500 指数成分股的 29.1%，增加了近 8 个百分点。七巨头的资金集中度甚至超过了 20 世纪六七十年代被投资者争相购买的“漂亮 50”股票。原因在于许多股票指数计算采用股票市值的加权平均值，这导致市值越大，越有可能被买入。

中小微上市公司未来可能不仅估值会下降，流动性也将下降。2016 年以来，A 股 1 000 亿元以上市值的大型股票平均成交额占比稳定增加，从 43.7%上升至 2018 年的 60.2%。据统计，2017 年 12 月 13 日当日沪深两市全天有 33 只股票成交额不足 500 万元，336 只股票成交额不足 1 000 万元，978 只股票成交额不足 2 000 万元，占 2017 年 A 股存续交易记录 3 467 只股票的 28%。

不仅如此，数据显示，近三年 A 股上市公司中未获得评级机构关注的有 1 231 家，占比近 30%，而累计评级机构超过 50 家的也仅有 567 家，占比 13.70%。从 2020 年底北向资金投入和重仓比例不难看出，仅有一半的 A 股公司受到了北向资金的关注，而重仓的占比只有 6.18%，仅有 137 家。一旦失去了资本市场应有的关注度，上市公司股票的交易量也随之大幅下降，形成恶性循环；稀疏的交易量使得卖方研究员和分析师认为不值得进行覆盖。因为即使估值非常具有吸引力，机构投资者也“买不进去”，由此形成恶性循环。

伴随着注册制的实施，市场正在不知不觉中走向“买方—投资人”的市场，流动性两极分化的现象未来可能进一步显现。2023 年一季度 A 股上市公司数量超越印度股市，晋升为全球第二大权益市场。随着 A 股上市公司数量的不断增多，头部 15%～20%的上市企业将被赋予绝大部分的资源；其余 80%～85%的上市公司将“坐上不同程度的冷板凳”，无人关注，IPO 认购率不足，破发现象频频出现。2023 年 1—4 月创业板新上市公司 23 家，其中 8 家首日破发，首日破发率为 34.79%；科创板新上市公司 18 家，其中 1 家公司首日破发，首日破发率为 5.56%。北交所共有 29 家新上市公司，其中 6 家公司首日破发，破发率为 20.69%。A 股未来势必与海外资本市场接轨，从卖方市场向买方市场转化。

实际上，尽管全球资本市场上整体面对的一个大趋势是资本会日益过剩，但是在那些看上去流动性充裕的市场上，反而更容易出现中小市值企业的流动性枯竭。最典型的就是港股市场。在港股市场上，大量的流动性集中在了头部、巨型的公司，而那些中小市值公司往往因为流动性问题导致投资人进出困难，在估值上要打折再打折。由此新上市公司的 IPO 融资和再融资已经且必将越来越难。其根源就在于，虽然整个市场流动性是过剩的，但是整个投资市场越来越去散户化，越来越机构化，而投资机构重要的并不是取得绝对收益，而是要在排名战中获胜。那么，在这种情况下，对于投资机构来讲，与其去购买那些具有巨大不确定的中小微上市公司，还不如去投资一些明显的具有投资优势的大中型公司。A 股市场上一大批市值小、业绩差的上市公司，不但在二级市场逐渐失去资金关注，而且在一级市场也将逐渐失去资本运作的能力。

从上市公司来说，如此低迷的成交量，市场定价逻辑彻底丧失，定价功能荡然无存，往往意味着股价被严重低估，没有能够反映上市公司真实的价值；原始股东要想退出，实现投资收益的锁定，也是几无可能，市场稍有抛售压力，在承接盘极度脆弱的情况下，可能就会带来股价暴跌。中小微上市公司登陆资本市场后，多数都面临着如何借助资本市场发展的问题，有着很多的挣扎与困惑。

在这种大背景下，中小微上市公司如果不注重市值管理工作，不注重投关工作，不仅首发 IPO 融资本身会遇到重大的挑战，未来在 A 股也会越走越窄。反之，如果中小微上市公司想持续利用好资本市场的融资渠道，扩张业务，实施并购，就更需要重视资本市场，重视投关工作，重视市值管理。当然，中小微上市公司由于自身的资源缺陷，不可能具有大型上市公司的人力和资源优势，这时就更要加强学习，多想办法。

因此，市值管理是每家上市公司在成长中都会遇到和需要的，特别适用于中小微上市公司（资本市场关注度低），或上市时间短的上市公司（上市地投资人持观望态度），或商业模式创新未被资本市场“看明白”的中大型上市公司。中小微上市公司容易被资本市场忽视，因而业绩市值未充分体现在资本市场给予的上市公司市值中；而商业模式创新型企业的业绩还未反映出创新红利，因而潜力市值被资本市场大大低估或忽略不计。市值管理就是为了帮助上市公司解决价值被资本市场低估的问题，使得业绩市值充分反映到资本市场给予的市值中。如果应用到位，在大环境稳定的情况下，中期内（若干业绩报告期）就可以提升上市公司的估值和市值；潜力市值的体现则是一个中长期的工程，需要在业绩市值问题解决的基础上，对应上市公司的发展阶段、行业周期、创新增量，才能得到有效实施。

1.3.2 非上市公司也需要重视市值管理

尽管市值管理是针对上市公司的价值管理提出来的，但是并不只是上市公司需要进行市值管理。市值管理是企业在资本市场上以解决产融结合问题为导向的一种逻辑和方法，以实现公司价值和股东价值最大化为目的。当企业在风险投资和私募股权投资等资本市场进行融资，或者企业在新三板挂牌后，这就意味着企业进入了资本市场。随着互联网产业的大发展和创业活动的兴起，融资对于非上市公司的重要性愈加深入人心，与投资人交流沟通成为创业者的必修课。企业管理者的经营逻辑必须从过去的产业逻辑转变到产融结合逻辑上来。市值管理的成败在于产融互动与促进，企业如果想在资本市场有所作为，不管是否已经或将要上市，还是已进行过创业融资，市值管理都应成为工作重点。这就意味着，除了上市公司之外，新三板挂牌公司或准备在风险投资和私募股权投资等资本市场进行融资的企业创始人也都必须学习和掌握市值管理。

当然，非上市公司的市值管理也有其自身特殊之处。一是面对的投资者不一样，上市公司在二级市场面对的是个人和机构投资者，而风险投资和私募股权投资市场及新三板市场是面向专业投资者的市场。二是运用的手段和方法侧重点不一样，对于上市公司来说，是综合应用价值创造、价值实现和价值经营的各种工具和方法；对于非上市公司，特别是创业企业而言，市值管理的重点首先在于价值创造，要融到钱，活下去。

非上市公司的管理者和创业者的管理思路必须从产品经营向市值经营的理念转变。市值管理是一个系统工程，是企业面向资本市场的一整套运作思路。企业中必须有人了解资本市场。对于创业者，融资是创业企业生死攸关的大事，更需要从资本的视角来审视公司的产品结构和商业模式，要充分地挖掘公司利润的增长潜力和商业模式创新的成长潜力。从长远看，收入持续增长、利润来源清晰而稳定、战略规划明确、商业模式能带来独特价值的公司，才能在风险投资和私募股权投资等资本市场上获得较高的估值溢价，获得更高的融资额度。同时，非上市公司的管理者和创业者也要学会用资本的语言，按照“产融结合的逻辑”进行沟通交流，布局和发展业务。在市值管理的价值实现阶段，将企业独特的商业模式、高速的业务增长和良好的估值逻辑进行展示说明，获得投资人和分析师认可，这样才能提升公司的估值和融资潜力。

1.4 在合规基础上以价值为核心的市值管理方法论概述

对于上市公司而言，在中国资本市场发展全面落实注册制的大背景下，如何认识和践行市值管理是值得深入思考的。

第一，思考和实践上市公司的市值管理战略都必须在合规的前提下。随着中国社会的发展和法治建设的完善，金融强监管将是资本市场长期的趋势，上市公司和上市公司利益相关方的任何行为都必须基于合规基础才能开展，这是上市公司长期发展的基石。消极的市值管理行为不利于上市公司发展和股东利益的最大化，短期的市值管理行为也绝不符合上市公司和利益相关方的长期利益，伪市值管理更应被杜绝和打击。

第二，市值管理是围绕价值进行的管理行为，“价值创造是基础，价值实现是目的，价值经营是手段”，终极目标是实现股东价值和公司价值动态和长期的最大化。市值管理的逻辑应该是，通过价值创造的方法持续创造企业的内在价值，让企业持续成长；通过价值经营的手段持续优化企业资源配置，提升企业价值；通过价值实现的方法和手段使得资本市场认可企业的内在价值，实现企业价值最大化。

第三，上市公司进行市值管理要了解、熟悉、掌握影响上市公司市值的宏观、中观和微观因素，内部和外部因素，客观和主观因素。

- 上市公司要对宏观环境，特别是影响资本面因素的流动性情况有一定的了解，以确定在不同宏观环境下符合公司利益的业务发展战略，并据此采取不同的市值管理和投关策略。

● 上市公司要掌握资本市场和监管趋势的最新动态和方向，顺势而为，不要逆势而动。

● 上市公司要掌握所在行业的发展前景、技术前沿和发展方法，力争成为行业龙头或细分赛道的隐形冠军，积极创新，及时开展业务增长的第二曲线。

● 上市公司要对自身的商业模式、产品线、市场份额、竞争对手的各项情况和其对估值、市值的影响有充分的把握。

● 上市公司还需掌握公司合理的估值区间和关键性的估值因素。估值是投资者对公司的综合判定，无论宏观分析、资本市场分析、行业分析还是财务分析等，估值都是其最终落脚点，投资者最终都要依据估值提出投资建议、作出投资决策，并反映在上市公司的市值上。估值是公司基本面的数字化反映，估值的计算过程既是公司证券工作的浓缩，又是市值管理和投关工作的起点。

● 上市公司还需要了解上市公司最佳公司治理实践，掌握公司股权结构的实时情况，稳定的股权结构、治理结构和管理团队是市值增长的有力保障。

● 上市公司需要了解投资机构的主流投资思路、方法和逻辑，针对性地选取投资机构作为投关重点，根据战略需要进行再融资或引进战略投资者。

第四，上市公司需要根据影响市值管理的因素情况和企业自身发展的战略，制定和实施自身的市值管理战略。按照企业发展的需要和实际情况，明确是市值赋能业务还是业务牵引市值，围绕估值因素制定实事求是又符合自身情况的市值管理战略，协调和配置资源提升关键估值因素，进而提升估值水平，提升和稳定公司市值。

第五，在明确市值管理战略后，公司应持续通过生产经营管理、兼并收购进行价值创造，首先通过商业模式创新、优化公司治理结构等价值创造手段使企业内在价值持续增长，通过股权激励等做好价值经营，通过信息披露和投资者关系等价值实现方法将内在价值进行清晰的描述并传递给资本市场做好价值实现。当内在价值被资本市场低估或高估时，通过并购重组、再融资、大宗增减持和套期保值等价值经营工具使得市场价值与内在价值相匹配。在合适的时间进行再融资，投入研发和第二增长曲线中，实现公司业务和财务报表的扩张，进而实现市值的持续增长。

总之，市值管理应以合规为基础，立足于公司基本面及预期发展情况，深入认识资本市场变动趋势和资本市场利益相关方的需求，把握公司的内在价值和合理估值区间，按照公司战略和业务发展所需，规划公司市值管理战略，配合业务的发展以及上市公司投并购、公司治理和股权管理，通过扎实的信息披露和投关工作，提升公司的估值和市值，最终实现上市公司的发展战略和市值管理战略。

第 2 部分

市值的相关因素及市值管理战略制定

第2章 市值中的基本面因素

2.1 市值因素

上市公司的市值管理是一个系统工程，并且是上市公司战略管理的重要内容。在制定和执行公司市值管理战略前，首先要洞察影响上市公司市值的各项因素（见表 2-1）。

表 2-1 市值相关影响因素

	客观因素	主观因素
外部因素	宏观经济环境 （周期、流动性等） 资本市场情况 （周期、趋势、估值水平、市场流动性、监管趋势等）	投资人对投资的认知 投资人对上市公司的认知
内部因素	公司基本面（业务、产品、创新能力、发展前景、财务情况、股东结构、治理结构、管理团队、所在行业情况等）	上市公司对市值管理的认知

公司的基本面和公司的财务数据是进行公司估值的基础，只有清楚地了解公司的估值区间以及可能增长和变化的估值方向，才能进一步制定市值管理战略。资本市场给予上市公司估值的核心逻辑也是多方面因素的反映，包括企业自身价值和各种外在因素（宏观经济政策、利率、商业环境和政策、投资人思路和方法论等）。

上市公司对于所在行业和公司情况等当然有清楚的了解和认知，但需要理解这些情况在资本市场的视角下是怎样的，是如何构成“资本市场视角下的上市公司”这个维度的。

公司的基本面绝不仅仅是一个财务指标的概念，它包括了商业模式、产品和业务情况，还包括了公司的管理层、股权结构、治理结构等多个因素，它们共同形成了公司的基本面。上市公司需要关注宏观环境的变动，持续跟踪所在资本市场的趋势、发展方向、估值水平、融资情况，这样才能制定出符合实际的市值管理战略。

公司基本面、宏观环境和资本市场，这些因素都是客观的。基本面提供确定性，流动性带来可能性，政策强度决定市值变动趋势和幅度。同时，我们还要深入了解投资机构的投资思路和投资方法论，从而理解投资机构在实际上如何认知公司以及对公司形成的认知结论。同时，上市公司治理层和管理层对于市值管理的认知水平也决定了选择和制定何种市值管理战略。

因此，上市公司需要从资本市场的角度洞察公司所在行业和业务的发展情况，把握公司治理和管理团队情况，把握公司估值区间和变化趋势，同时把握宏观环境、商业环境以及资本市场发展的大势，根据公司的融资需要和发展战略，选择和制定市值管理战略，并通过扎实的日常证券和投资者关系工作进行落地。只有清楚地了解公司情况，了解资本市场对上市公司的认知，了解这一系列的内部和外部因素，了解这一系列的主观和客观因素，上市公司才有可能形成一种正确的认识，而基于这种正确的认识，上市公司才有可能选择和制定正确的市值管理战略。

影响上市公司市值的因素众多，其中不乏事件驱动因素和短期筹码博弈因素，但对于立足于中长期市值管理战略和价值实现的上市公司来讲，都没有公司自身基本面因素重要。从根本上看，企业其实是一项资产，而资产的全部价值，在于它未来能够带来现金流的能力。企业的内在价值就源自自由现金流折现。公司市值成长来源于扎实的公司创新业务经营带来的健康持续的业绩回报，即由公司的业务带来优异的现金流支撑的持续成长性。企业价值是影响个股价格和市值的决定性因素，同时企业价值也是综合性因素的汇总，包括公司的业务情况、盈利情况、管理水平、财务状况、股票供求关系等。需要注意的是，在考察市值管理中的公司基本面因素时，需要注意市值是公司外部投资者对于企业价值的判断和评估，因此我们要理解投资者是如何看待公司基本面的，要从投资者眼中去看公司。投资大师费雪在《如何选择成长股》一书中列出过一份详细的公司审查要点，分析师和研究员在研报中也会罗列对公司基本面的信息和分析。简而言之，公司的基本面主体是业（业务）、财（财务）和人（股东、管理层和员工），同时其业务核心商业模式和商业逻辑又由其所在行业决定。

2.2 基本面因素：公司业务

在做市值管理规划之前，上市公司需要认识和理解公司业务在资本市场视角下是怎样的，需要深入了解公司行业和客户，从而确定公司所在的赛道，通过深入了解竞争对手来确定可能的市场份额和收入上限，通过深入了解客户和产品的情况来确定估值水平。其核心在于了解自身的业务情况，以及投资者如何看待和评估上市公司的业务情况。

2.2.1 商业模式

随着资本市场的兴起，为了产融沟通的方便，美国一些咨询公司把之前散落在战略管理、市场营销、投资管理和财务管理中的关于价值创造的知识点提炼出来，将其整合成一种新的分析方法，用于融资者和投资者建立模型。美国业界把这种分析方法叫作“企业设计”（Business Design），而中国学者在引进这种分析方法时将其译作“商业模式”。因此，商业模式从其诞生那天起，就是以资本的视角来帮助和衡量企业，并为股东创造价值的一种分析方法。投资者往往也是根据商业模式和财务报告（简称“财报”）数据来给公司的未来估值，进而体现为公司市值。

商业模式是企业商业逻辑的抽象，这种抽象以价值创造和实现为核心。商业模式使用一组元素和它们之间的关系，用来表示企业进行价值定位、创造、传递和实现的逻辑；商业模式描述企业提供给目标客户的价值，以及公司内部和外部合作伙伴网络所组成的体系结构，这一体系结构致力于合理分配资源用来创造和实现这个价值，以最终获得利润。商业模式可以简单地理解成收入模式，就是一家企业如何通过自己的产品和服务，让客户从口袋里给你掏钱。完整的商业模式，除了包含收入如何实现之外，还包括客户定位、产品价值分析和主张、销售渠道、客户服务模式、关键业务构成、核心资源、合作伙伴、成本结构分析等内容，要能清楚准确地描述商业行为是如何实施和实现的。

可以说，公司的商业模式（见图 2－1）一旦确定，从某种意义上讲，这个公司的业务模式、发展趋势、成长空间乃至财务指标的合理区间都将相应确定。

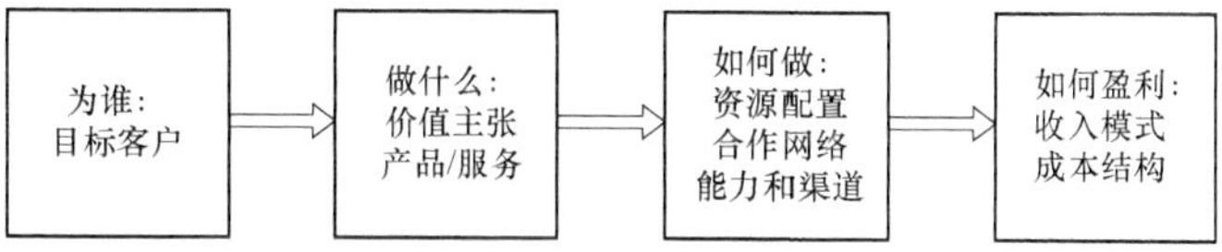

图 2－1　商业模式示意图

商业模式可以总结为四个方面，共九个核心因素。其中，四个方面包括：

“为谁”，对顾客的界定；

“做什么”，对顾客的价值主张，向顾客提供的产品/服务；

“如何做”，创造并传递价值给顾客的体系，包括资源配置、合作网络、能力和渠道；

“如何盈利”，描述了企业收入模式。

九个核心因素如下：

1. 目标客户

目标客户是指企业提供产品和传递价值的对象。价值对象的选择要求企业有着清晰的市场定位，市场定位的不同可能成为公司获得竞争优势的来源。在传统市场营销理念中，根据地理、人口、心理等因素来进行市场细分，决定要向哪些目标客户提供价值。随着互联网技术和经济的发展，越来越多的企业开始根据行为来识别目标客户，并尽量给客户提供具有差异性的价值。

2. 价值主张

价值主张是指企业期望向目标客户提供的价值，它反映了产品、服务以及与此相关的增值业务如何包装和传递，以满足客户的需求。价值主张的不同决定了企业不同的业务活动和流程，影响着企业未来应该提供的产品、采用的价值链等。更加重要的是，企业设立时确定的价值主张将在很大程度上影响企业未来能够获取的利润。

3. 产品/服务

企业必须通过提供某些产品或服务来满足客户的需求，这些产品或服务是企业价值主张的最终载体。不论企业提出何种价值主张，消费者都只能通过企业所提供的产品与服务来感受，因此企业的产品与服务设计必须与价值主张保持一致。此外，企业也可以借助解决客户的问题、产品与服务的定制化以及整合各种产品和服务的方式，来提高客户所得到的价值。

4. 资源配置

资源配置是指企业为了传递价值主张给客户并且满足客户需求时所必须拥有的资源基础与流程。企业在创造价值时，需要资源的支持，这些资源有的是有形的，比如土地、厂房、设备等，有的是无形的，比如品牌、专利、顾客资料等。同时，价值创造活动在一定的组织结构下用企业确定的流程来完成。企业的组织设计必须考虑其价值定位，并需要配合其资源配置，企业在设计其组织架构时，必须考虑其流程为何，使得企业将其资源转换为对于顾客的价值产出。

5. 能力

公司执行其商业模式所需的能力，能够将企业所拥有的资源转化为客户价值。当企业拥有独特的资源或与众不同的运用资源的能力时，企业将为顾客创造出独特的价值，并产生竞争壁垒；当企业所拥有的资源是专有的并难以模仿时，企业将拥有持久的竞争优势。

6. 渠道

渠道是指企业接触客户和将代表企业价值取向的产品或服务提供给目标客户的途径，这些途径可以由企业运作或者由第三方中介提供。渠道管理的目的是，在合适的时间和地点为合适的人群提供合适数量的产品和/或服务。现代渠道越来越有价值创造的潜力，因此企业可以依据自己的价值取向来进行渠道布局，例如有针对性的渠道可以减少目标客户寻找和购买产品所花费的成本。那些在渠道传播和渠道成本上有垄断性优势的公司，即使其暂时收入不高，但一旦机会来了，就很容易通过其渠道把新的产品或服务转换成利润。

7. 合作伙伴

合作伙伴包含供应商、合伙人等利益相关方。企业为了开发出客户所需要的产品，必须不断地从供应商中获取原料，而企业与供应商建立起良好的关系，会让原料转换成产品的过程更有效率与效果；合伙人是指能提供资源使企业能够发展完整产品来解决顾客问题的外部价值伙伴。

8. 收益模式

收益模式是指企业获得收入的方法。收益可以直接来自销售的产品或服务，也可以是获得租赁费用，还可以像网络媒体一样，部分免费，部分收费，向用户免费提供价值，向广告商收费。来源既可以是单一的，也可以是灵活、多渠道的。

9. 成本结构

成本从结构上而言包括固定成本和流动成本。成本结构既可以反映企业获得的经济投入，也可以反映经营杠杆的高低，与自有资本及债务结构有关系。

对于投资人而言，商业模式非常重要，因为不同商业模式的上市公司股市表现差距很大，因此是否投资、投资额度、投资周期都会受到标的公司商业模式的影响。如分析师曾对美股进行过投资收益分析，长期持有美股消费龙头与科技龙头的收益特征差异较大，其根源就在于商业模式的差异。

2.2.2　企业生命周期

企业生命周期是企业的发展与成长的动态轨迹，包括初创、成长、成熟、衰退几个阶段。投资机构对于不同生命周期阶段的公司有着不同的预期收益和风险程度预判，投资机构筛选公司的前提就是对目标公司所处阶段有着清晰的认识。它涉及企业所在行业的生命周期、企业产品的生命周期、企业的客户生命周期。

按照企业生命周期理论和企业成长的动态轨迹，企业发展一般会经历以下阶段：生存发展期、快速成长期、成熟稳定期、“无限”可能发展期或衰落期。在商业实践中，企业成长的每一个发展阶段都呈现“S”形曲线。如果企业不能提前培育新的增长引擎，无法跨越到下一个“S”形曲线，就将面临随时可能被市场淘汰的窘境。

同时，企业是为市场提供各种产品和服务的，那么产品和服务的生命周期自然会影响企业的寿命周期，尤其对那些单一产品的企业更是如此，因此为了抵御周期的影响，基业长青的企业通常要完成多个产品线的布局，做好多品牌布局以及技术和产品储备。

客户生命周期是指企业服务的标的客户对企业而言，也是有类似生命一样的发展过程。但客户的生命周期比企业某个产品的生命周期重要得多，具体到不同的行业有不同的详细定义。

处于行业成长期阶段的企业，通常要比处于产业衰退期企业的估值高。从商业模式来说，将客户锁定在一个长消费周期的产品要比锁定在短周期产品的估值高。所以投资者分析企业的估值，需要考虑其外部环境（产业生命周期、客户生命周期）以及企业内部优劣势（产品生命周期）。对于公司而言，监管的政策动向、行业趋势的变化、技术的发展都会深刻影响各自公司所在行业的发展，进而加快或缩减公司的生命周期，乃至宣告某些细分行业的突然衰退或死亡。典型的案例就是苹果手机对诺基亚手机的降维打击。

创业期的公司预期收益最高，但是风险也最大，所以往往适合创投机构。而成长期的公司预期收益高，风险较大，创业板、科创板和北京证券交易所的上市公司多在成长期。回顾过去几年相关板块上市公司的发展，有些企业成长为大市值公司，有些企业仍然未能突破市值的瓶颈。这与企业自身的能力有关，与所在的产业周期也有关。成熟期的企业即所谓白马股，预期收益确定性强，风险相对较低，很多大资金喜欢成熟期企业，所谓的蓝筹股和主板上市公司多属于此类。

就企业的市值管理来讲，不同阶段企业的经营特点、成本投入、财务指标、融资需求都有很大的差别，由此不同发展阶段的企业需要选择和制定与自身发展阶段相匹配的市值管理战略。表 2-2 是就科技企业各发展阶段业务和财务特征的总结。

表 2-2　　科技企业各发展阶段的业务和财务特征

	初创期	成长期	成熟期	衰退期
企业情况	产品处于研发阶段，未有盈利甚至未有收入	营收增速较高，净利润受研发、折旧摊销影响并不稳定（后期逐步扭亏）。或有大量无形资产或研发中的技术	产品销售逐步稳定，收入增速放缓，利润稳步提升，同时增长率放缓	产品过时，收入下滑，利润下滑
现金流	筹资活动现金流：正；投资活动现金流：负；经营活动现金流：负	筹资活动现金流：正；投资活动现金流：未定；经营活动现金流：负	筹资活动现金流：未定；投资活动现金流：未定；经营活动现金流：正	筹资活动现金流：未定；投资活动现金流：未定；经营活动现金流：未定
收入/利润	无收入、低收入；未盈利	收入加速增长，利润逐步扭亏	收入增长放缓，利润增长放缓	收入下滑，利润下滑

2.3　基本面因素：公司财务

上市公司披露的财务报表和附注信息是投资者深入了解和分析公司状况的重要渠道之一，对于上市公司基本面数据的分析也是围绕着财务数据进行的。投资人基于对公司业务的理解和对历史财务数据的分析建立估值模型，确定公司估值，投资人基于估值的交易，形成了上市公司的市值。

然而，需要强调的是，“以指指月，指非月”。财务数据是指向月亮的手指，而不是月亮本身。财务数据是业务的反映并由业务决定，而不是相反。当一家上市公司所在的行业和具体商业模式确定之后，其毛利率水平和净利润率水平的合理区间就已确定，公司管理层的努力程度决定了公司的业绩在合理区间的具体位置。宏观环境、监管政策、行业情况和突发事项会造成财务数据的扰动，但无法摆脱其商业模式这一核心因素。从中长期来看，上市公司财务数据终究是在商业模式决定的合理区间内波动，其他综合因素影响每期报表的具体数据。

上市公司市值的财务因素，其实就是对上市公司财务报表和财务指标的分析，就是要从财务数字看一家公司方方面面的情况。本书重在市值管理，因此强调从市值管理的角度去做财务分析，重点在于透过财务看业务，透过披露的财务数据和财务信息看清楚上市公司业务的过去、现在和将来，以判断上市公司的市值变动趋势。下面对部分对市值和估值因素影响大的财务指标进行说明。

2.3.1　收入

利润表上的营业收入是一家企业最核心的指标，这个指标反映了企业的规模、盈利能力和存续能力。上市公司的收入确认政策是公司重要会计政策，也是上市审核和会计师年审的重点。要注意企业销售收入与企业现金流、应收账款等财务指标的匹配情况。如果营业收入规模差不多，而应收账款大幅增加，则意味着公司放宽了信用政策，会影响投资者对营业收入质量的判断。

营收规模直接反映了上市公司的规模，但最关键的还是收入增速。收入增长率是衡量企业经营情况和市场份额占有能力的重要指标，也有助于预测企业经营业务拓展的趋势，为企业扩张增量资本和存量资本奠定了基础。营业收入增长率越高，说明企业的增长速度越快，市场前景越好，发展能力越强。收入快速增长的上市公司甚至可以影响投资人采取不同的估值方法对其估值。投资者会非常关注未来若干季度公司的收入变化情况。利用营业收入增长率法可以判断出企业处于生命周期的哪个阶段。企业在初创期和成长期的营业收入增长率较高，在成熟期和衰退期的营业收入增长率较低，甚至有可能出现负增长。从一家上市公司多个年度的营业收入增长情况，可以判断该公司的成长性，从而预期其未来的业绩和市值。营业收入逐年快速增长的公司，可以称之为成长型公司；营业收入逐年下降的公司，为衰退型公司；营业收入各年间保持稳定的公司，则为成熟型公司。资本市场的一只白马股，首先体现出来的就是优秀的收入增长和高质量的收入确认。

在分析企业营业收入增长率的同时，还应该将其与企业的总资产增长率和净利润增长率做比较。如果企业的营业收入增长率低于总资产增长率，则说明企业销售能力的提高是由于资产投入的增加，而不是经营效率的提高，这种增长方式是不具有可持续发展能力的；如果企业的营业收入增长率高于总资产增长率，则说明企业在销售收入方面的管理能力较强，发展潜力较大。

2.3.2　净利润

净利润的计算过程如下：

第一步：计算销售净额，即营业收入，是指销售总额减去销货退回与折让以及销售税金后的余额；

第二步：计算销售毛利，即销售净额减去销售成本后的余额；

第三步：计算销售利润，即销售毛利减去销售费用、管理费用、财务费用等期间费用后的余额；

第四步：计算营业利润，即销售利润加上其他业务利润后的余额；

第五步：计算利润总额，即营业利润加营业外收支后的余额；

第六步：计算税后的净利润，即利润总额减去应计所得税（支出）后的余额。

净利润科目下还有两个子科目：一个是“归属于母公司所有者的净利润”，另一个是“少数股东损益”。用净利润扣除“少数股东损益”，得到的“归属于母公司所有者的净利润”才是资本市场投资人真正关心的数字。但是，这个“归母净利润”还是不能真正反映企业的赚钱能力。把“非经常性损益”扣除掉，得到的“扣非归母净利润”才能真正反映一家公司的经营能力。净利润增长的来源可以分为三个方向：收入增长、毛利率的增长以及费用的降低。

要注意投资收益、营业外收入等一次性的偶然收入、一次性的收入突升，如利用资产重组、非货币性资产交换、股权投资转让、资产评估、非货币性资产与企业建筑物销售所得收入造成净利润波动。

销售净利润率是用来衡量企业营业收入给企业带来利润的能力，表明企业每单位主营业务收入能带来多少销售利润，是企业经营活动最基本的盈利能力的体现。销售净利率越高越好，说明企业获利能力较强。该比率较低，表明企业经营管理者未能创造出足够多的营业收入或者没有成功地控制成本，可以用来衡量企业总的经营管理水平。销售净利润率与净利润呈正比，与销售收入成反比，企业在增加销售收入的同时，必须相应地获得更多的净利润，才能使销售净利润率保持不变或有所提高。盲目扩大生产和销售规模未必会为企业带来正收益。因此，应关注企业在增加单位销售收入的同时净利润的增减程度，以此来考察销售收入增长的效益。通过分析销售净利润率升降变动，可以促使企业在扩大销售的同时，注意改进经营管理，提高盈利水平。销售净利润率是企业销售的最终获利能力指标，但它受行业特点的影响较大。通常来说，越是资本密集型企业，净利润率就越高；反之，资本密集程度较低的企业，净利润率也就较低。该比率的分析必须结合所在行业可比公司的数据进行分析。2013 年在港股上市的辉山乳业，披露的净利润率远超同行业头部企业，被做空机构浑水公司两次发布做空报告，股价大幅下跌并长期停牌，2019 年被香港交易所（简称“港交所”）宣布取消上市地位，是沪港通及深港通开通以来首家遭监管机构除牌的港股通股份。

净利润增长率代表了企业当期净利润较上期净利润的增长幅度，反映了企业的发展能力。企业的净利润增长率越高，说明企业的经营业绩越好，收益增长越快，发展能力越强；反之，企业的净利润增长率越低，说明企业的收益增长越慢，发展能力越弱。在分析净利润增长率的同时，要同步关注企业的营业收入增长率。如果企业的净利润增长率低于营业收入增长率，则说明企业成本费用和企业所得税的增长幅度过大，不利于企业的长期发展。如果企业的净利润增长率大于营业收入增长率，则说明企业的盈利能力较强，发展潜力较大。定期报告披露的净利润增长率一般仅对两年之内的净利润进行分析计算，可能会受到某些非正常因素的影响，所以要全面地判断一家企业的发展潜力，应该对企业多个时期的净利润增长率进行分析，以便全面客观地评价企业的发展能力。

2.3.3　毛利率

毛利率的计算公式是：

毛利率 = 毛利/销售收入 × 100%

= （主营业务收入 − 主营业务成本）/销售收入 × 100%

毛利率是企业经营中反映其盈利能力的重要指标，也是非常综合的指标，这个单一指标体现了企业进行生产经营获取产品附加值的情况，通过这种附加值的获取进行横向、纵向的对比，可以判断企业未来发展的趋势和行业内的市场地位。毛利率不仅能体现企业的研发能力、管理能力、营销能力、工艺技术水平、市场地位、核心竞争力等，还会涉及市场竞争、企业营销、研发成本、品牌效应、固定成本、技术成本、技术工艺、周转率、生命周期、产品部件、会计处理等诸多因素，还能侧面反映行业的整体情况。因此，在 IPO 相关进程中，监管机构对于拟上市企业的毛利率情况尤为关注，毛利率有关问题也因此成为高频问询问题。据投资顾问机构统计，近两年来 IPO 被否企业共有 63 家，从这 63 家被否企业的审核问询问题来看，有 29 家提到了毛利率问题，占比达到 46.03%。

上市公司毛利率与行业内其他同类型商业模式公司的差异不会很大。除非外部环境有重大变化，否则公司的毛利率比较稳定，不会有大幅波动。当公司的毛利率出现大幅上升时，不仅要看该公司是否推出了更好的产品，还要看库存是否也有明显的提升。

投资者青睐毛利率高的公司。毛利率作为一个非常重要的财务指标，有助于分析公司的核心竞争力。巴菲特一再强调护城河，即竞争壁垒。在财报中，多数时候一家公司的毛利率能够反映其是否具有护城河：毛利率越高、越稳定，护城河就越深。如果一家公司的毛利率明显高于行业其他竞争对手的毛利率，说明这家公司的产品具有很强的竞争优势。比如，贵州茅台 2017 年年报披露的毛利率就达到了惊人的 89.8%。而同时期排名第二的白酒上市公司的毛利率是 76.43%。反过来说，如果一家公司的毛利率显著低于行业平均水平，说明这家公司的产品缺乏竞争力。毛利率波动性大的行业受外部因素如宏观经济形势、上下游供应链等的影响也较大。

当然，事无绝对。2018 年上市的小米公司，就是一家毛利率“很低”的企业。而创始人雷军曾在 2017 年 4 月第 20 届哈佛中国论坛开幕式演讲中谈到：“高毛利是一条不归路，会变成用户的敌人，因为许多公司为了提高毛利率都会从两方面考虑：提高价格与控制成本。然而，提高产品价格就是在与用户慢慢变成敌人，一旦控制成本就会慢慢变成偷工减料。”因此，毛利率的高低及其利弊要综合评估。

影响毛利率指标的因素可以分成直接因素和间接因素两大类。直接因素包括销售数量、销售单价、销售成本等，其对毛利润的影响情况如下：

（1）销售数量变动的影响。当其他因素不变时，销售数量与销售毛利率成正比。

（2）销售单价变动的影响。销售单价的变动，会正比例地影响到毛利和毛利率的变动。

（3）单位销售成本变动的影响。销售成本的变动，会导致单位销售毛利的反方向、等额的变动，从而反比例地影响毛利额，同样反比例地影响销售毛利率。

间接因素包括市场供求关系、成本管理水平、产品构成及其独特性、行业差别等。具体如下：

（1）市场供求关系。市场供求关系影响商品价格，进而影响企业的销售毛利率。市场供需状况、竞争者的数量和实力等因素会影响企业销售毛利率。

（2）成本管理水平。成本费用是企业为了获取收益而付出的代价。企业的成本管理水平直接影响产品成本的高低。提高成本管理水平，可以有效地降低产品成本，进而增加企业利润。所以，企业的成本管理水平和业绩影响企业的毛利率高低。

（3）产品构成及其独特性。一家企业不可能仅生产一种产品，每种产品的市场需求状况不同，产品组合可以在盈利水平上相互弥补、取长补短，以使企业获利最大。同理，如果产品组合不当，也会制约每个产品的获利能力，而削弱产品组合带来的利润。同时，如果企业生产的产品是某种独特、有价值的产品而不仅仅因价格低廉而取胜，它便可以获得溢价，以一定的价格售出更多的产品。所以，产品构成决策的正确与否、产品的差别性都会影响毛利率高低。

（4）行业差别。企业所处的行业大环境对其经营状况有很大的影响。各个行业的企业数量和各自的实力不同，不同行业的产品数量及产品市场竞争力也不会相同，这使不同产品获利的空间也不同。所以行业间的平均毛利率比较是盈利分析的重要环节。

2.3.4 现金流

研究现金流量表的重要性在于，可以帮助我们分析一家公司是否有流动性危机。现金的特点是可以转换成各种形式的资产，可以说现金是最强的资产。如果一家公司的货币资金过多，说明这个公司没有对现金进行合理管理；如果一家公司的货币资金过少，那么可能存在一定的偿债风险。一家公司的货币资金数量究竟是多还是少，需要把这家公司放到整个行业里进行横向对比。越是业绩容易被行业景气趋势所左右的企业，越需要持有大量现金。货币资金的多少还要与公司的短期债务以及实际经营情况相匹配。

投资者还可以通过现金流来判断企业的盈利质量，可以通过下面两个指标进行判断：销售商品、提供劳务收到的现金除以营业收入，简称“收现比”；经营活动现金流净额除以净利润，简称“净现比”。

收现比反映了企业从每 1 元营业收入中所实现的净现金收入，也体现了企业对应收账款回收的效率。该比率越大，表明企业的收益质量越高，企业应收账款回收的效率越高。销售现金比率是在剔除了应收账款对公司带来风险的情况下，从现金流入的角度反映销售收入的真实质量。供应链和产业链地位强势的公司在会计上确认的销售收入，应该能够与从客户那里收到的现金相匹配，甚至会有人提前预付款。也就是说，好公司的现金收入比等于甚至大于 100%。

净现比反映了公司业务是否真正赚到钱，如果经营活动现金流净额大于净利润，说明公司净利润全部或大部分变成了实实在在的现金，企业真正“挣到钱”了。当然，不能用这个指标来分析房地产行业，因为房地产行业的销售模式是卖期房，必然产生大量预收款。如果经营活动现金流净额小于净利润，就说明企业并不是真正地把钱挣到手。这种情况往往还伴随着公司的应收账款、应收票据、存货等的大量增加。如果经营活动现金流净额持续小于零，说明企业一直入不敷出，贴钱赚吆喝，需要不断地通过融资来续命。每一个出现财务危机的公司，都出现了经营活动现金流净额为负数的情况。

2.3.5　净资产收益率

净资产收益率指标反映了一家公司的综合盈利能力。净资产收益率又称权益净利率，是净利润与股东权益的比率，反映每 1 元股东权益赚取的净利润。净资产收益率是评价企业资本经营效益的核心指标，体现了自有资本获得净收益的能力，可以从总体上衡量企业的盈利能力。该指标越高，说明股东投入资本带来的收益越高，资本运营效率也就越高，从而投资人与债权人的利益受保障程度也就会越高，该指标充分考虑了筹资方式对企业获利能力的影响，因此，它所反映的获利能力是企业经营能力、财务决策和筹资方式等多种因素综合作用的结果。另外，净资产收益率是从所有者角度来考察企业盈利水平高低的，在相同的总资产收益率水平下，企业采用不同的资本结构形式，即不同负债与所有者权益比例，会造成不同的净资产收益率。净资产收益率也是杜邦分析体系中的核心指标。

相比于净利润，净资产收益率更能体现出公司为股东创造的价值的大小。净资产收益率越高，公司的盈利能力就越强。巴菲特认为，如果只看一家企业长期赚钱能力的衡量指标，应该是净资产收益率。他曾经在 1979 年致股东的信中强调：“我们用净资产收益率衡量一家公司经营得好坏。”巴菲特也曾说过：“公司经营管理业绩的最佳衡量标准，是净资产收益率的高低，而不是每股收益的高低”。这是因为净资产收益率反映了企业股东获取投资报酬的高低，也就是说，它可以告诉你股东投入的每一元钱能获得多少回报。在 1977 年的文章“通货膨胀如何欺诈股票投资者”中，巴菲特熟练地运用杜邦公式指出提高净资产收益率仅有的五种方式：（1）提高资产的周转率；（2）廉价的债务杠杆；（3）更高的债务杠杆；（4）更低的所得税；（5）更高的运营利润率。好公司和普通公司的区别在于：好公司的净资产收益率会长时间维持在一个很高的水平。查理·芒格曾说过“长期来看，投资年化复合收益率和公司的净资产收益率大致相等”。从 A 股实际状况看，茅台、海尔、双汇、格力等上市时间长的公司，长期年化增速与净资产收益率确实非常接近。

成长型企业的价值，随着时间的推移是在上升的，上升的速度与成长的速度一致。价值型企业的价值，随着时间的推移也是上升的，上升的速度与净资产增长的速度保持一致，与净资产收益率相当。需要注意的是，并不是净资产增加的公司，企业价值就是上升的，因为很多企业的净资产上升，是靠融资来实现的，而不是从消费者那里赚来的。

2.3.6 人均创收和人均创利

人均创收和人均创利体现了公司的盈利能力。净资产收益率是从资本的角度去看盈利能力的强弱，而人均创收和人均创利是从人的角度去分析公司盈利能力的强弱。人均创收增长情况反映了企业在一定时间内的人均生产水平和生产成果，是企业劳动力水平高低的重要体现。人均创收增长率越高，说明企业的生产和经营管理水平越高，员工的整体素质越高，企业可能正在从劳动密集型向技术密集型转变，发展能力较强。如果企业一直保持稳定的人均创收增长率，说明该企业正处于成长阶段，发展态势稳定。人均创收增长率虽然代表了企业的人均生产成果，但是并不能说明企业经营状况的好坏和经济效益的高低。企业作为商品的生产者和经营者，只有把生产的产品提供给社会，才能加速资金的周转，提高自身的经济效益。如果生产的产品很多，但销售的很少，则很难实现增收盈利；如果企业做到了尽产尽销，但由于成本费用过高，利润率较低或者利润率为负，这也不能实现增收，甚至有可能造成亏损。因此，在分析人均产值增长率的同时，还应该关注企业营业收入增长率以及利润增长率的变化情况。同时，对人均产值增长率进行分析时还需要注意与同板块可比公司数据比较的情况。

人均创利情况类似，同时更突出公司内部管理精细度的情况。

2.3.7 研发支出

研发对于上市公司保持并提高市场竞争能力至关重要，可以关注三个指标。

第一个是过去三年研发支出的绝对金额。科研型上市公司的研发支出往往像苹果公司那样每年能保持一定幅度的增长。只要看到上市公司持续不断地进行研发投资，未来几年公司的收入和利润的增长会有所保障。

第二个指标是研发支出占销售收入的比重。如果比重太低，表明上市公司的研发投入不足；而比重太高则往往预示着上市公司的研发投入不可持续。多数公司的研究开发政策是按照营业收入的一定比例来规划的。比如，华为公司的研究开发费用为营业收入的 14%左右，英特尔公司的研究开发费用为营业收入的 20%左右。加大研究开发费用的投入，往往不是坏事而是好事。

第三个财务指标是研发费用资本化。无形资产的产生有两种方法：一种是公司通过“购置”，也就是对外采购而产生的无形资产；另一种是“内部研发”。所谓研发，包括研究和开发两个阶段。根据会计准则，在研究阶段的支出，要记为利润表中的管理费用，影响公司的当期利润；而开发阶段的支出，在满足一定条件的时候才可以记为无形资产。对研发费用进行资本化的好处是当期产生的费用可以不影响当期的利润，形成无形资产，在未来几年中，慢慢进行摊销，影响未来几年的利润。例如，在美国制药行业，研发一种新药平均需要 14.9 年的周期，平均耗费 8 亿美元，这当中大部分时间和金钱，都消耗在一个接一个以失败告终的研究上。所以，出于谨慎性要求，很多科技型企业，一般都会把研发支出计入费用，影响当期损益。以华为公司为例，2015 年，华为专利申请数量虽然是全球企业第一，但它拿 596 亿元的研发投入全部进行费用化处理，研发资本化比例为零。2010 年至 2015 年，华为的研发投入有 2 000 亿元左右，无形资产只有 27.25 亿元。相比较之下，乐视网 2015 年年报显示，2013 年至 2015 年，乐视网每年的资本化率都高达 50%以上。

2.3.8　应收账款

应收账款是指企业已向对方提供劳务或商品，尚未收回账款而形成的债权。在市场竞争中，企业为扩大产品销售，常采用赊销方式开拓客户，应收账款由此产生。应收账款占主营收入的比例，不仅折射出企业产品的受欢迎程度，而且是企业市场竞争地位的反映。

应收账款占比越高，产生坏账的风险就越高。导致此现象的根源，极可能是企业缺乏产品定价权，引起销售增长的应收账款及库存非正常增长。定价权是衡量企业核心竞争力的最主要标志。所谓定价权，是指企业对产品价格拥有控制力，提高价格不会影响市场销量。假如产品生产成本上升，企业则可通过提价将新增成本顺利传导至下游，进而保持稳定的盈利水平。应收账款的非正常增长意味着公司可能过度放松其信用政策。这使企业在随后的时间里，将面临由于顾客违约而核销应收账款的可能性。

应收账款周转率越高越好，表明公司收账速度快，平均收账期短，坏账损失少，资产流动快，偿债能力强。与之对应，应收账款周转天数则是越少越好。如果公司实际收回账款的天数越过了公司规定的应收账款天数，则说明债务人拖欠时间长，资信度低，增大了发生坏账损失的风险，同时也说明公司催收账款不力，使资产形成了呆账甚至坏账，这对公司正常的生产经营是很不利的。但从另一方面来说，如果公司的应收账款周转天数太少，则表明公司奉行较紧的信用政策，付款条件过于苛刻，这样会限制企业销售量的扩大，特别是当这种限制的代价（机会收益）大于赊销成本时，会影响企业的盈利水平。投资者在分析这两个指标时应将公司本期指标和公司前期指标、行业平均水平或其他类似公司的指标进行比较，以判断该指标的高低。

2.3.9　每股收益

每股收益，又称每股税后利润、每股盈余，指税后利润与股本总数的比率。每股收益反映了每股创造的税后利润，比率越高，表明所创造的利润越多。当公司只有普通股时，净收益是税后净利，股份数是指流通在外的普通股股数。如果公司还有优先股，应是从税后净利中扣除后分派给优先股股东的利息。每股收益是测定股票投资价值的重要指标之一，是分析每股价值的一个基础性指标，是综合反映公司获利能力的重要指标。

每股收益仅仅代表的是报告期内每股的收益情况，基本不具备延续性，因此不能够将它单独作为判断公司成长性的指标，仅反映了公司当年每股所具有的当前获利能力。考察每股收益历年的变化，是研究公司业绩变化最简单明了的方法。在研究公司每股收益变化时，必须同时参照其净利润总值与总股本的变化情况。由于不少公司都有股本扩张的经历，因此还必须注意每一报告期内每股收益数字的可比性。公司的净利润绝对值可能是增长了，但由于有较大比例的送配股，分摊到每股的收益就会变得较少，可能表现出减少的迹象。

每股收益增长率反映了每一份公司股权可以分得的利润的增长程度，是判别个股成长性的重要指标之一，也是检验个股有无成长性的试金石。每股收益增长率越高，说明投资者可分得利润的增长速度越快，企业的发展能力越强。值得关注的是，每股收益增长率在企业扭亏为盈或由盈转亏或起始年度每股收益极低的时候会失去指导意义。分析一家企业的每股收益增长率时，可以将其与同一行业的其他公司进行比较，以明确企业在同行业中所处的位置；与整个市场的每股收益增长率比较，以掌握市场每股收益率的增长情况和企业在整个市场中的地位；与企业自身的历史每股收益增长率进行比较，以分析企业的发展趋势和未来前景；与企业自身的销售收入增长率进行比较，以科学地衡量企业未来的成长潜力，因为每股收益的增长往往伴随着销售收入的增长，否则可能只是因为削减成本或一次性收益等无法持续的因素造成，并不能体现企业持续的发展能力。每股收益增长率反映了企业的中期业绩增长预期，是市盈率（PE）等估值指标的驱动力量。

通过杜邦比率分析来看，每股收益增长率自身的影响因素包括资本性开支（CAPEX）、资产周转率、营业利润率、净负债比率和股息分配率，当每股收益增长时，前三项因素也呈增长趋势，而后两项因素则呈下降趋势。

2.3.10 商誉

商誉是指公司在并购过程中所支付的那部分金额与被并购的标的净资产公允价值之间的差价。商誉并没有对应的实物资产，而是收购方愿意付出的溢价。商誉减值对公司股东的影响较大，因为商誉属于无形资产，减值会造成公司股东实打实的亏损。在投资实务中经常会把商誉与归母净资产做比较，如果这个比率太高了，公司股东面临的风险会比较大。无形资产往往对应着具体的、可以被第三方认证的资产，比如专利权、商标权、著作权等。而商誉往往是很难被第三方认证并评估的，比如一家公司的客户关系、管理团队的价值等。正因如此，商誉不用像无形资产一样去摊销，但每年都要对商誉进行减值测试。如果商誉发生减值，就会影响公司当年的利润。而且一旦对商誉做减值处理，就不可以再转回了。

2.4 基本面因素：公司股东、管理层和员工

人是价值创造者、消费者、劳动者，也是企业文化与制度的缔造者，从哲学层面讲，人既是工具更是目的。因此，除了公司业务外，公司“人”的因素，包括股东和实控人

情况、公司治理和管理层情况、员工情况都会深刻地影响资本市场对于上市公司发展前景和估值的判断。

股东、控股股东和实控人。投资者关注上市公司的股本结构和实控人情况，其根源在于判断谁控制公司，控制公司的人将如何推动公司创造价值实现持续发展。股本结构包括：公司股东持股比例是分散还是单一大股东控股；实控人是国企还是自然人；实控人的出身和以往资本市场声誉；法人控股股东是否有资源和意愿支持上市公司发展。上市公司股权结构意味着两件事：经济利益如何分配，谁真正控制公司。这些因素都会影响到投资机构对上市公司发展的判断和最终的投资决策。

控股股东和实控人应该成为公司长期价值的守望者，成为公司持续发展的中流砥柱和一锤定音的角色。同时，控股股东和实控人也是公司资本运作和市值管理的核心推动力。实控人对于企业发展和市值管理的认知，也会深深影响上市公司在资本市场的发展。当控股股东和实控人背景雄厚，且旗下资产与标的公司现有资产的协同性较强时，资本市场对实控人注入资产的预期较强。如标的公司为该实际控制人唯一上市公司时，更会成为实控人开展资本运作的主通道和主平台。当实际控制人旗下优质资产众多，而标的公司现有业务产能过剩、业绩不佳时，实际控制人存在积极进行资产重组、并购的动力和动机。

公司治理。公司治理是在经营权和所有权分离的资本市场中保证公司实际控制人不侵害外部投资股东利益，并致力于股东价值最大化的控制权安排机制、风险管理机制和利益分配机制。现代企业制度是在所有权和经营权分离的情况下，由股东会、董事会、监事会和经理层组成的组织结构，通常被称为公司法人治理结构，核心是分权和制衡，解决谁来决策、决策什么，谁来执行、执行什么，谁来监督、监督什么的问题，其目的在于出资者能放心将企业交给经营者管理。公司治理是企业价值创造的制度保障，是价值驱动因素之一，也是影响市值管理的重要因素之一，市值管理的效果与现实的企业治理环境之间有密切的联系。良好的公司治理结构保证了价值创造的能力和质量。因此，良好的公司治理结构对投资者来说就是资本市场的筛选器，公司治理直接决定着能否为投资者“守住”创造出来的价值。据统计，美国资本市场上 75%的专业投资人认为在他们选择投资对象时，公司的治理结构特别是董事会的结构和绩效至少与该公司的财务绩效指标一样重要，80%多的投资者愿意为治理结构较好的公司支付更高的价格。

公司管理层。公司管理层的构成、激励制度和监督制度是上市公司能否长期健康发展的核心要素。下者用己之力，中者用人之力，上者用人之智。凡是优秀的企业，必定有一个优秀的团队。而企业的成功绝不是个别创始人一个人的成功，肯定是发挥了团队的智慧，是团队的成功。一家企业能有怎样的发展，和企业管理团队有着非常密切的联系，管理团队的能力、视野，甚至偏好，都决定了企业能有多大的发展。科创企业管理团队中，研发人员占比高，且研发人员层次高、资历深，在细分领域具有行业影响力，得到业内人士在技术上的高度评价和认可，这样的上市公司更容易得到投资人对其企业发展和科技属性的认可和期待。投资机构无论是投资于初创期的企业，还是投资于拟重仓上市公司，很多方面是要评价管理团队的能力，原因就在此。上市公司需要在定期报告中披露管理层的构成、年龄、薪酬和简历。

投资圈有个不成文的共识：看上市公司到底是什么业务类型的公司，不是看公司信息披露中对自己的业务描述，而是看公司里面谁的声音最大。如果公司里面，销售人员声音最大，这就是销售型公司，或者至少是营销导向型的公司。如果公司里面，研发人员、科研人员的声音最大，那可以说是产品型公司或者是研发导向型公司。原因在于，看一家公司的核心管理层是做什么出身，就可以大概判断这家公司业务最重要的环节在哪里。如果核心管理层原来是做销售的，公司主要客户应当是大企业和政府部门；如果核心管理层是做产品设计的，公司业务应当是面向大众消费者的。公司内部核心管理层的竞争，本质是看谁掌握了公司价值链里面最重要的环节。谁是一把手，谁的声音更大，真正决定了这个公司的底色，也更能反映这个公司的商业模式和估值系数。

企业家与企业文化。科技的发展极大解放了人的创造力，企业家精神发挥的空间与速度更加史无前例，而卓越的企业家非常稀缺。在绝大多数情况下，生意的属性要大于“人”（企业家与团队）的作用，但仍有少数伟大的企业家与团队，有能力改变生意的属性，甚至推动了产业的发展与社会的进步。优秀的企业从企业家人格到文化与规则，再到惯例与流程是相互递进、相互匹配、一以贯之的，优秀的产品与服务、业务与运营等都是文化与价值观“由虚入实”的阶段性结果与现象，而企业的核心竞争力在根本上是以企业家精神为源头的组织文化与公司治理结构。对于民营企业，实控人也往往是企业创始人。带有鲜明个人魅力的创始人是一家公司的重要财富。在风云诡谲、变幻莫测的商界，人们已经达成共识：创始人的认知边界，才是企业最重要的边界。企业家是企业文化的缔造者和企业制度的建制者。时代的变迁与科技的飞速发展，创新的社会化成本在快速降低，新的挑战者层出不穷导致旧的商业力量、曾经的强势品牌保持原有的优势更为困难。这一背景对企业家与组织的学习能力、创新能力与组织变革能力提出了更高的要求，组织需要在新环境中不断打造自身的系统基础设施、中台与平台能力，培养多部门与多业务通用的接口能力。企业家和企业文化才能决定上市公司的战略是否可以落地，决定公司能走多远。

员工。华为公司创始人任正非曾对外表态，华为的成功很大程度上是人力资源的成功。员工不仅是一项经营成本，更是一种核心业务资产。和其他资产一样，企业可以通过战略投资和管理来尽可能提升员工资产的价值。上市公司需要在定期报告中披露员工的构成、年龄、学历和薪酬政策，上市过程中还需要在申报材料中披露核心员工情况。和管理层情况类似，员工的情况一定要和公司商业模式匹配并反映公司业务及其发展情况。

再次强调，投资人在讨论市值管理中的公司基本面因素时，始终是指资本市场眼中的公司业务和行业，因此上市公司要始终关注投资机构和分析师如何看待公司的基本面因素，并在投资者关系工作中将相关信息完整、准确地传达给对方。公司制定自己的市值管理战略时也应从类似的角度去理解和看待公司的业务和行业情况。一个简单便捷的学习方法是取得相关研报材料，多多阅读，同时联系覆盖本行业的券商研究员，多多交流讨论。上市公司也可以多和投资者，特别是机构投资者交流，了解其对于公司基本面的看法。

2.5　市值中的行业因素

研究和制定市值管理战略的前提之一，是需要知道公司所在的行业属于资本市场眼中的哪个行业。因为资本市场是根据行业板块来给予一家上市公司估值的，专业研究机构的分析师是根据行业来覆盖上市公司的，每个行业板块有相对固定的研究员分工进行跟踪和研究，因此机构投资者筛选投资标的的维度之一就是上市公司的行业属性。上市公司需要实时把握自身在资本市场上的行业分类，认识到行业分类不是一成不变的，而是动态可调整的。

证监会每个季度颁布的上市公司行业分类指南，含 19 个行业门类，90 个细分行业，上海证券交易所（简称“上交所”）和深圳证券交易所（简称“深交所”）采用证监会的 19 个行业门类分类。而上市公司的董事会秘书和投资者关系工作人员需要了解的是面向投资机构的行业分类，因为那才是机构投资者分析、筛选股票，组建投资组合所参考应用的行业分类，与卖方研究机构覆盖上市公司所使用的行业分类一致。A 股买卖方的研究大多基于申银万国行业分类，其与经济或监管导向的行业分类有所不同。在应用此标准划分上市公司行业归属时，遵循上市公司股票的行业属性，划入能表现行业特征的相应类别。上市公司收入和利润的行业来源结构是划分行业分类时需要考虑的重要指标，同时结合以下信息（包括但不限于）进行综合评判：市场看法与投资习惯，公司未来发展规划，控股公司背景。

上市公司需要确保自己被划入的行业能充分体现上市公司的商业模式、成长性，以及未来的发展规划。特别在上市公司进行企业转型、跨行业布局发展及以第二曲线增长为重要业务时，应该掌握调整上市公司投资行业分类的技巧。这样才能吸引到符合匹配企业发展不同阶段和投资主题的机构投资人，使上市公司的价值反映到资本市场的估值中。

同时，既然投资机构是按行业给予不同的投资组合权重，上市公司需要实时了解掌握覆盖同行业或同类别上市公司的机构投资者名单，特别是在二级市场表现优异且估值高于自身对标企业的机构投资者名单。因为这些机构投资者或者已经是这个行业板块的重要玩家或者由于资金属性必须投资这个行业（如主题基金），他们看好行业、细分领域和具体赛道的发展前景，因此容易说服他们做全部或部分投资组合的调整，持仓或增持估值低或/且成长性优异的同一行业的上市公司。

2.5.1 行业规模与行业空间

上市公司所处的行业规模、行业成长性、行业盈利水平、产业周期发展阶段、产业的竞争格局与态势、技术发展与演进的趋势等，都是市值管理战略规划考量的产业基础。只有“时代”的企业，也只有“行业”的企业。不同行业的上市公司市值表现有差异；同一细分产业不同价值链环节的上市公司市值表现也有差异；同一细分产业同一价值链环节，商业模式不一样也会导致上市公司的市值表现有差异。是继续深耕既定产业，还是进行产业的转型升级，都是上市公司市值管理战略需要回答的关键命题。

企业要提升目标、实现市值增长、提高净利率，首先就要关注企业所处的赛道，也就是企业所处的行业，需要关注以下维度：行业发展空间，行业盈利空间，行业生存空间和行业变革空间。

2.5.1.1 天花板：行业发展空间

整个市场规模的大小在一定程度上决定了产业的成长性。企业发展空间要看企业的市场规模和发展增速。产业规模和增长率分析旨在分析市场趋势，判断是否应进入或维持某个市场，其对应的就是投资人和分析师常说的天花板。

行业的市场规模有多大，发展速度有多快，既要看存量，也要看增量，同时还要关注行业发展的变量。在行业规模发生变化时，需要分析趋势变化的原因及影响。寻找市场规模变化背后的原因，比如供给侧改革、落后产能淘汰、下游需求萎缩等因素可能就是行业市场规模下滑的主要原因；找到背后的驱动因素之后，需要分析这些驱动因素是否具有可持续性，以及未来是否会被新的驱动因素所替代；重点思考企业未来发展的增量来源，是来自行业增量还是行业存量，将在很大程度上影响企业未来的战略重心及资源配置方向。

行业规模不仅决定了企业的规模和发展天花板，也决定了上市公司市值的天花板。任何一个行业都不会有赢家通吃，因此，足够大的市场规模和足够高的市场占有率都会影响上市公司市值的潜在空间。

2.5.1.2 赚钱累不累：行业盈利空间

行业盈利空间是指企业所处的价值链和产业链环节以及企业在其中的具体位置，从中可以判断企业是不是选择了行业中利润水平较高的细分领域和关键环节。其对应的就是投资人和分析师常说的站着赚钱、跑着赚钱还是跪着赚钱。

不同行业及行业中不同价值环节的盈利水平是不同的，因此需要关注企业所处的产业链和价值链的布局。价值链位置的差异是竞争优势的关键来源。价值链中的各个活动在增值过程中的作用并不是平等的，只有那些创造较高价值的环节、决定性因素才被称为价值链上的关键环节。所以，上市公司管理层要分析出价值活动中的关键增值活动，找到产业利润区，进而抓住战略控制点，提升盈利水平。

毛利率是反映产业盈利空间的主要核心指标。公司首先要明确行业毛利率水平，以及产业链各环节的毛利率水平和变化趋势，进而分析影响因素和盈利空间。毛利率水平越高，就越说明该行业盈利空间大或该环节是产业链内的关键环节，可能会拥有较高的进入壁垒，并且对上下游具有较强的议价能力；毛利率水平越低，说明该环节产品/服务附加值越低，竞争较为激烈等。

2.5.1.3　活下去和护城河：行业生存空间

竞争格局和关键竞争要素影响行业中所有企业的生存现状，其对应的就是投资人和分析师常说的活得好不好和护城河。有意见认为，垄断的产品议价能力最强，其实是个误区，具有垄断性和议价能力强是两码事，判断是否具有较强的议价能力主要看产业链各环节的集中程度以及利益分配格局，即竞争格局和关键竞争要素。

竞争格局是分析行业的市场集中度和竞争梯队，分析维度包括定量和定性两种。定量是计算和分析行业龙头市场占有率及其变化趋势；定性是综合评估龙头企业的竞争能力及行业内竞争能力的差距，并合理划分行业竞争梯队。竞争格局分析包括三个层面：综合分析整体市场的竞争情况，包括市场占有率及行业梯队的划分，明确企业所处的大环境和行业梯队；细分市场的竞争情况，包括产品细分市场、区域细分市场及需求应用细分市场，通过逐个分析各细分市场的市场占有率及行业梯队的划分，明确企业在各个细分市场中的竞争态势；整体市场与细分市场的竞争变化趋势，并且深刻把握这种趋势背后的原因及其带来的影响，从而帮助企业洞察潜在的发展机会。

分析竞争格局最大的意义在于明确企业当前所处的竞争环境以及竞争地位，进而协助企业制订和选择合理的竞争策略，使得企业可以在当前的竞争环境中找到出路和发展空间。

关键竞争要素的识别分析是企业打造核心竞争力的基础，可以从三个层面展开。

第一，明确行业及行业细分领域内的关键竞争要素是什么：一方面基于市场竞争角度，看竞争对手都有哪些竞争优势；另一方面基于客户需求的角度，思考企业可以从哪些需求入手打造竞争优势。

第二，结合产业发展阶段，综合分析关键竞争要素的变化趋势，明确产业未来发展需要具备的关键竞争要素。

第三，分析这些关键竞争要素的类型及其获取的难度。从产品特性、生产能力到品牌实力，获取的难度逐渐增加。获取难度越高，意味着先发优势越明显，进入壁垒越高；获取难度越低，意味着进入门槛较低，可以预估未来竞争情况将会加剧。

分析关键竞争要素的意义在于，使企业正确识别当前竞争中的关键竞争要素，同时帮助企业掌握关键竞争要素的变化趋势和获取难度，便于企业明晰自身核心竞争力打造的方向及路径。

2.5.1.4 寻找变量：行业变革空间

技术创新推动产业发展，新一轮科技变革将带来产业变革。产业技术发展大幅提速，会让持续创新企业乘风而上，也会让落后守旧的企业跌落谷底。

产业变革空间要看产业的技术趋势与商业应用。一方面新技术能够加速产业的发展，甚至颠覆产业的结构，企业借助新技术甚至可以实现弯道超车；另一方面很多企业赖以生存的环境有可能被摧毁，产业格局发生异变，企业未来可能命运多舛。

2.5.2 行业的生命周期

行业的生命周期是指企业所在的行业从出现到完全退出社会经济活动所经历的时间，它包括四个发展阶段：幼稚期（初创期）、成长期、成熟期、衰退期。这是一般的规律，具体到不同行业，其演变过程又有各自的特点，行业演变过程动态分析的要点在于当前行业的阶段与下一阶段之间的特点差异。由于行业的生命周期构成了企业外部环境的重要因素，哈佛大学教授迈克尔·波特在《竞争战略》一书中论述了新兴产业、成熟产业和衰退产业中企业的竞争战略。因为从企业决策来讲，一家企业通常主要从事某个特定产业，只有明确行业所处的生命周期阶段和企业在其中的地位，才能形成明确的企业战略定位。

行业的发展不是静态的，而是不断演变的。随着行业的发展，相关行业的关键成功因素会改变，行业价值链也会发展和演变，这都是企业在市值管理过程中需要关注的产业动态要素。从演变轨迹来看，行业演变具有一定的规律性。研究表明，可以通过核心经营活动（例如生产或者服务过程）、核心资产（例如品牌、技术）来判定行业的演变规律。

2.5.3 行业对市值的影响

行业影响着投资者对企业的认知与预期，影响着企业的市值。投资者通过对行业进行分析，能更加明确某个行业的发展状况以及生命周期，并据此作出正确的决策。在利弗莫尔的时代，铁路股和钢铁股炙手可热。但在如今，超过一半的美国人甚至没有坐过火车，铁路股票也很难引发投资者的兴趣。

不同行业会对估值产生较大的影响。在没有外力的作用下，资本市场自发追逐和竞争的结果，就是资本只会给予大型头部公司、科技公司、高成长公司以好的估值和流动性，相应的，小微公司、传统产业甚至部分周期性公司就会趋于边缘化。

比如，对于腾讯这种高成长性的互联网企业，资本市场所给的估值一直较高。而大量银行股市盈率普遍较低，股息率不低，仅靠股息和市盈率难以满足以获取成长收益为目的的投资者的盈利需求。

本书第一章所述的腾讯与中国工商银行市值的差异，本质上是资本市场对于不同行业企业的市值、估值产生的影响。因此，对行业进行分析是更好地进行企业分析的基础。上市公司通过横向对比明确目前企业在同行业中的位置，再加上对企业的具体经营和财务状况的分析，能获知在激烈的现代经济竞争中企业的经营情况。行业所处的生命周期也同样制约企业的生存和发展。汽车诞生以前，欧美国家的马车制造业非常兴旺，然而现在，连汽车行业都已进入生命周期的稳定期。柯达公司直到破产的那一天，生产的胶卷质量都是最好的，但那又怎样，世界不再需要它了。如果某个行业处于衰退期，那么无论这个行业中的龙头企业资产多雄厚，经营管理能力多强，都无法摆脱整个行业下滑的前景。

第3章 市值中的估值因素

3.1 估 值 方 法

3.1.1 估值方法概述

理解公司基本面的核心在于准确把握在资本市场眼中，一家上市公司如何创造现金流，增长是否可持续，可预期的业务规模有多大，最终的业务上限有多高。这些信息最终都要通过投资者对于公司的估值进行评估，并以市值的形式表现出来。

企业估值的逻辑是价值决定价格。有效市场的企业估值都是明确的，但没人能准确算出股票的内在价值以及企业的价值，只能对其进行估算。股票估值是一门科学，更是一门艺术，但只有先掌握了科学的道理，才能更好地感受艺术的内涵。股票估值更接近于艺术，而不是科学，因为在实践中内在价值是一个难以把握的概念。关键的一点是，我们进行股票估值的目的并不是确定某一证券的内在价值到底是多少，而是只需搞清楚其内在价值是否足够——足以证明应该购买这种股票，内在价值是否比市场价格高或低。估值是投资者对企业想象空间的量化，同时，也是对投资亏损的容忍度。所以，估值的倒数是投资者的投资回报率，也是投资者要承担的风险。在实践中，资本市场给予上市公司的估值是市场各类参与者对该企业投资价值的综合认知；市值管理中投资者关系工作的重要内容之一是引导资本市场用适合上市公司业务板块和业务发展阶段的估值体系进行估值，来体现企业的投资价值。

企业估值的方法通常分为两类（见表 3－1）：一类为绝对估值方法，如股利折现模型估值法、自由现金流折现模型估值法，是就企业未来存续年度产生的净现金流通过一定的折现率，测算出企业的现值；另一类为相对估值方法，是对标可比企业或板块情况，结合二级市场的股价，测算出企业的相对估值，最常用的是市盈率（PE）、市净率（PB）、市销率（PS）等。

不同的估值方法有不同的侧重点和优劣势，应根据不同的情景选择不同的估值方法，或者将多种估值方法有机结合起来，形成分部式估值（Sum of the Parts，SOTP），这是将不同的估值方法应用在一家企业的不同业务板块上，最终给予企业一个整体的估值。不同的估值方法本身也是一个相互联通的体系。只要对净资产收益率进行一定假设，市盈率和市净率之间就是相通的；在杜邦分析中，市盈率和市销率是相通的；如果对

WACC（加权平均资本成本）和增长率做一些假设，那么自由现金流折现估值和市盈率之间也可以连通。

表 3-1　　绝对估值法和相对估值法

<table>
<tr><td colspan="2" rowspan="2"></td><td colspan="3">相对估值法</td><td colspan="2">绝对估值法</td></tr>
<tr><td>市盈率</td><td>市销率</td><td>市净率</td><td>自由现金流折现模型</td><td>股利折现模型</td></tr>
<tr><td>科学</td><td>核心财务指标</td><td>净利润</td><td>收入</td><td>净资产</td><td>自由现金流</td><td>分红</td></tr>
<tr><td rowspan="2">艺术</td><td>定价</td><td colspan="3">合理倍数</td><td colspan="2">合理估值</td></tr>
<tr><td>参考基准</td><td colspan="3">同类公司、历史分布、增长速度</td><td colspan="2">公司治理＋战略定位</td></tr>
</table>

绝对估值法更多体现的是内在价值决定价格，即通过对企业估值，而后计算每股价值，从而估算股票的价值。绝对估值可以让投资者和分析师更好地了解企业背后的价值。相对估值法反映的是市场供求决定的股票价格，相对估值会让投资者和分析师对价值有一个更贴近资本市场的预计。总之，两者并无优劣之分，但由于各种原因，相对估值法，特别是市盈率估值法，在二级市场上使用的范围和频率更广、更高。

3.1.2　绝对估值法

对于持续经营的公司而言，未来会持续不断地产生现金流入和现金流出。现金流入和现金流出的差额即是现金净流入。对于一直持有股票的股东而言，相当于持续地享有公司的现金净利润份额。进行绝对估值是从一个简单的命题开始的：一项资产的内在价值是由该资产在其生命周期内所产生的预期现金流，以及投资者和分析师对这些预期现金流的确定程度所决定的。如果一项资产拥有高且稳定的现金流，那么其价值理应高于现金流较低且不稳定的资产。绝对估值法的基本准则是，今天的现金可以投资并会立即带来利息收入，因此今天的 1 元现金要比明天的 1 元现金值钱。未来的现金在今天的价值，被称为现值；今天的现金在未来的价值，被称为终值。现值等于未来的现金乘以小于 1 的折现因子（如果大于 1，那么今天的 1 元现金反而比不上明天的 1 元现金）。因此，绝对估值法的基本原理就是，将估值时点之后的未来现金净流入以合适的折现率进行折现，加总得到相应的价值。绝对估值法的优点是，投资者可以将公司未来的收益体现到当前的股价之中；它的局限性是，无法准确预测公司未来盈利的波动性及现金流。

从根本上说，现金流产生能力本身就是驱动公司盈利和不断发展的重要因素。绝对估值法是一种现金流折现定价模型估值法。现金流折现定价模型是运用收入的资本化定价方法来决定普通股票的内在价值。按照收入的资本化定价方法，任何资产的内在价值都是由拥有这种资产的投资者在未来时期中所接受的现金流所决定的。由于现金流是未来时期的预期值，因此必须按照一定的折现率返还成现值，也就是说，一种资产的内在价值等于预期现金流的折现值。

尽管市场主流是使用相对估值法，但绝对估值法仍有自己的适用空间。比如当企业缺乏可比公司，或产品/业务缺乏销售/利润数据时，绝对估值法是唯一可行的方法。如对于未上市的创新药企业，相对估值法几乎失效。在 2022 年市场极度低迷时，笔者也曾了解到北交所的部分投资者为了保证准确把握北交所上市公司的极限估值，也曾使用绝对估值法进行投资标的公司的选取和比较。

3.1.2.1 自由现金流折现模型

绝对估值法通常包括自由现金流折现模型（DCF）和现金股利折现模型（DDM）。

自由现金流折现模型的理论基础依然是现值原理，任何资产的价值都等于其预期未来全部现金流的现值总和，对于公司而言就是自由现金流。自由现金流（Free Cash Flow，FCF）就是企业产生的、在满足了再投资需要之后剩余的现金流量，这部分现金流量是在不影响公司持续发展的前提下，可供分配给企业资本供应者的最大现金额。简单地说，自由现金流是企业经营活动产生的现金流量扣除资本性支出（Capital Expenditures）的余额。

公司的自由现金流主要受以下因素的影响：（1）行业的供求关系；（2）公司在产业链中的地位，如京东就依赖在产业链的地位获取了丰厚的现金流；（3）公司的经营方针；（4）全市场的资金紧张程度，这不仅会影响公司当前的现金流量，而且还会影响未来的折现率。其中第一个因素取决于行业，第二个和第三个因素取决于公司，第四个因素取决于宏观经济。因此，虽然行业非常重要，但是宏观环境和公司本身的经营情况也很重要，即使在同一个行业，不同上市公司之间的自由现金流差异巨大。

准确估计经营资产的未来现金流相当困难，需要对公司进行未来情形的判断和预测，包括公司所处行业的分析、公司战略以及业务可持续的分析、公司管理层因素的分析。问题并不出在自由现金流折现模型本身，而是出在公司设定的各种“判断和预测”上，如未来自由现金流的风险折现率的准确取值非常困难。因此，使用自由现金流折现模型对公司进行估值并不是容易的事。

自由现金流折现模型（DCF）的具体介绍如下。

在自由现金流折现模型（DCF）中，假设公司处于永续经营状态下，股价可以用以下公式计算：

$$股价 = FCF/(r-g)$$

其中，r 为折现率，一般等于无风险利率＋风险溢价；g 为永续增长率（长期增速）。在这个模型下，需要考虑以下几个要点：

- 无风险利率：以经济预期和流动性为基础，通常使用十年期国债利率作为基准。
- 风险溢价：根据经济预期、行业属性和公司质地来判断永续增长概率带来的溢价率要求。行业基本面越差、公司质地较为一般，所要求的风险溢价就会更高。通常在经济和企业经营改善的阶段，这个指标会下降。在对冲之后，股票投资的必要回报率不见得会明显回升，除非是大幅的流动性紧缩和利率上行，否则不会对估值产生关键性影响。

- 永续增长假设：根据长期经济增速、通货膨胀和行业属性确定永续增长假设。

自由现金流折现模型的关键在于，企业价值是其未来自由现金流的折现值。需要强调的是，自由现金流短期的增减并不一定代表折现值的增减，因为短期的现金流不是好的绩效衡量指标。如果不结合公司的实际情况，一年的现金流指标是没有意义的，毕竟很容易被人为操纵，如延迟资本开支、削减广告费或者研究费用；同样，大额现金净流出不一定是坏事，只要资本支出能在未来产生丰厚的现金流回报。自由现金流折现模型高度重视自由现金流。因为企业价值是未来自由现金流的折现值，只有新投入资本的回报率高于折现现金流的资本成本，更高的增长将产生更大的价值，否则将毁灭价值。从历史统计上来看，现金流常年为正的股票长期收益率通常较高，反之则很难有内生性的投资机会。

虽然这个模型本身可适用于所有上市公司，但大部分上市公司在经济下行阶段，盈利增速为负，长期增长非常不明确，无法给予有意义的风险溢价假设和长期增长预期，因此无法给出自由现金流折现模型估值，也就没有明确的买入卖出基准。只有具备永续增长预期的行业和个股能够使用自由现金流折现模型。当经济进入复苏阶段时，尽管大家都知道是周期性的上行，但相对于经济下行阶段，长期永续增速的预期会上调。典型的可以使用自由现金流折现模型的行业包括食品饮料、医药、家电和部分消费建材行业等。

从逻辑上说，使用自由现金流折现模型估值应该是最能反映企业内在价值的。巴菲特认为："一家企业的内在价值就是这家企业存续期内自由现金流折现值的总和。"巴菲特给出的是评估企业内在价值的终极答案。但有很多投资人也认为，无法使用这个公式进行准确计算。查理·芒格曾风趣地说："我从没见沃伦计算过那个东西。"

3.1.2.2 现金股利折现模型

现金股利折现模型（DDM）的理论基础是现值原理：任何资产的价值都等于其预期未来全部现金流的现值总和，只不过它的现金流就是预期的现金股利。现金股利折现模型的实质是公司未来的现金股利决定股票当前的价值。该模型假设在永久持有股票的条件下，现金股利是股东投资股票获得的唯一现金流。因此，现金股利是决定股票价值的主要因素，而盈利等其他因素对股票价值的影响只能通过股利间接地表现出来。

现金股利折现模型的估值框架如下：

1. 零增长模型

$$P=\frac{D_0}{R}$$

其中：P——股票的理论价格；

D_0——当期股利；

R——预期投资回报率。

2. 稳增长模型

$$P=\frac{D_0\times(1+g)}{R-g}=\frac{D_1}{R-g}$$

其中：P——股票的理论价格；

D_0——当期股利；

D_1——下一年度股利；

R——预期投资回报率；

g——投资回报增长率。

3. 阶段增长模型

$P=P_1+P_2+P_3$

其中：P——股票的理论价格；

P_1——超常增长阶段红利折现理论价格；

P_2——过渡增长阶段红利折现理论价格；

P_3——稳定增长阶段红利折现理论价格。

现金股利折现模型的估值结果受到企业经营收益和分红率的影响，因此追求稳定现金分红的投资者可能更偏好（也最适宜）运用股利折现模型对股权进行估值。现金股利贴现模型的特点是赋予近期股利较大的权重，而给予远期股利较小的权重；同时也忽略了会计收益中暂时性成分的影响。

现金股利折现模型适合于分红多且稳定的公司，一般为非周期性行业。由于该模型使用的是预期现金股利的折现价值，因此对于分红很少或者股利不稳定的公司、周期性行业一般不适用。

在理论上，自由现金流折现模型和现金股利折现模型两种模型的估值结构是一样的，但是在实际中，二者的估值结果不一样，原因在于在公司存续时自由现金流不可能作为股利全额发放；非控股股东往往不能完全享受到没有作为股利发放的残值，所以在大多数情况下 DCF 计算的价值高于 DDM 计算的价值。对于投资者而言，DDM 计算价值是公司估值的下限，DCF 计算价值是公司估值的上限。

3.1.3　相对估值法

相对估值法又称乘数估值方法，是指根据一定的参考变量考察与公司相似的可比公司的价值，最后确定被评估公司的内在价值。常见的相对估值法包括市盈率法（PE 估值法）、市净率法（PB 估值法）、市销率法（PS 估值法）等相对简单通用的比较方法，通过估值水平的比较来判断公司股票的投资价值。因其简单易懂，便于计算而被广泛使用，优点是相对效率高、简单，缺点是过于简单，容易造成误差。

3.1.3.1 市盈率估值

市盈率的计算公式是：市盈率（PE）= 企业股权价值/净利润 = 股价（P）/每股收益（EPS）。

市盈率反映了在企业盈利水平不变的情况下，投资该股票多少年能回本。影响 PE 的因素有两个：预期未来盈利的增长率和利率。一般投资人会简单地认为市盈率是由增长驱动的，成长型股票通常享受高市盈率。但是，根据麦肯锡在《价值评估——公司价值的衡量与管理》一书中推导的公式，市盈率倍数是由增长（G）、投入资本回报率（ROIC）、加权平均资本成本（WACC）共同决定的。市盈率倍数最大的问题是没有考虑资本结构和非经营项目产生的利润或亏损，以及可以通过财务手段来对企业的财务数据和报表进行操控。

市盈率通常用来比较不同价格的股票是否被高估或者低估。如果一家公司股票的市盈率过高，那么该股票的价格有泡沫，价值被高估。当一家公司的增长速度以及未来的业绩增长非常被看好时，股票目前的高市盈率可能恰好准确地估量了该公司的价值。市盈率越低，代表投资者能够以较低的价格购入股票以获得回报。单纯以市盈率衡量不同证券具有片面性。由于投资股票是对上市公司未来发展的一种期望，已有的市盈率只能说明上市公司过去的业绩，并不能代表公司未来的发展。在利用市盈率比较不同股票的投资价值时，这些股票必须同属一个行业，因为此时公司的每股收益接近，这样相互比较才有效。不同行业的市盈率会有很大的差别。企业的净利润容易受经济周期的影响，因此市盈率指标也一样受经济周期的影响，这会导致企业估值水平在一个周期内呈现大起大落的特征。

由于 A 股市场的发展阶段以及之前上市审核制下对净利润指标的过度关注，A 股证券市场非常认可市盈率估值体系。市盈率以净利润作为参考指标，适用于盈利相对稳定、周期性较弱的行业，如公用事业、必需消费品业等，而不适用于周期性较强的行业，如资源类行业、证券业等。

3.1.3.2 市净率估值

市净率的计算公式是：市净率（PB）= 企业股权价值/净资产 = 股价（P）/每股净资产（B）。

PB 和 PE 的关系如下：PB = ROE × PE = [(1 + ROE)/(1 + r)]^n，其中 r 是预期的投资收益率，ROE 是净资产收益率的平均稳态值，n 是投资期数。

ROE（净利润/净资产）/PB（总市值/净资产） = 1/PE（总市值/净利润），亦即 PB = ROE × PE。

从 PB 估值法的计算公式我们可以看出，里面没有考虑企业的盈利，也没有考虑公司的业绩增速，单纯就是从公司清算的角度出发，如以现在的价格买下这家公司，然后退市清盘，到底划不划算，因此特别适用于固定资产较多、账面价值相对稳定的行业，如化工业、钢铁业、航空业、航运业等，对于周期性较强的行业，如证券业、银行业，PB 也是重要参考指标。

PB 不适用于账面价值变动快、不稳定的行业，如固定资产较少商誉较多的服务行业、互联网信息、软件行业等，也不适合采用差异化竞争策略的公司。采用差异化竞争策略的公司，很多投入都费用化而不是资本化，导致部分无形资产被低估，从而降低了净资产，最终形成了高市净率。对于技术差异化的公司如苹果、英特尔等，其市净率都比一般公司高。这是因为这些公司的研发投入实质上都是长期投资活动，类似于生产制造型企业购买固定资产，但是由于进行了费用化处理而未进行资本化处理，从而导致资产被低估、市净率被高估。

3.1.3.3 市销率估值

市销率的计算公式是：市销率（PS）＝股价（P）/每股销售收入（S）。

市销率适用于本身业务高速增长，收入高速增长，但净利润处于亏损阶段，从而无法用市盈率估值的企业。此类企业一般是高新技术企业和成长型企业。请注意，适用 PS 估值的核心应该是收入能否持续高增长，只要收入高增长，即使短期内未盈利，特别是盈利预期天花板未出现，也可以一直使用市销率估值，对应调整市销率系数。此外，不同的市场板块，市销率的差别很大，市销率在用于比较同行业类似公司时更有价值。

3.1.3.4 PEG 估值

PEG 的计算公式为：PEG＝PE/盈利增长率。PE 代表当期市盈率，G 代表未来 1～3 年的税后净利润增速。当 PEG＝1 时，股价被认为合理；当 PEG＜1 时，股价被低估；当 PEG＞1 时，股价被高估。有观点认为，PEG 并不是测量股票内在价值的模型，其本质还是利用上市公司短期净利润增速去博弈市场的情绪波动。PEG 观测的时间维度是 1～3 年。

假设某只股票的市盈率为 20 倍，如投资者预测该上市公司每年的盈利增长速度为 10%，则该股票的 PEG 为 20÷10＝2；如果盈利增长速度为 20%，则 PEG 为 20÷20＝1。显然，PEG 值越低，说明该股票要么市盈率越低，要么盈利增长率越高，从而越是具有投资价值。在股票市场中，对股票未来 1～3 年的 PEG 动态评估要远远好过紧盯当期市盈率的静态评估。

PEG 是在 PE 估值法的基础上发展起来的，由传奇基金经理彼得·林奇提出，是将市盈率与企业成长率结合起来的一个指标，它弥补了市盈率对企业动态成长性估计的不足，可以较为方便地动态观测企业估值，因此备受成长股投资者的认可。

PEG 相对更适用于高成长性企业以及非周期性企业估值，不适用于成熟行业，以及亏损或行业正在衰退的企业。

3.1.3.5 EV/EBITDA 估值法

EV/EBITDA 估值法即企业价值倍数估值法，它是根据投入企业的所有资本的市场价值与所有投资人所获得的息税折旧推销前收益水平之间的比值来估算公司市场价值。

计算公式为：EV/EBITDA＝企业价值（EV）/税息折旧及摊销前利润（EBITDA）。

EV/EBITDA 估值法更为清晰地展现了企业真正的运营绩效，但要对债权的价值以及长期投资的价值进行单独估计。EBITDA 中也没有考虑到税收因素，因此税收政策差异可能导致估值结果失真。EBITDA＝净利润＋所得税＋利息＋折旧费用＋摊销费用，所以 EV/EBITDA 估值法不受所得税率不同和资本结构不同的影响，使得不同国家、不同市场、不同资本结构的上市公司估值更具可比性。另外，EV/EBITDA 估值法排除了折旧摊销这些非现金成本的影响，可以更准确地反映公司价值。EV/EBITDA 估值法适用于机械制造、采掘、有色金属等重资产行业。

各相对估值方法的比较如表 3－2 所示。

表 3－2　　相对估值方法的比较

	根据生命周期分类		根据行业特征分类	
相对估值法	适用	不适用	适用	不适用
PS	成长期与成熟期企业均可成长期企业用得较多	衰退期	一般行业均适用	
PE	成熟期企业	初创期、成长期（未盈利）、衰退期	周期性较弱的行业、资产相对较轻的行业	周期性较强的行业
PB	成熟期企业、衰退期企业	初创期、成长期企业	适合周期性行业以及金融地产等流动资产比例高的行业企业，重资产企业	轻资产企业，固定资产少、无形资产占比高的行业
PEG	成长期企业，已有利润	未盈利企业、衰退期企业	适于分析处于上升阶段的行业或者企业，例如部分科技企业、拥有市场优势的制造业企业	
EV/EBITDA	成熟期企业、处于成长期且 EBITDA 为正的企业	EBITDA 为负的企业、衰退期企业	资本密集型行业	周期性过强的行业

3.1.4 分部式估值

分部式估值往往适用于有多个核心业务板块的上市公司，每个业务板块的商业模式与发展阶段不同，造成盈利节点不同，但是业务板块之间有着强关联与协同效应，而非简单的松散联合体。简单的 PE 估值无法精准地评估这类企业的投资价值。

从生态系统的角度看，一家企业围绕生态系统布局后，会产生多个业务单元，各业务单元往往处于不同的发展阶段，那么整个公司的价值不能一概地用 PE 来进行评估，因为用 PE 来评估的直接后果就是公司的潜力市值被抹杀了。

典型的如 2016—2021 年，软件行业头部企业陆续开始云转型，对于传统的软件业务，应该适用 PE 估值，对于快速增长的云业务，应该适用 PS 估值，因此在云业务尚未成为公司收入主体的过渡阶段，此类企业可以采用不同的估值方法计算两个板块的估值并加总，求得公司合理的总估值。即资本市场用不同的估值方法来评估鉴别不同业务板块的价值，而企业整体投资价值为其总和。

有了分部式估值模型，企业无须担心由于业务板块发展处于不同阶段，尚未盈利的关联业务无法体现公司合理估值，甚至未来的第二曲线业务变成市值负资产的情况。一名新锐基金经理说得好："大家都在寻找新的估值逻辑；这种新常态正是体现个人选股实力的好时机。"①

3.1.5　估值步骤和相关因素

给任何一家公司进行估值，一般包括以下四个步骤。

第一，需要对公司做基本面的分析，特别是对公司的业务和财务数据要有深入的了解。公司的业务类型、业务结构、主营业务收入，净利润，关键财务指标数据，都是需要重点了解的信息。

第二，做盈利预测。估值的计算基于历史数据的分析和未来发展的预测。历史数据包括公司已有的各种统计数字和财报数字，未来发展相关信息包括行业的性质和前景，公司在行业中的地位、在价值链上的位置，公司管理层的经营风格等。历史数据的分析要比未来发展的预测容易得多。盈利预测可以参考本书第十一章关于财务预测的相关内容。

第三，使用估值模型对公司进行估值。估值一定要使用多种方法进行相互验证。公司的财务报表是估值的基础，但是还有很多其他因素对公司的估值有影响，比如市场竞争、行业前景、经济形势、股权结构、管理团队、公司或产品生命周期等。这些因素基本上都会出现在估值模型的基本假设中，如果没有考虑这些，绝对不能称为一个合格的估值模型。

估值的核心之一是选取合理的系数，即绝对估值法中的折现率或相对估值法中的可比指标倍数。就折现率的选取，如果对公司的成长性比较确定，折现率定低一点；如果对公司的成长性不太确定，折现率定高一点。相对估值法下的可比指标倍数也类似。使用相对估值法时要注意，选取可比指标倍数时，需要寻找同行业的业务类型、业务情况、财务特征相似的可比上市公司做对比；要选定相当数量的可比企业统计各自的可比指标倍数；分析目标企业及参照企业的财务和业务特征，选择接近目标企业的几家参照企业；

① 章诚爽，赵立新. 成就千亿市值——市值管理与投关指南. 北京：中国广播影视出版社，2021.

在参照企业相对估值的基础上，根据目标企业的特征调整指标，计算其定价区间。

第四，计算目标公司的估值。如使用相对估值法，就是用可比指标倍数乘以目标公司相应的财务指标，从而计算出目标公司的估值。如果使用绝对估值法，选取好系数，并代入计算公式，就能计算出目标公司的估值。

在估值时，选择和公司相匹配的估值方法非常重要。不同行业、不同业务类型的企业要采取不同的估值法。比如，现金流量折现法适合现金流为正的企业进行估值，属于传统行业；市净率法适合大量资产、净资产为正的成熟行业；市盈率法适合高新技术企业，这些企业已经实现盈利。处于早、中期发展阶段的企业可采用市销率法、市净率法；已盈利的成熟行业有强烈的上市预期，可采用市盈率和现金流量折现法。

正如估值的字面意思，估值只能是对公司内在价值的估计。因为所有的估值结果都存在偏见，没有人能一开始就毫无偏见地评估一家公司。首先，即便估值依据的各类信息本身没有问题，也必须将相关信息转化为预测和假设条件，而在这一阶段，任何错误都将会导致估算误差。其次，所预想公司的发展路径可能会完全背离实际，甚至南辕北辙，想想乐视网“生态化反”和市值剧烈变化的全过程。最后，即便一家公司会完全按照所预期的轨迹发展，宏观经济环境也会发生不可预测的变化。此外，如果投资人对某家企业没有倾向性，就不会计算这家企业的估值，而一旦开始估值，这种倾向性就会在估值的过程中体现出来。

因此，在估值的全过程和估值计算结束之后，需要时时检验估值计算的前提条件和假设是否准确并符合公司的最新情况。一个好的办法是多做场景测试，多算几次。需要牢记的是：股票价值只能取得近似的判断而非精确的判断；股票估值并非一成不变，世易时移，在价格变动的同时，价值也会发生变动。

3.1.6 非上市公司的估值

相比在二级市场有交易，股价信息可以实时获得的上市公司或三板挂牌的公众公司，创业公司的估值方法又略有不同。根据市场及公司的情况，非上市公司有以下几种估值方法：可比公司法、可比交易法、现金流折现法、资产法等。

3.1.6.1 可比公司法

可比公司法就是相对估值法在非上市公司估值中的运用，它是通过寻找可比资产或公司，依据某些共同价值驱动因素，如收入、盈利等变量，借用可比资产或公司价值来估计标的资产或公司价值。

首先，要挑选与拟投资的非上市公司同行业的可比或可参照的上市公司，以同类公司的股价与财务数据为依据，计算出主要的财务比率，然后用这些比率作为市场价格乘数，来推断目标公司的价值。尤其关注偏发展期公司的风险投资机构，市盈率法是最常见的估值方法。投资人是投资一家公司的未来，是对公司未来的经营能力给出当前的价格，因此他们用市盈率法估值的计算公式就是：公司价值 = 预测市盈率 × 公司未来 12 个月的利润。公司未来 12 个月的利润，可以通过公司的财务预测进行估算，那么估值的最大问题在于如何确定预测市盈率，预测市盈率可以基于历史市盈率或行业平均市盈率确定。

对于有收入但是没有利润的公司，无法使用市盈率估值，比如很多初创公司很多年也不能实现正的预测利润，那么此时可以考虑用市销率来进行估值。

3.1.6.2　可比交易法

可比交易法就是挑选与初创公司同行业的，在估值前一段合适时期被投资、并购的公司，基于融资或并购交易的定价依据，从中获取有用的财务或非财务数据，求出一些相应的融资价格乘数，据此对目标公司进行估值。可比交易法不对市场价值进行分析，而只是统计同类公司融资并购价格的平均溢价水平，再用这个平均溢价水平计算出目标公司的价值。比如 A 公司刚刚获得融资，B 公司在业务领域与 A 公司相同，在经营规模上（比如收入）比 A 公司大一倍，那么投资人对 B 公司的估值应该是 A 公司估值的一倍左右。

比如，分众传媒在分别并购框架传媒和聚众传媒时，一方面以分众传媒的市场参数作为依据，另一方面框架传媒的估值也可作为聚众传媒估值的依据。

又如，一款拥有 100 万个用户的垂直社交 APP，在最近完成的一轮融资时的估值为 1 亿元，那么另外一款拥有 100 万个用户的知识共享 APP，其估值也在 1 亿元左右，还有一款 200 万个用户的社交 APP，其估值为 2 亿元左右。计算依据就是单用户的价值是差不多的。

3.1.6.3　现金流折现法

现金流折现法就是绝对估值法在非上市公司估值中的运用。折现率是处理预测风险最有效的方法，因为初创公司的预测现金流有很大的不确定性，其折现率比成熟公司的折现率要高得多。这种方法适用于较为成熟、偏后期的私有公司或上市公司，比如凯雷集团收购徐工集团就是采用这种估值方法。

3.1.6.4　资产法

资产法是基于一种假设，即谨慎的投资者不会支付超过与目标公司同样效用的资产的收购成本，比如中海油在竞购尤尼科时，根据其石油储量对公司进行估值。这种方法给出了最现实的数据，通常以公司发展所支出的资金为基础。其不足之处在于假定价值等同于使用的资金，投资者没有考虑与公司运营相关的所有无形价值。另外，资产法没有考虑到未来预测经济收益的价值。所以，按资产法对公司估值，其结果通常是最低的。

3.1.7 投资人对哪些因素给予高估值

在估值体现为上市公司市值的过程中，资本市场参与者的偏好因素会对估值因素产生极大的影响。那么哪些因素会影响投资人给予上市公司高估值呢？

从某种意义上说，估值就是投资人对企业未来发展想象空间的量化。因此，投资者愿意基于以下因素给予企业更高的估值：

投资人更愿意给“商业模式新、成长想象空间大”的公司以更高估值。持续增长的商业模式会带来更多的投资关注和更高的估值。上市公司需要注意的是，最终这些估值落地是需要时间的。

投资人更愿意给“传统业务+协同创新业务”布局企业以更高的估值。

投资人更愿意给“高增长的创新业务”以更高估值，创新是提升估值的阶梯。

投资人更愿意给“行业景气度提升”的企业以更高的估值。行业景气度高，展现出环比/同比增长，意味着同一行业板块乃至上下游产业链的企业都会有高景气度的业绩预期，将会持续拉伸受影响板块内上市公司的估值中枢。

投资人更愿意给“主动给予市场预测且预期可落地”的公司以更高估值。信息披露和投资者关系的重要性就在于它能够给投资人关于估值的大量信息，帮助投资人去建立一个更合理的估值体系，那么主动给予市场预测的上市公司理应获得更高的估值。

投资人更愿意给“扭亏为盈”预期以更高估值。显然，扭亏为盈意味着公司业务持续增长和基本面的持续，投资人会对于这种企业给予更高估值。

投资人更愿意给“市场高关注度的赛道/主题/风口/标签”类公司以更高估值。想想这句投资界俗语，“站在风口上猪会飞上天”。

需要注意的是，与专业单一主业类公司相比，资本市场通常会给予业务多元化且各业务协同效应差的公司较低估值（请注意在此种情况下和分部式估值中公司新旧业务关系的差异）。对于多元化公司，投资者喜欢用其各项子业务的估值之和来给公司估值；如果子业务是上市公司的，就直接用其市值来计算。但结果往往令人失望，因为市场会给这个加总数打一个较大的折扣。这也是集团公司分拆资产单独上市的重要原因。

3.1.8 正确看待估值与股价

企业作为一项资产，其内在价值源于未来现金流的折现。对于投资者来讲，未来现金流也只是大家心中的预期。投资者基于自身的决策模型和了解到的信息，对宏观环境、行业发展、公司表现等客观因素进行判断，形成预期，并在交易系统中进行报价，最终形成价格，上市公司市值的产生跨越了预期环节和交易环节。

上市公司要理解公司估值和股价的差异。估值是指基于“公允市场价值”（Fair Market Value），即根据市场情况和公司实际状况，通过模型测算上市公司应拥有的市场价值，所以“估值”是对公司内在价值的一种计算。股价是二级市场投资者主观上通过交易形成的对公司价值的认可和判断，是投资人为得到公司股份所愿意支付的货币。

股票价格是股票价值的外在反映，它受到多种因素的影响，其从短期看很多时候并不完全等于价值，而估值只是对价值的估计。格雷厄姆说：“市场短期是一台投票机，但市场长期是一台称重机。”市场的短期表现实际上是报价的结果，就好像在一群人的投票下，产生了“涨”“跌”的结果。有“利多”或“利空”的消息，市场应声而上或应声而下，都体现了这种“投票”结果。从长期看，股票价格还是会遵从价值的原则，价值就是股票的质量。股价短期可以过高和过低，但从长远看，不会远离其价值太远。它有多少价值，就趋向于有多少的市场价格。

估值是上市公司理想的应然状态，价格和市值是公司的实然状态。股票价格是公司内在价值和市场预期的外在表现，投资者只有掌握足够多的财务信息和经营状况信息，才能对公司未来的获利能力作出正确预测。良好的投资者关系管理可以在充分的信息披露、不断的双向沟通过程中，让投资者了解并认同公司的发展思路和经营状况，向投资者充分揭示公司的价值，防止公司价值被低估。投资者掌握的上市公司信息越是完整准确，就越有利于建立合理的估值模型，测算出合理的公司估值，并通过交易形成公司股票价格，形成公司市值，从而反映公司的内在价值。

3.2　估值方法的运用

资本市场对于传统行业上市公司的估值方法和估值模型已经非常成熟。今天，成长股投资和科技股投资深入人心，随着专注科创属性的科创板和专注“专精特新”的北交所的发展，会有更多的科技类上市公司上市。而科技类上市公司在商业模式、业务特征、企业发展阶段和生命周期、财务指标等方面都和传统行业上市公司有明显区别，因此，科技类上市公司的估值方法值得进行专门讨论。

参考美国资本市场对于科技企业的估值，可以发现，由于所处行业生命周期、公司发展阶段及商业模式的不同，科技股估值方法各有不同。但科技企业的增长速度（特别是收入）、估值水平和适用的估值方法三个方面随着企业的业务发展会出现如下规律：

● 科技企业在前期都会保持高速增长，但随着所在行业和企业的发展，科技企业营收增速及市值增速会逐渐向经济增长率和行业平均增速靠拢。

● 新增科技股公司因短期内具有较高的营收和净利润增速预期，往往被投资人给予更高估值。成熟科技股公司在经过高增长带来的高估值后相对估值水平将逐步合理化，将向传统行业靠拢。

● 伴随着企业进入成熟期，估值方法逐渐向 PE 等传统估值方法靠拢，PS、PEG 估值方法的应用相应减少。随着 A 股逐步迈向成熟，投资者在逐渐重视研发的同时也会关注企业现金流状况。市场倾向于给予研发支出规模较大、现金流状况较好的科技公司更高的估值溢价，即给予盈利能力的可持续性溢价。

纵观海外科技类上市公司的历史发展历程及相应总市值规模的变化，以及分析师给予的不同估值方法的演变过程，无论市场是否给予科技公司以估值溢价或估值折价，最终投资人关注的仍应是科技公司核心业务特征相对应的部分重点财务估值指标。并且在不同成长阶段，由于估值要关注的核心因素有所不同，最终其适用的估值方法也会不同。

1. 成长初期

在成长初期，市场更关注公司未来的增长空间及增长的可能性。生命周期处于较为早期阶段的行业，市值驱动主要依赖于估值。

处于初创期的科技公司，产品和服务处于概念孵化期，尚未投入批量生产。而由于经营和财务数据的缺失，公司未来发展面临很大的不确定性，公司发展的持续性仍然存疑，因此无法使用传统的现金流预测折现的方法估值。对处于初创期的高科技公司价值的判断，将全部取决于对公司未来增长空间及可能性的预期，可使用可比公司法、可比交易法、市场空间估算、实物期权法等方法进行估测。在这个阶段，投资人的行业经验和投资经验起了更大的作用，估值过程中拍脑袋的成分更重。例如，针对部分成长早期的互联网电商平台，投资者可能直接采取用总市值除以商品交易总金额（即 P/GMV）的估值方法，而并不考虑使用商品或服务交易变现后的财务指标来进行估值测算。

2. 成长早期

在成长早期，市场关注与公司主营业务相关的收入及规模的扩张能力，适用市销率、可比交易法、EV/Sales、研发投入倍数等估值方法。

处于成长早期的科技公司，随着产品和服务落地投产，公司收入快速增长，但基数低，整体水平不高，规模较小。公司费用化研发投入很高，盈利方面仍处于亏损阶段，且利润率变化波动通常较大。处于成长早期的公司价值多数取决于对潜在市场空间的测算及公司收入、规模扩张能力的预期，即能否迅速占据市场份额并实现规模扩张是核心。

这一时期，由于公司商业模式还未成型，未来的存续风险仍然较高，且财务数据相对有限、波动率较大，因此对未来现金流进行具体估测比较困难，通常不适用于绝对估值方法，因此会更注重科技公司早期与主营业务规模及其扩张能力相关的收入指标。因此，这一时期通常适用以营业收入为估值要素的市销率估值方法，适应净利润为负的现实，反映公司在年幼成长期的产品变现能力。此外，对市销率倍数的确定还可以反映分析师对公司收入增长可持续性的态度。以亚马逊公司（Amazon）为例，在其云服务（AWS）推出早期，分析师使用市销率法，以反映该业务板块的收入高增长特点。

另外，由于研发投入往往反映未来的潜在增长水平，因此一些调整后的相对估值方法也常被用于对此阶段公司的估值，包括考虑加回研发开支的调整后市销率即总市值/（营业收入＋研发投入）、研发投入倍数（总市值/研发投入）等。

年轻的科技公司无论采用何种相对估值法，其估值系数均明显高于成熟科技公司，且随着成立年限的增长，科技公司呈现出估值倍数逐步下降的特征。

3. 飞速成长期

在飞速成长期，市场关注公司的现金创造能力、净利润增长情况及相应的成本把控能力，并进一步反映在净利润增长情况上，同时适用相对估值法和绝对估值法。当公司发展跃过早期的迅速扩张阶段之后，对其进行合理估值不再仅仅需要观察公司的收入规模及毛利水平。在注重考核公司能否实现较高净利润增长率的情况下，还需要同时关注公司对成本及费用端的把控能力及现金流周转情况（后二者决定了公司在飞速成长期保持较高盈利水平的持续性），因此相对估值法和绝对估值法均被普遍采用。

整体来看，相对估值法在计算公司的当前估值或短期价值时较为有效，且计算简单灵活，而且可以有效反映公司在可类比竞争对手中的行业地位，但估值倍数容易因当期财务数据的变动而出现较大波动。海外也较多采用以现金流折现模型为核心的绝对估值法对飞速成长期的科技股进行估值。这一方面是由于海外资本市场发展已较为成熟，另一方面是投资者认为以现金流折现为代表的估值模型更能反映公司在不同发展阶段的成长状况，而不仅限于基于某单一时间点对公司进行的成长性及估值倍数判断，相比之下，它在国内二级市场中的应用并不常见。

4. 成熟期

在迈入成熟期后，市值驱动往往依赖于盈利。市场更关注公司盈利能力的持续性，更适用相对估值法，特别是市盈率估值法。

处于成熟期的行业通常呈现出强者恒强的竞争格局，规模靠前的龙头企业往往能够获得市场占有率的进一步提升。当行业需求端已经维持稳定增长时，龙头企业往往可以依靠良好的定价权进行提价，从而进一步提升市场占有份额。当上游产品涨价等导致行业成本端显著上行，或是受宏观经济环境收缩影响，行业需求端出现萎缩时，龙头企业也往往因具有更好的成本转移能力、抵抗风险能力从而具有更加缓慢的去产能化速度，相较中小型企业对于阶段性亏损的容忍度更小，对于风险的吸收能力则更强，也通常使成熟期行业的集中度进一步提升。因此，对这一阶段的科技类公司进行估值时，需要重点考察的是公司的盈利能力强弱以及在未来一段时期内的可持续性。

值得注意的是，由于科技类行业本身整体仍在飞速发展中，因此目前从国内外资本市场来看，完全处于成熟期的科技类细分行业较少，但不排除在一些细分行业中某些科技类公司可能已经迈入较为稳定的发展阶段，其行业地位、公司规模相对靠前，具有较为领先的资源禀赋优势，使得市场对公司在未来一段时间内的盈利预期保持相对稳定。

按照美股的统计数据，成熟科技类公司的赚钱能力均明显强于年轻的科技公司，不论是毛利率、净利率、资本回报率等指标，还是净资产收益率水平，均明显强于非科技类公司的整体情况。从杠杆率来看，科技类公司整体负债水平低于非科技类公司，且成熟科技类公司借钱最少。这可能由于成熟科技类公司本身的盈利能力更强。

此阶段行业发展已历经较长年限，产品及服务已相对较为成熟，对这一阶段公司的估值采用相对估值法的较多。此外，由于成熟期公司往往寻求新的增长动力，重视业务多元化发展，因此，分部估值法也被广泛采用。另外，也可以采用相对估值法、绝对估值法等多种估值方法同时进行综合考虑，得到一个估值区间，并最终取其中间值。

3.3 一级市场和二级市场的估值联动

科创板和北交所的设立以及全面注册制的推行，为创新型中小企业提供了良好的资本市场平台，上市的获投企业持续增加。2022 年，在创业板和科创板上市的 PE/VC 投资企业数量分别为 148 家和 123 家，占比分别为 35%和 29%，两者合计占比高达 64%。此外，主板 PE/VC 投资企业数量为 70 家，占比 17%。值得注意的是，2022 年度北交所新增 83 家 PE/VC 投资上市企业，数量增长近一倍。

需要注意的是，一级市场融资计算得出的投后估值未必得到二级市场的认可。在科创板已受理企业当中，部分企业的预计发行后估值低于其申报前最后一轮融资计算得出的估值。投行、投资机构或将更多地参考可比企业在公开市场的估值水平。根据 Caplight 等第三方平台提供的美股市场数据，实际上大约 85%的 Pre－IPO 轮公司会在二级市场出现贬值，平均相较于上一轮的估值规模会打折 47%。

因此，为冲刺上市市值标准而提高估值进行融资实际意义不大。原因是，首先，不论是保荐机构给的预计市值还是投资机构询价时给出的价格，都将更多地参考二级市场可比企业的估值水平。其次，即便融资估值得到一级市场的认可，企业在上市时还是要接受二级市场投资者的评估。

随着全面注册制的推行，二级市场估值中枢的下降将是大势所趋，为防止一、二级市场的倒挂，面向一级市场的 VC 和 PE 机构必将延长投资周期，一方面向前服务于更早期的创投企业，一级市场的价格较高，投资收益阶段在往前移，只有投资早、中期项目才能取得较好的收益，另一方面继续向已上市的投资标的提供增值服务，辅助投资企业市值持续增长，以更好地退出。全面实行注册制之后，很多投资机构倾向于在项目的更早期阶段进行投资，PE 后期阶段的投资红利已经所剩不多，获利空间较小。这对投资机构投资早、中期项目的判断能力提出了更高的要求，也对投资人的耐心提出了更高的要求。

第4章 市值中的外部因素

企业在提升和管理市值的过程中，最重要的是要加强对企业自身的管理。但是，市值的影响因素并非只有企业自身，企业的市值变化还受诸多外部因素的影响。孙子兵法说，聚三军之众，投之于险，此谓将军之事也。九地之变，屈伸之利，人情之理，不可不察。因此，资本市场的发展、宏观环境的变动、“看不见的手”都会对公司市值造成影响和波动。下面我们逐一讨论。

4.1 全面注册制下的中国资本市场

中国资本市场仍处在持续发展的进程中，证券法的修订、金融监管和证监会制度改革、多层次资本市场的建设、全面注册制实施等都将驱动中国金融行业和资本市场的进一步发展，上市公司的市值管理者必须及时跟紧最新的形势，以便与时俱进。

4.1.1 中国资本市场进一步发展的政策和制度基础

中国资本市场和制度正在发生有史以来的最大变革，这直接推动我中国资本市场进一步发展，监管部门陆续推动了一系列的政策变动，为中国资本市场的大发展奠定政策和制度基础。

4.1.1.1 修订后的《证券法》施行

自 2020 年 3 月 1 日起，由十三届全国人大常委会第十五次会议于 2019 年 12 月 28 日修订通过的《中华人民共和国证券法》（简称《证券法》）正式施行。修订后的《证券法》扩大了证券的定义和管辖范围；规定了全面推行注册制；设立了信息披露专章和投资者保护专章；大幅度提高了违法行为成本。

修订后的《证券法》的施行一方面有助于大力发展股权融资，另一方面将推动存量上市公司的优胜劣汰，两者将共同推动实体经济高质量发展。修订后的《证券法》明确了 A 股市场将实施全面注册制，这有利于吸引具有高增长潜力的新兴产业公司上市。随着优质创新型企业的上市和发展壮大，国内投资者也有望充分、便捷地享受到这些优质创新型企业的发展红利，对市场形成正反馈，帮助资本市场实现长期健康发展。

4.1.1.2 再融资新政策

新政策放松了直接融资约束，支持经济结构转型升级。2020 年 2 月 14 日，证监会公布了根据征求意见修改后的《上市公司证券发行管理办法》等 3 项文件的正式稿，放松再融资发行人条件，放松市场资金退出机制，这有助于企业提升盈利能力和水平，推动直接融资发展，引导经济结构转型升级。定向增发是上市公司最常见的再融资方式，对发行主体的要求相对更低。

4.1.1.3 回购制度改革

回购制度改革将促进股市新生态更加良性循环。从时间维度看，我国对于回购监管制度的变化处于逐步放松和鼓励的过程中，2018 年 10 月公布的回购政策的放松带来了 2019 年 A 股回购井喷式增长，上市公司回购进行股权激励越来越常规化。对比美股市场当前分红和回购并驾齐驱的格局，我国回购规模上升的空间巨大，对股市新生态良性循环和股市长牛形成较强助力。具体可参看本书第十二章相关内容。

4.1.1.4 分红制度改革

分红制度改革促进股东回报机制逐渐完善。2015 年，证监会等四部委联合发布《关于鼓励上市公司兼并重组、现金分红及回购股份的通知》，积极鼓励上市公司推行现金分红，2018 年我国 A 股分红派发金额首次超过万亿元，分红规模每年稳步增长，这有助于完善股东回报机制，引导价值投资和长期投资。具体可参看本书第十二章相关内容。

4.1.1.5 退市制度改革

退市制度改革将促进优胜劣汰，催化结构性长期牛市。2018 年底，A 股市场开始试点注册制改革后，退市制度迎来进一步优化完善。2020 年 12 月，沪深交易所发布退市新规，健全多元化退市标准，简化退市程序，强化退市执行，构建起财务类、交易类、规范类和重大违法类等 4 类强制退市指标体系。A 股退市正式驶入快车道始于 2022 年，当年 4 月，证监会发布《关于完善上市公司退市后监管工作的指导意见》（简称《指导意见》）。《指导意见》发布的 2022 年，有多达 42 家上市公司被强制退市，创下年度退市数量历史新高。2023 年 2 月，在全面注册制改革背景下，退市制度进一步完善，新增了对红筹企业交易类退市情形予以调整适用的特别规定。2023 年 6 月 8 日，证监会主席易会满在 2023 年陆家嘴金融论坛上点评退市制度时称："近年来，我们会同有关部委和地方党委政府，强化扶优限劣，切实把好市场入口和出口两道关，深入开展专项治理，推动常态化退市机制落地见效。"未来，随着 A 股市场退市制度不断完善，市场生态效率提高，整体质量将不断提高。退市压力逼迫投资者优选“长牛”个股，催化结构性长期牛市。良性循环的资本市场需要有进有出、优胜劣汰。常态化退市机制的形成，有助于持续检验与监督企业的经营与发展，最终在 A 股市场形成优胜劣汰的氛围，推动上市公司整体质量提升，促进中国资本市场的长期稳定健康发展，实现资本市场的资源优化配置功能，更好服务实体经济。

4.1.1.6　金融开放制度改革

金融开放制度改革吸引外资持续流入 A 股。参考日本、韩国等国，开放制度红利带来股市长期的繁荣发展。自 2018 年 4 月金融业对外开放承诺发布以来，我国金融业对外开放步伐不断加快，国家各金融监管部门密集出台了一系列金融行业及资本市场开放政策，放宽了外资金融机构的市场准入机制。数据显示，2021 年，北向资金连续 12 个月净流入，累计净流入约 4 322 亿元，创年度净流入历史新高。在总量刷新纪录的同时，投资结构更有看点，制造业配置力度大幅提升，表明外资高度关注和认可我国实体经济高质量发展。在 2021 年第 60 届世界交易所联合会（WFE）会员大会暨年会上，中国证监会主席易会满在发言中表示，正按照国家新一轮高水平对外开放的统一部署，研究推出进一步扩大开放的相关举措，包括继续拓宽沪深港通标的范围，拓展和优化沪伦通制度，扩大商品和金融期货国际化品种供给，推动建立境外从业人员资质认证机制等。

4.1.1.7　机构投资制度改革，驱动长钱入市

伴随着制度改革的推进，长期资金入市空间巨大。目前，美国共同基金中 47% 的资产来源于个人退休账户自愿参与养老金（IRAs）和确定缴费型养老金计划（DC），而这些个人养老金注入的共同基金入市也推动美国资本市场的繁荣。2022 年 11 月 4 日，人社部等五部门联合下发《个人养老金实施办法》。2022 年 11 月 3 日，财政部、税务总局发布了《关于个人养老金有关个人所得税政策的公告》，中国银保监会也就《商业银行和理财公司个人养老金业务管理暂行办法（征求意见稿）》公开征求意见，证监会也发布了《个人养老金投资公开募集证券投资基金业务管理暂行规定》正式稿。个人养老金制度进入实质性落地阶段。随着规定的明确以及个人养老金税收优惠等政策的推行，居民个人养老金参与意愿有望提升，从而为资本市场带来长期增量资金，利好资本市场上一些稳健型标的。从长期来看，也有助于提高 A 股的稳定性，使得权益市场和养老金形成良性互动，相互成就。

4.1.1.8　金融监管和证监会制度改革

2023 年初，中共中央、国务院印发了《党和国家机构改革方案》。其中提到，组建中央金融委员会。加强党中央对金融工作的集中统一领导，负责金融稳定和发展的顶层设计、统筹协调、整体推进、督促落实，研究审议金融领域重大政策、重大问题等，作

为党中央决策议事协调机构。组建中央科技委员会。加强党中央对科技工作的集中统一领导，统筹推进国家创新体系建设和科技体制改革，研究审议国家科技发展重大战略、重大规划、重大政策，统筹解决科技领域战略性、方向性、全局性重大问题。2023 年 3 月，十四届全国人大一次会议表决通过了关于国务院机构改革方案的决定。这次国务院机构改革方案的核心聚焦科技和金融领域，包括重组科学技术部、成立国家数据局与国家金融监督管理总局。成立国家金融监督管理总局，是深化金融监管体制改革的需要和体现。本次改革提出在银保监会基础上组建国家金融监督管理总局，作为国务院直属机构统一负责除证券业之外的金融业监管，并承担金融消费者保护与投资者保护职责。本次机构改革方案中，证监会由国务院直属事业单位调整为国务院直属机构，并将国家发展和改革委员会的企业债券发行审核职责划入证监会。证监会调整为国务院直属机构，体现了国家对资本市场高质量发展的高度重视。在全面注册制背景下，更需强化监管部门法制化监管的水平，证监会成为国务院直属机构，或有助于更好统筹金融监管工作，推动证券监管的提质增效，有利于扩大直接融资规模，支持实体经济转型升级。

2023 年 7 月下旬，中共中央政治局会议和国务院常务会议两场高级别会议相继召开。在这两场会议中，针对资本市场，高层连续作出明确表态。政治局会议明确，“要活跃资本市场，提振投资者信心”。据招商证券统计，“活跃资本市场”的表述是近十年首次在政治局会议中提出，“提振投资者信心”的表述是时隔近 15 年在政治局会议和中央经济工作会议之中再现。可以说，中国资本市场在持续深化制度改革和政策“组合拳”的共同促进下，市场发行机制将更加规范、成熟，量与质的关系将进一步平衡，市场流动性将进一步增强。在国家战略引导下，在产业链关键技术和薄弱环节，资本市场将持续助力企业创新，促进新业务、新应用场景等的发展，中国资本市场必将有长远发展。

4.1.2 多层次资本市场

加快发展资本市场是国家根据新时期的需要而作出的重要战略部署。我国经济结构战略调整和产业升级迫切需要培养和扶植一大批高科技、高成长和创新性强的企业。中小企业的轻资产、不确定性等特点使其难以获得银行贷款支持，而资本市场能够为投融资双方提供风险共担、利益共享的机制，使其成为推动中小企业，特别是科技创新型企业成长的重要平台。发展多层次资本市场体系的意义在于，它能够为不同发展阶段的企业提供多元化的融资渠道，并最大限度地提高市场效率与风险控制能力。

经过 30 多年的发展，我国的多层次资本市场体系已初步形成，目前我国的多层次资本市场体系分为以下几个层次：主板市场；创业板、科创板市场；北交所、新三板、区域性场外交易市场。主板市场服务于行业龙头、大型和骨干型企业；创业板和科创板市场服务于处于成长中后期的具有自主创新能力的企业；北交所服务于中小创新企业，全国中小企业股份转让系统（“新三板市场”或“全国股转系统”）和以区域性场外交易市场（“四板市场”）为主体的场外市场服务于处于成长初期的中小微企业。具体见图 4 – 1。

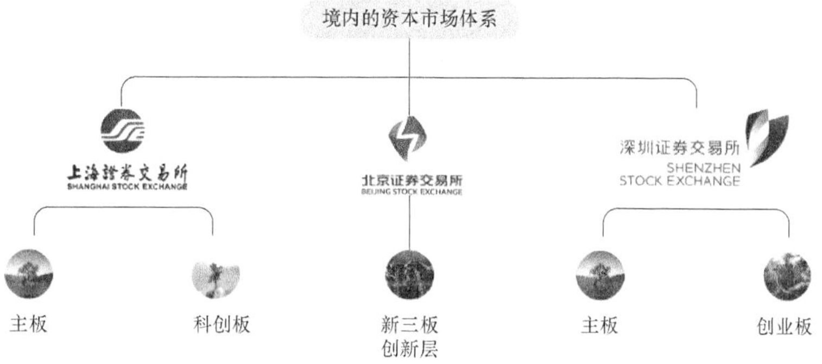

图 4－1　中国资本市场体系的层次

4.1.2.1　主板市场

主板市场，也称为一板市场，指传统意义上的证券市场。主板市场对发行人的营业规模、股本规模、盈利水平等方面的要求较高。在主板市场上市的企业多为大型成熟企业，具有较大的资本规模以及较高、稳定的盈利能力。2021 年 4 月，深圳证券交易所主板与中小板合并，合并后，原中小板上市公司的证券类别变更为“主板 A 股”，证券代码和证券简称保持不变。从资本市场架构来看，该板块也从属于深圳主板市场。主板市场的公司在上海证券交易所和深圳证券交易所两个市场上市。

4.1.2.2　二板市场

二板市场包括创业板市场、科创板市场，在上市门槛、监管制度、信息披露、交易者条件、投资风险等方面和主板市场有较大区别。其设立目的是扶持中小企业，尤其是高成长性企业，为风险投资和创投企业建立正常的退出机制，为自主创新国家战略提供融资平台，为多层次的资本市场体系建设添砖加瓦。

2018 年，习近平主席提出设立科创板。2019 年 1 月 28 日，证监会颁布《关于在上海证券交易所设立科创板并试点注册制的实施意见》，在上交所新设科创板，坚持面向世界科技前沿、面向经济主战场、面向国家重大需求，服务于符合国家战略、突破关键核心技术、市场认可度高的科技创新企业。重点支持新一代信息技术、高端装备、新材料、新能源、节能环保以及生物医药等高新技术产业和战略性新兴产业，推动互联网、大数据、云计算、人工智能和制造业深度融合，引领中高端消费，推动质量变革、效率变革、动力变革。2019 年 7 月，首批 25 家科创板企业正式发行交易。截至 2024 年 1 月 7 日，科创板开设以来共 942 家企业申报，576 家成功注册，237 家项目终止。

截至 2023 年 6 月 30 日，科创板共有上市公司 545 家。科创板已上市企业行业分布集中于高新技术产业和战略性新兴产业，其中，新一代技术领域的上市公司超过 200 家，龙头引领集聚发展态势日益明显，在生物医药、新能源、高端设备等领域也集聚了一大批科技创新企业。

4.1.2.3 新三板和北交所市场

新三板指全国中小企业股份转让系统，是经国务院批准设立的全国性证券交易场所。全国中小企业股份转让系统有限责任公司为其运营管理机构。2012 年 9 月 20 日，该公司在国家工商总局（现为“国家市场监督管理总局”）注册成立，注册资本为 30 亿元。上海证券交易所、深圳证券交易所、中国证券登记结算有限责任公司、上海期货交易所、中国金融期货交易所、郑州商品交易所、大连商品交易所为公司股东单位。

北交所于 2021 年 9 月 3 日注册成立，是经国务院批准设立的我国第一家公司制证券交易所，与新三板形成全链条服务体系。北交所的定位是培育服务中小创新企业，即“专精特新”企业，北交所的设立是健全多层次资本市场体系的重要一环，是实施国家创新驱动发展战略、持续培育发展新动能的重要举措，也是深化金融供给侧结构性改革、完善多层次资本市场体系的重要内容，对于更好发挥资本市场功能作用、促进科技与资本融合、支持中小企业创新发展具有重要意义。2021 年 11 月 15 日，北交所敲锣开市。北交所的开市，一方面代表着我国多层次资本市场的日益完善，让高科技高成长的公司持续获得资本助力；另一方面也有利于风险投资机构和私募股权机构的退出，以及风险投资者分享企业的成长价值，蓄力下一轮创新企业发展。

截至 2023 年 6 月 30 日，北交所共有上市公司 204 家，总市值 2 667.83 亿元。包含生物医药、高端装备制造、大消费、TMT 及化工新材料五大产业集群。现阶段，北交所进入制度建设重要时期，做市、两融等支持性政策不断出台，北证 50 指数正式推出，北交所步入快速发展期。

4.1.2.4 四板市场

四板市场，指的是区域性场外交易市场，它是为特定区域内的企业提供股权、债券转让和融资服务的私募市场，一般以省级为单位，由省级人民政府监管。四板市场对于促进企业特别是中小微企业股权交易和融资，鼓励科技创新和激活民间资本，加强对实体经济薄弱环节的支持具有积极作用。

金融资本助推科技创新升级，这其中最重要的是用投资的逻辑去做科技创新。只有这样，才能充分发挥风险投资的价值发现、资源整合、规模扩大、市场拓展以及保持研发持续投入等作用，用风险投资的逻辑来审视企业的切实需求，高效发挥金融对企业发展的赋能作用。目前，我国融资方式仍以间接融资为主，社会融资规模存量中股票融资占比仅 3%，相较美国差距较大。在一系列融资制度上进行大胆改革，为战略新兴产业和科创型企业提供更多融资渠道，对于推动我国高质量发展有着战略意义。

科创板和北交所的建立不仅对完善我国资本市场体系与制度改革具有重要意义，而且对我国科技创新转型同样具有重大意义。科创板和北交所将重塑中国科创型和“专精特新”企业的估值体系。科创板强调拟上市的公司要拥有核心技术，成为细分行业的龙头，北交所强调拟上市中小企业的“专精特新”特性，科创板、北交所和创业板都提供多套上市标准，不要求拟上市公司必须盈利。科创板和北交所将为这类企业提供一个估值标杆，现有的 A 股中拥有核心技术的公司也将会获得估值溢价。科创板和北交所的设立为创新创业企业提供了新的融资方式，也为市场化风险投资机构和私募股权基金的退出提供了方便，市场对高新技术和战略性新兴产业企业的偏好逐渐形成。

需要说明的是，从目前 A 股的市值构成来看，它基本上已经被新兴行业上市公司所主导。当前 A 股上市公司的主要构成部分，已经由低增长行业转换为中高增长行业，由传统经济企业转向新兴行业企业；随着注册制的不断推进，如果未来 A 股能够继续不断地吸纳新兴行业和科技企业，那么未来 10 年 A 股市场为投资者创造回报的能力将比过去 10 年显著提高。

此外，2023 年 2 月 17 日晚，证监会发布《境内企业境外发行证券和上市管理试行办法》和 5 项配套指引，并于 2023 年 3 月 31 日起正式实施。此次试行办法及配套指引是境外上市监管制度的正式执行，便利中国企业赴境外上市。

4.1.3　全面注册制的落地

4.1.3.1　全面注册制的落地对资本市场的影响

A 股已经迎来全面注册制时代。2009 年 6 月 10 日，证监会发布《关于进一步改革和完善新股发行体制的指导意见》，宣布进行 IPO 注册制改革。2019 年 12 月 28 日，全国人大通过修订后的《证券法》，明确全面推行证券发行注册制度。2023 年 2 月 17 日，中国证监会、上海证券交易所、深圳证券交易所、中国证券登记结算有限责任公司、中国证券金融股份有限公司、中国证券业协会等同步发布全面实行股票发行注册制相关制度规则正式稿，涉及 A 股各板块的发行条件、注册程序、保荐承销、重大资产重组、监管执法、投资者保护等多个方面。全面注册制的正式实施，标志着注册制的制度安排基本定型，标志着注册制推广到全市场和各类公开发行股票行为中，在中国资本市场改革发展进程中具有里程碑意义。

注册制采用的是形式审核的原则。仅对证券发行人申报信息和材料是否完整、真实、准确做形式审查，不对该证券的投资价值进行判断，发行人在充分、及时地披露相关信息的情况下就可发行股票。注册制是在市场化程度较高的成熟股票市场普遍采用的发行制度。证券监管部门公布股票发行的必要条件，只要达到所公布条件的企业即可发行股票。发行人在申请发行股票时，必须依法将公开的各种资料完整准确地向证券监管机构申报。证券监管机构的职责是对申报文件的真实性、准确性、完整性和及时性做合规性的形式审查，而将发行人的质量留给证券中介机构来判断和决定。这种股票发行制度对发行人、证券中介机构和投资者的要求都比较高。相对于核准制，注册制具有更高的信息披露要求、更高的发行效率，定价也更加专业化和市场化。注册制淡化了证券发行人盈利水平的要求，更注重企业未来的持续经营能力等优势。

在全面注册制的背景下，资本市场会呈现出新的趋势。第一，注册制具有更高的市场化水平。注册制把对企业投资价值的评价和审核都交给市场，致力于通过充分的信息披露，让投资者自主选择，由此真正发挥市场的机制作用。头部企业将受益于注册制带来的优胜劣汰机制，通过并购重组等机制更好地做大做强。第二，监管机构回归以信息披露为核心，重心由事前实质审查转为事后的严格执法。注册制要求上市公司全面、充分、客观、及时地披露所有涉及企业经营管理的数据和信息。披露之后，监管部门不需要对企业的投资价值进行判断，完全交给市场上的投资机构。第三，价值投资和长期投资越来越会成为市场主流。投资者对上市公司的评价更看重长期投资价值和稳健经营。修订后的《证券法》把证券公开发行的条件改成了“具有持续经营能力”，这表示一种监管思路的转变。持续经营能力比盈利能力更加多元化，更能体现企业长期的价值，也更有利于市场的自主判断。资本市场不再是强者恒强的游戏，而是鼓励创新，鼓励具有长期价值、有潜力、有前景的企业上市，从而获得金融支持，比如具有高成长、高投入，实现盈利周期长的创新型企业。新兴产业将受益于实体经济转型和股权融资改革的政策倾斜。

4.1.3.2 全面注册制将深刻影响上市公司市值趋势和市值管理战略

在全面注册制的背景下，资本市场呈现出新的发展趋势。A 股存量上市公司突破 1 000 家（2000 年 9 月）和 2 000 家（2010 年 9 月）用了 10 年时间；而从 2 000 家跨越到 3 000 家、从 3 000 家跨越到 4 000 家的时间节点，则分别缩短到 6 年和 4 年；如今，从 4 000 家到 5 000 家的整数关口，用时仅为 2 年。这是资本市场不断深化改革的推动结果，是上海证券交易所、深圳证券交易所、北京证券交易所构建起的多层次资本市场体系以及注册制改革带来的上市公司数量加快提升的表现。基于这样的新趋势，上市公司，特别是中小上市公司市值中枢下降极可能是大势所趋。上市公司需要在正确理解市值管理的前提下，明确如何评价和选择市值管理战略，如何提升市值管理水平。

实施全面注册制意味着上市公司将不再稀缺，A 股与海外成熟资本市场接轨，逐渐成为买方市场，即投资人的市场。如科创板，由于企业来自新兴行业领域，商业模式更加创新，必然对市场化的推介、IPO 估值、询价机制提出更高的要求；加之极高的关注度与更加复杂的媒体环境，市值管理必然要打通从改制到发行的 IPO 全环节，因此对市值管理工作的专业度和经验提出了更高的要求。A 股市值管理和投资者关系工作范围和职能也将随之与境外成熟资本市场接轨，与专业的卖方分析师和机构投资人的沟通及预期管理将落实到日常工作中。

其实，看看近年来港股、科创板和北京证券交易所的上市发行情况，就不难得出结论：全面向市场化迈进后，IPO 企业估值定价和上市公司估值情况会和原来的市场情况有很大变化，破发极可能将普遍化。

4.1.4　A 股投资者结构快速变化

4.1.4.1　从散户到机构投资者

A 股投资人可以分为机构投资者和个人投资者，机构的数量很少，可掌控的资金量却是个人投资者不能相比的。随着中国资本市场的发展，机构投资者的作用越来越大，对市场的影响力越来越大，对于上市公司的市值影响举足轻重。新时代的市值管理战略，需要围绕机构投资者去构建和落地。

上海证券交易所发布的相关数据显示，2017 年沪市投资者为 1.95 亿，其中个人投资者 1.94 亿人，占比超过 99%。然而从持股市值看，个人投资者持股市值为 5.94 万亿元，仅占总市值的 21.17%。同时，2017 年沪市中个人投资者贡献了 82.01%的交易额，而机构仅占 14.76%。截至 2022 年 10 月底，A 股市场投资者数量达 2.1 亿，其中个人投资者数量占比 99.8%，个人投资者的交易量占到股市总交易量的 61%左右。截至 2023 年一季度，A 股机构投资者持股占比已过 50%，相当于美股 20 世纪 80 年代后期至 90 年代前期，交易占比近 40%，去散户化的趋势非常明显。从持股市值占比来看，A 股正逐渐摆脱散户定价的特征，机构逐渐掌握话语权。

机构投资者可以按照资金来源分为公募基金（可以对大众发行投资产品）、私募基金（只可以针对高净值人士发行投资产品）、社保基金、中央汇金等。私募基金又分阳光私募基金和非阳光私募基金，各类基金种类繁多。根据投资策略，机构投资广义上也分量化基金和非量化基金，前者按照预设的算法模型自动筛选出买入或卖出标的，作出投资决策，后者靠人为的评估判断作出投资决策。根据产品配置，机构投资也可以分为固定收益基金（如债券）、绝对收益基金（对冲基金）和相对收益基金（一般为证券股票，并对标某个指数或板块）以及混合型基金。根据中国证券投资基金业协会发布的统计数据，截至 2023 年一季度末，基金管理公司及其子公司、证券公司及其子公司、期货公司及其资管子公司、私募基金管理人管理的资产管理业务总规模约 67.28 万亿元（见表 4－1）。其中，公募基金规模 26.68 万亿元，证券公司及其子公司私募资产管理业务规模 6.45 万亿元，基金管理公司及其子公司私募资产管理业务规模 6.81 万亿元，基金管理公司管理的养老金规模 4.43 万亿元[①]，期货公司及其资产管理子公司私募资产管理业务规模约 2 934 亿元，私募基金规模 20.7 万亿元，资产支持专项计划规模 2 万亿元。

① 此处养老金包括基金管理公司管理的社保基金、基本养老金、企业年金和职业年金，不包括个人养老金产品及境外养老金。

表 4－1　　各类资产管理产品数量及规模（截至 2023 年一季度末）

类型	产品数量/只	规模/亿元
公募基金	10 718	266 779.52
证券公司及其子公司私募资产管理计划	18 700	64 516.06
基金管理公司私募资产管理计划	8 366	50 884.19
基金管理公司养老金	2 799	44 324.64
基金管理公司子公司私募资产管理计划	3 383	17 262.91
期货公司及其资产管理子公司私募资产管理计划	2 099	2 933.72
私募基金	150 454	206 992.92
资产支持专项计划	2 260	20 031.86
合计	197 989	672 787.00

在 20 世纪 60 年代以前，美国股市主要是散户持股，机构投资者在股市的控股比例不超过 13%；2018 年年中，美国机构投资者持有市值占比高达 93.2%，个人投资者持有市值占比不到 6%。从换手率来看，2017 年全部美股的换手率为 116%，其中权益类公募基金的换手率为 26%，远低于 A 股的 428%和 297%。美国股市发生的趋势变动对于 A 股的发展有明确的借鉴意义。

虽然中国资本市场投资者从数量上看大部分是散户，但是基于价值投资逻辑下的去散户化会逐渐成为资本市场一个长期的发展趋势。参考成熟资本市场的数据，机构投资者已经且将发挥越来越大的作用。伴随着机构投资者日渐成为市场的投资主体，资本市场已经且将发生深刻的变化，举一例而言，在 A 股市场上，超过百元的高价股日益增加，就是因为对这些高价股上市公司而言，投资机构意义更大，从而降低了散户对流动性增加的重要性。

4.1.4.2　资金结构的变化导致长期投资成为趋势

随着中国资本市场的发展，参与市场的资金方越来越多，资金来源也越来越复杂，除了大家耳熟能详的国有金融投资机构（俗称“国家队”）、公募、私募、散户的资金，现在产业资本和北向资金也越来越引起大家的关注。

4.1.4.3　产业资本

企业风险投资（Corporate Venture Capital，简称 CVC）是一种创新的投资组织形式，起源于 20 世纪 60 年代的美国，从创新周期最紧迫的医药行业发展起来。在业界，经历了多年的发展，CVC 早已成为风险投资领域重要的组成部分和基金的重要资金来源之一，如英特尔设立的独立投资部门、小米的产投部门等。

产业资本投资从做实业、做产业的角度去思考问题。CVC 设立的战略目标是配合母公司的长期发展战略，以投资方式驱动创新与模式扩张，如横向扩张提高市场占有率、围绕产业链投资加深产业链布局、生态投资形成产业生态圈等，并依托母公司的业务优势为被投创新企业提供独特的增值服务。投资的原因可以有很多，例如为了某些人才，为了团队的体系，为了渠道和品牌，或者独特的知识产权、产品，某项特殊的技术等。最重要的原因是：该团队的产品和企业的业务能够产生协同效应，在未来能够开展合作，有双赢的发展趋势。换句话说，投资不是为了等到它能独立运营后就顺势退出，而是要进行产业跟进与互补。

站在产业投资人的角度，其做投资的优势确实非常明显，比如小米公司很清楚其最好的供应商是谁，中芯公司也清楚哪家芯片设计公司的流片最多、技术最先进，产业链内部的合作是非常自然的事情。因此，近年在中国风险投资界，CVC 充满活力且规模迅速壮大，产业龙头开始利用股权投资方式达到战略驱动、核心业务赋能、新兴行业布局等目的，腾讯投资、阿里资本、小米集团、百度投资、京东等公司纷纷作为有限合伙人参与基金管理。

需要说明的是，对产业资本的区隔强调的是资金来源，其投资流程并无特殊之处。其资金往往来自企业内部自筹，也没有投资期限的概念。

4.1.4.4　北向资金

北向资金（北上资金），学名陆股通，自 2014 年 11 月 17 日开通，北向资金已经取代 QFII/RQFII 成为外资配置中国股票资产的主要渠道。截至 2020 年末，北向资金持股占 A 股流通市值比达到了 3.6%，相较 2016 年末提升了 3.2 个百分点，同期公募资金持股占 A 股流通市值比和保险持股占 A 股流通市值比分别提升 3.6 个百分点和 0.1 个百分点。陆股通资金定价的话语权不断提升，是交易者不可忽略的重要力量。

由于外资机构比国内投资者的投资体系更成熟，因此北向资金往往被视为价值投资的风向标。通过对陆股通托管机构的穿透式分析，可以看出，陆股通托管机构大致分为：外资银行，这类资金主要是长线投资者，即配置型资金，低换手率，以价值投资为主；外资券商，这类机构的投资者一般是短线投资者，即交易型资金，高换手率，以趋势为主；内资券商或港资券商，通过这些机构的北向资金通常是内地资金或者香港本地资金，偏短线交易，换手率高，但占比仅 5%左右。外资银行通道托起陆股通持续净流入的大旗，持仓占比约 75%；外资券商持仓市值占比大约 20%，外资券商通道资金的利用率更高；内资券商等占比约 5%。从中位数来看，北向资金持股较为集中的个股相较全部 A 股市值更大、净资产收益率更高。但与投资者直觉并不相符的是，北向资金持股较为集中的个股的估值相较全部 A 股并不一定更低，且这一特点在 2019 年以来更为显著。在结构上，北向资金偏好消费，总体偏好稳定。

对于北向资金，有两方面内容值得关注：一方面是北向资金持股比例的绝对值。重仓股代表公司自身的投资价值被以外资为代表的价值投资流派的资金方高度认可。另一方面是通过趋势变化，判断外资对公司未来基本面和市场的走势判断。如果股价持续下行但北向资金增持，则北向资金可能判断未来业绩回升；如果股价较高，北向资金持续减持，则北向资金可能判断公司业绩不及预期。而国内机构或个人投资者，可能以北向资金的动作作为未来业绩的重要风向标，根据北向资金动作进行进一步的投资动作，进而对上市公司股价产生更大影响。因此，上市公司需要关注北向资金，做好北向资金机构的预期管理工作。

4.1.4.5 市值管理重在机构投资者

如上文所述，投资者可以分为机构投资者及个人投资者。在投资者关系工作中，上市公司当然要无偏差地、全面充分地披露信息，服务好所有的股东。而在市值管理工作中，要重点考虑机构投资者的动向。

机构投资者在资金、研究和信息方面无疑拥有巨大的优势，机构投资者具有很强的信息分析、处理能力，能够较为准确地判断股票的内涵价值及理性价格，长期跟踪上市公司，发现价值。对中国资本市场的实证研究也证明中国机构投资者具有价格发现功能。

机构投资者相对更重视公司的基本面和成长性，因而机构投资者进驻或增持一家上市公司不仅能直接带来该公司市值的增长，还因为知名的机构投资者在市场上对个人投资者有着较强的示范效应，因而还能间接带来个人投资者跟随的溢价效应。不管是个人投资者还是机构投资者，对上市公司投资价值的审定和评价会变得越来越专业。但是，从长远看，上市公司长期价值的发现来自机构投资者的参与。

为了适应资本市场的新要求以及新形势下更高的价值管理需求，上市公司就要制定高质量的市值战略，需要系统地规划和有序地组织实施。上市公司应主动加强与机构投资者的交流与沟通，获得它们对公司价值和成长性的认可，吸引机构投资者的关注、持仓或增持。

4.2 宏观经济情况

4.2.1 宏观经济的影响

宏观经济因素、市场周期性波动、经济政策变化的影响会使上市公司市值和投资者预期发生明显变化。需要说明的是，宏观经济因素无论是上市公司还是投资者都是难以把握的，很多时候都是事后看一清二楚，在进行过程中则“不识庐山真面目”。

从长期和根本上看，股票市场的走势和变化是由一国经济发展水平和经济景气状况所决定的，股票市场价格波动也在很大程度上反映了宏观经济状况的变化。从国外证券市场的历史走势不难发现，股票市场的变动趋势大体上与经济周期相吻合。在经济繁荣时期，企业经营状况好，盈利多，其股票价格也在上涨。在经济不景气时，企业收入减少，利润下降，也将导致其股票价格不断下降。但是，股票市场的走势与经济周期在时间上并不是完全一致的。

分析师指出，2000 年以来，A 股几轮重要行情的背后都有其自身的宏观及产业逻辑，大牛市的出现离不开盈利的短周期上行或宏观政策的超预期宽松上行阶段，而几轮经典的震荡行情也都能从产业周期和资金环境的变化中找到论据。传统的投资时钟框架以美林时钟为代表，是基于经济增长与通货膨胀水平两个维度的划分方式。但近年来，其在国内市场的有效性屡遭质疑，其与国内实体经济结构的独特性以及国内宏观政策调节的目标差异有关，主导产业具有穿越周期的力量，可以认为，A 股在大势上最为重要的宏观因子变量就是盈利预期的改善。

通货膨胀这一因素对股票价格有利有弊，既有刺激市场的作用，又有压抑市场的作用，但总的来看，弊大于利，它会推动股市的泡沫成分加大。在通货膨胀初期，由于货币供应量增加，会刺激生产和消费，增加企业的盈利，从而促使股票价格上涨。但是，通货膨胀到了一定程度，将会推动利率上涨，从而促使股价下跌。

需要说明的是，无论是宏观环境周期还是资本市场周期对企业市值在中短期内都会有直接的影响，但从长期看，上市公司的市值总是和其内在价值匹配，资本市场上不乏穿越宏观环境周期和资本市场周期的白马股，其背后更多的是以企业稳扎稳打的业绩作为价值支撑。

4.2.2　流动性和风险偏好

A 股估值的影响因素有很多，但归结起来主要通过利率和风险偏好两个维度对估值产生影响。经济学家任泽平说过，“股市是货币的晴雨表”。

在影响股票价格的诸多宏观环境因素中，利率是一个敏感的因素。因为利率决定流动性，流动性对股市有明显的直接影响。好的流动性是股票达到合理估值的必要条件，同时流动性是机构投资的先决条件。因此，在制定实施管理战略时，要充分考虑上市公司当前和未来一段时间内所在市场的流动性，特别是中小微市值上市公司，首先需要维护上市公司的股票流动性，而这也与整个市场的流动性息息相关。利率上升可能会减少股票市场的资金量，对股价造成一定的影响。同时，由于利率上升，企业经营成本增加，利润减少，也相应地会使股价有所下跌。有学者指出，考察中国股市 1990—2010 年的运行情况，发现 M1（狭义货币供应量）和 M2（广义货币供应量）的变化与股市表现存在惊人的规律性联动。如果上市公司所在行业板块中小企业居多，在流动性充裕的情况下，更容易表现出良好的弹性。

除了利率，风险偏好也是影响 A 股估值的重要因素。影响 A 股市场风险偏好的因素有很多，归结起来包括盈利预期、国内政策、海外波动、地缘政治等。在不同的阶段它们对于市场风险偏好的影响各不相同，而从大的趋势上看，在强信用周期阶段，A 股估值与盈利预期的变化高度相关，盈利预期回暖，市场风险偏好上行，情绪回暖带动估值扩张。

上市公司市值也会受到资本市场短期情绪波动的影响，市场情绪指标能够从数量角度较为客观地反映市场交投情绪和风险偏好的变化，具体可以参考价格指标和估值比较。价格指标包括价格（个股所处超买超卖区间、指数所处超买超卖区间、新高个股占比、波动率）、市场资金（换手率、资金集中度、资金流入）、价量结合（市场活力指数与换手率判断市场趋势、波动率与资金集中度判断市场趋势拐点）；估值比较包括 A 股估值水平（重要板块及指数估值分位数、低估值个股占比）和股权风险溢价。但这些影响终究是短期的，无法改变中长期市值趋势，只有短期博弈的意义，因此不再展开。

需要说明的是，著名的经济学家凯恩斯曾经说“迷信流动性是反社会的”，还说“投资就要像婚姻一样，到死才能将这一对分开”。其本义希望投资人关注上市公司的基本面因素，不要只看到眼前和短期的流动性。因此，流动性、风险偏好、情绪波动只是市值管理的短期和中期因素，并非决定资本市场中长期方向的核心变量，企业基本面才是关键。

4.3 周　　期

产业周期、企业生命周期、经济周期、资本市场周期的波动都会引起上市公司市值的变化。春耕、夏种、秋收、冬藏，对特定时点的预判、把握以及执行，恰恰是市值管理的核心，如果只由时间去验证一家公司，那么市值管理者就好像一个躺平了的农夫，任由四季更替，终究只能是看天吃饭，了无精进。企业既需要认识自己所在的周期，理解和把握企业价值，尽可能平抑周期波动，降低风险，又要学会利用周期波动，抓住机会，在有利周期做大市值，在不利周期稳定市值。

每个行业都有各自的波动周期，企业必须充分考虑产业发展周期的影响。因为产业在不同发展阶段具有不同的特征，所以企业所需的战略思维、战略重点、竞争策略、经营要害、战略管理特点等不尽相同。比如，处于萌芽期的产业，市场充满了机会，如何快速抓住机会、创造需求、做大规模成为关键。此时企业属于机会驱动，要快速适应外部环境，不断打磨塑造，在行业中立住脚跟。此时阻碍企业发展的核心矛盾是市场机会与企业当前的资源能力不匹配，基于此，企业需要制定业务增长战略填补差距，快速做大规模，扩大市场份额，同步扩大产能提升效率。对应的，充分募资支持业务发展就是市值管理的核心课题。当产业在最高峰或者市场集中度越来越高的时候，上市公司如果能利用资本市场快速开展并购和产业整合，挤进第一梯队，建立起行业地位，就能抓住市场的机会，进一步提升盈利水平，提升市值。这都是基于企业对产业周期、企业生命周期和股市周期的衡量，从而不断寻找生存空间，识别战略机遇，防范重大风险。

资本市场本身也是一个牛市和熊市不断交替的周期市场，且对上市公司来说，股市周期、产业周期和公司周期同等重要，公司要利用周期。牛市和熊市对上市公司都存在机会，波动幅度越大，可利用的价值就越高。我国 A 股市场存在“牛短熊长”的周期变动特征，波动大，变化快。上市公司无法左右周期，但可以利用周期，抓住机会，规避风险。资本市场是有周期的，有牛市，也有熊市，在牛市里面还有结构性的熊市，在熊市里也有结构性的牛市。在大牛市里市值一日千里，在大熊市里市值一落千丈，这是不可抗拒的市场规律。但是，上市公司并不是只能在股市的牛市和熊市周期转换面前“听天由命，靠天吃饭”，其实是可以顺应市场规律，合理利用市场周期在恰当的时候做点合适的事情的。要像重视产业周期一样重视股市周期，对于市值管理来说，股市周期有时甚至比产业周期还要重要。股市周期不可以左右和操纵，但可以顺势而为。中国资本市场的有效性不足，在这样的市场里，容易出现上市公司估值偏离内在价值的情况，也容易出现指数和股价暴涨暴跌的剧烈波动。这提高了上市公司的市值管理难度，同样也丰富了市值管理的内容，极大地拓展了市值管理的空间，使得上市公司可以不断地积极探索与完善价值经营的手段和方法，以实现公司市值最大化。

4.4　看不见的手

商业环境是不以某一个公司的主观意志为转移的，包括公司所处行业的成长趋势、商品或服务市场的竞争情况、上游供应商和下游客户情况、资本市场、人力资源市场、政府行业管制、宏观经济周期等诸多因素。商业环境会影响甚至决定公司的战略选择、战略制定和战略落地。

在中国，监管环境和行业政策变化也是公司市值变动绝对不可忽视的外部因素。中国股市具有强烈的政策导向和政策指引性，往往会放大行业政策的影响，造成上市公司市值在短期内的震荡，甚至是大幅波动，如财政补贴使新能源汽车的商业模式得以成立，整体行业快速发展，关税的调整则会改变免税行业的商业模式。比如，科技领域的相关政策直接促使和推进了信创（全称“信息技术应用创新”）行业的高速发展。又如，2021 年教育领域“双减”等相关政策出台，对以中小学教培为主营业务的上市公司有重大和深远的影响。这几年科技、教育、房地产等行业上市公司市值的大幅波动，都说明了上市公司和投资人对于政策红利与政策风险都需要给予充分考量。

同时，资本市场的政策动向和监管趋势也是上市公司制定和选择市值管理战略、落实市值管理动作的重要出发点和坐标系。及时识别和把握资本市场政策的窗口期和机遇期，是上市公司市值管理战略成功的重要条件。公司在市值管理工作中，要紧密关注监管政策导向，做好公司日常经营和公司治理工作，抓住政策窗口期和资本市场周期，及时完成市值管理动作。

第5章 市值中的主观因素

上市公司的市值是由市场投资者根据自己对上市公司价值判断而给予的估值，因此投资者的主观因素（投资方法论、风险偏好等）对市值的趋势有重要影响。同时，公司内部管理者的认知水平，包括对市值管理的认知和把握水平，也将在公司对市值管理战略的制定和选择过程中体现出来，并影响到公司市值管理战略的实现。

5.1 机构投资者的投资思路

本节介绍影响市值管理的外部主观因素，主要是 A 股主流机构投资者的一些投资思路和方法论，并说明上市公司应采取的对应市值管理和投资者关系的策略。

5.1.1 价值投资流派

根据格雷厄姆的《证券分析》，投资是指根据详尽的分析，本金安全和满意回报有保证的操作，不符合这一标准的操作就是投机。招商证券发布的研报《A 股投资的九大流派》根据持股时间、风险承受能力和预期收益，把投资方法划分为 12 种组合，分别是：价值派（深度价值、类固收/高分红、长期价值、价值趋势、逆向投资）；市场派（严格交易策略、事件驱动、量化套利、高频交易）；失败策略（瞎炒、消息驱动、持亏倾向）。上市公司市值管理工作需要重点了解价值派的投资思路。

价值投资一直被资本市场奉为圭臬，尤其是 2014 年以来，陆股通的开通、外资的流入，对国内的投资生态产生了潜移默化的影响，价值投资愈加成为市场主流。价值投资是以企业创造的价值为出发点的投资方法，市场交易因素并不是特别重要的考量因素。认为现金分红才是企业创造的价值，持这种观点的人衍生出的投资流派就是“类固收/高分红策略”。同样，关注企业现金流的自由现金流估值方法衍生出“深度价值策略”投资流派。类固收/高分红与深度价值的共同特征是持股时间较长，都强调低估值，而且投资的标的往往现金流较好。二者最大的差异在于，前者获取回报的主要动力是上市公司的分红，而深度价值看重股价上涨带来的回报。类固收/高分红策略更看重行业的稳定，更看重拥有稳定的现金流，而不是持续增长的自由现金流；除此之外，上市公司必须拥有稳定的分红。

对于价值趋势流派和长期价值流派而言，核心要点是公司要能够成长，在公司成长为成熟企业之前，公司没有自由现金流甚至没有正的经营现金流都是可以接受的。评估公司价值增长的方法是分析财务报表，对于不同的行业和公司类别，投资者有不同的要求。对于大部分公司是净利润的增长，对于部分需要持续高投入的公司则是看收入的增长，有些公司折旧摊销比较大，则考虑 EBITDA（企业折旧和摊销前利润）的增长。除此之外，根据不同的细分行业类别，还有不同的看增长的方法，比如有些公司看研发管线的增长，有些公司看预收账款增长，有些公司看订单增长，有些公司看活跃客户数量、客单价，甚至是点击数量。总之，根据财务报表和会计科目信息，对公司的成长性做判断。而价值趋势流派和长期价值流派所关注的重点又略有差异。由于持股期限不一样，价值趋势流派试图在所有行业类别里面找到增长最快的公司和行业，因此，对于价值趋势流派来说，行业景气轮动就成为非常重要的因素。价值趋势是当前机构投资者最常用的投资策略之一，由于试图持续战胜市场和行业平均水平，投资者就必须要把握最强趋势的板块，股价的强弱绝大多数时候是由基本面来决定的，少数时候由主题的强弱决定。在这样的一个假定之下，价值趋势的核心就是把握边际改善最明显最明确的行业，并重仓持有。这个投资方法需要使用行业比较的视角，因为很多时候很多行业都在同步改善，改善或者变化较小的那个板块不太会被市场所接受。因此，价值趋势的投资方法最核心的思想就是行业比较。对于价值趋势来说，周期的视角就尤为重要，因为万物皆周期。所有行业都是自己景气周期的变化，即便是前面提到的具有长期价值属性的个股，也无法逃出行业景气的变化，在行业景气向下的时候，再优秀的公司也很难独善其身。具体而言，在价值趋势的投资策略中，最需要关注的就是收入增速和净利润增速，对于少部分行业，关注其特异性的指标。相对来说，收益质量指标就没有那么重要，估值水平也没有那么重要。估值低的板块如果景气度没有改善的趋势，估值会更低。估值高的板块，如果景气趋势持续改善，估值可以更高，因此在价值趋势的投资世界里，最重要的就是分析景气度的强弱变化。使用价值趋势投资方法，最有挑战的一点就是克服“估值陷阱”。在价值趋势投资流派中，景气是核心。

而对于长期价值流派来说，其更关注的是企业的管理层是否能够给企业带来长期的增长，管理层的价值优于短期的公司财务报表的表现。长期价值的关键点不在于行业属性和行业周期，而在于企业的经营状况，尤其是企业管理层的管理水平。长期价值实现的关键在于有一个强有力的公司管理层和公司治理结构，从而实现无可比拟的品牌价值、平台价值和产品壁垒。公司长期价值实现的关键要素是公司产品所面临的外部环境即潜在市场空间，内在是公司的管理能力所造就的产品力。相比之下，内在的重要性远胜于潜在的市场空间，成熟稳定的市场，甚至是萎缩的市场，仍然有可能孕育具有产品力的长期投资标的。好公司在差行业也有可能实现长期优秀的增长。对于长期价值流派而言，短期的财务数据受到经济景气和行业景气的影响，会出现一定的波动，但是并不会改变长期价值，除非是公司的管理层或行业发生了根本性的变化，使得长期价值投资者认为该公司已经不再能够实现中长期的增长，才会选择卖掉该股票。

介于“价值派”和“市场派”之间的价值投资流派是逆向投资流派，逆向投资流派的基本理念是通过挖掘和发现市场认知错误或者关注盲点，从而在认知错误和盲点被修复时获得较高的投资回报。逆向投资和深度价值在思考方法上有类似之处，区别在于逆向投资的核心是认为“市场错了”，而深度价值的核心是“足够便宜和足够的安全边际”。逆向投资策略在欧美市场是相对成熟的策略，其核心不是与市场共舞，而是寻求不同于市场认知的投资机会。逆向投资不仅要考虑对企业或者行业的价值理解，还要考虑市场因素。通常意义上的逆向投资大部分都是指逆向市场认知，其核心思想都是试图把握市场认知错误和缺陷来获取投资回报，用一句话总结就是“别人贪婪我恐惧，别人恐惧我贪婪”。有别于逆向市场认知利用市场认知错误赚钱，逆向市场关注并不是利用市场认知错误，而是利用市场的忽视或者无视。简单地说，买入那些市场不关注的行业和个股，当行业和个股发生积极变化之后，市场重新开始认知并定价，从而赚取认知修复的钱。

以上根据持股期限、风险偏好、预期回报和不同的关切要点，将价值投资分为五种流派——深度价值、类固收/高分红、长期价值、价值趋势和逆向投资，每种流派都有自己的理念、需要的知识储备、投资方法和关切要点。下文谈到的投资思路可以看作以上流派在实践中的具体演绎。上市公司和投关工作人员需要了解市场和投资机构的思路，有针对性地筛选重点交流机构并在交流中把本公司的估值逻辑按照对方关注和在意的投资思路说清楚。

5.1.2　确定性和预期差

投资是认知能力的变现。根据投资者的思路，可以将投资方法分为被动型追求确定性的方法和主动型追求预期差的方法。预期差是“同时注重赔率与胜率”的投资方法，它需要计算最终的“差”有多少，概率有多大，是定量投资。而确定性是“胜率高于赔率”的投资方法，是定性的投资，更看重商业逻辑的演绎，对盈利不需要计算得很准确，讲究“模糊正确”，追求“重剑无锋”的投资境界。

确定性投资，赚的是“业绩增长的钱”。高确定性的公司，投资者持有时间都会很长，用时间消除估值的偏差。而那些确定性一般（业绩大幅波动、业绩预期难以落地）的公司，持有时间不会太长，因为业绩不确定性必然带来估值的不确定性，且这种偏差无法通过时间消除。确定性投资在各种数据中寻找难以被改变的商业逻辑，包括行业空间、竞争格局、商业模式等，当追求确定性牢牢地印在投资者的潜意识中，他们会从基本面的角度质疑上市公司披露的信息：此业务模式的公司怎么会有这么高的毛利率？快速扩张渠道会不会利润还没出来，先被成本拖死了，管理能力跟得上吗？产能扩张一倍，未来的需求有这么多吗？产品供不应求连连涨价信息是否真实？产品到消费者手里了，还是都被经销商囤起来了？有了这样的挑剔，投资者能买的就只有那些尽人皆知的“大白马”了。

追求预期差的投资者，认为高确定性的公司增速不够且估值又贵，很难取得超额收益，进而挑战更“积极主动”的投资方法——预期差。其原因是，资产价格的波动受到投资者预期和博弈的影响。A股市场博弈性较高，投资者不仅考虑基本面的变化，还要考虑市场投资者预期和市场预期的预期。预期差可以分为三种：一是业绩预期差，二是估值预期差，三是产业趋势的预期差。

业绩预期差。分析师研究一家公司，一般要制作盈利预测模型来说明两方面的信息：根据各业务下游需求、价格、产能和产能利用率等因素预测今后若干年的营业收入；根据成本、毛利率、费用率等历史数据，预测今后若干年的利润。如果前期调研扎实，数据可靠，是容易发现业绩预期差的，特别是一般机构无法覆盖的中小微市值公司，由于主流研究员和分析师覆盖不到，更容易跑出黑马，还有一类是大产业趋势中的小公司，一旦发生产品或业务的突破，业绩很容易出现预期差。因此，上市公司业绩预期差产生的原因一般是：行业边际变化而预期业绩暴增；过去业绩太差或并非机构投资者重点关注行业（即投资者俗称的“行业不性感”），长期没有分析师覆盖；被该领域的长期关注者率先发掘；预期差引起买方研究员或基金经理注意，造成股价的第一波上涨，上涨之后引发众多研究机构的覆盖和推介，再引发第二波上涨，业绩兑现前后，又引发第三波上涨。

估值预期差，就是投资者认为资本市场对公司的商业模式、竞争格局或行业空间有误解，导致股价被低估或高估了，本质是上市公司存在能被资本市场认可但目前还没有被认可的估值逻辑，通常其证实（业绩确认）不会太久——太久就是被证伪了。预期差比确定性好的地方在于可量化，不管是业绩还是估值，都可以量化。其缺陷是，即使预期差是正确的，如果长期业绩无法确认，一旦公司基本面因素发生其他变化，这个预期差也就不存在了。

业绩预期差和估值预期差是针对个股的从下到上的研究，而产业趋势的预期差是针对行业的从上到下的研究，通常是产业趋势刚刚出现或因各种原因受挫，部分投资者对未来市场规模和拐点的判断与市场主流看法不同。此类产业趋势投资，投资者的收益来自认知超越市场的部分，但更注重中观产业判断力，需要同时把握宏观政策的结构性变化。这种预期差在一定程度上回归了确定性投资体系。产业趋势的前期是确定性，它基于一个判断：宏观政策的确定性优于行业的确定性，行业的确定性优于个股的确定性。

基于确定性的投资方法与基于预期差的投资方法的差别还在于：预期差投资期限相对较短，见效快，通过一两个季度就可以兑现预期，因此其收益高但胜率一般，且机会数量不确定的投资方法。而确定性投资追求流水不争先，争的是源源不绝，长期增长带来的复利。预期差有一定的博弈色彩，争的是“你错我对”，在投资者越来越专业、投资越来越团队化的时代，信息渠道越来越丰富，预期差的机会必然会越来越少。而确定性投资靠的是商业经验和生意洞察，投资与经营的界限非常模糊，比如后期的巴菲特，与其说是个成功的投资者，不如说是个成功的企业经营者。预期差的投资收益来自投资者既要知道市场是如何看待公司的，又要有自己不同的看法。确定性的投资收益，关注研究公司，不太关心市场，投资收益来自公司经营的增长。

对于上市公司，基于自身的情况，可以针对性地采取不同的市值管理和投关策略。对于业务规模大和业绩稳定增长的白马股型上市公司，可以将交流重点放在追求确定性的投资者身上，交流的重点在于公司的基本面和业务模式，持续更新数据验证稳定增长的业绩。而中小微上市公司，需要更加主动积极，可以将交流重点放在追求预期差的投资者身上，沟通和交流的重点在于说明是否存在预期差，产生预期差的原因，以及预期兑现后公司后续的走向，积极利用估值变动进行融资活动，支持公司业务发展并投资于创新业务和公司的第二曲线。

5.1.3　投资主线和赛道论

任何时代都有自己的投资主线，而这个投资主线一定是最符合这个时代的产业发展方向和技术发展水平的。投资大师们关注的都是各自时代的大牛股，而这些大牛股往往符合各自时代的科技发展方向和产业发展方向。可以说，投资大师们投资的是他们的时代，投资的是他们时代的产业和技术。2005 年以来，A 股市值第一名经历了四次变化。2006 年 10 月中国工商银行上市，成为 A 股市值第一。2007 年 11 月中国石油上市，登顶 A 股市值榜首。2015 年 9 月，中国工商银行重回 A 股榜首。2020 年 6 月，消费白马股贵州茅台超越中国工商银行成为 A 股第一。2023 年 4 月，中国移动市值开始超越贵州茅台，A 股市值第一的变迁反映了中国经济的深层次增长逻辑，是国内经济结构和投资范式变化作用的共同结果，将在中长期影响 A 股市场的选股范式、机构偏好和市场风格，其核心一定是来自持续的业绩增长。

在现有的社会条件下，投资机构也是围绕着社会发展方向、技术发展方向、产业发展方向去做投资。近几年市值表现好的细分行业，如新能源车、光伏产品、创新药等，其根本原因在于所在领域都有非常好的产业空间以及由此带来的估值想象，符合这个时代对技术和产业发展的想象。那些在中央经济工作会议和各类政府会议上反复提到的产业关键词，必然是投资机构新时代的投资主线。找寻每个时代的投资主线，就是找到每个时代符合它时代特征、技术方向、产业方向的成长企业，由此产生了一种独特的投资方法：赛道投资。

赛道即企业选择的产业布局/业务组合、商业模式。它展现了企业选择的战略发展方向，以及实现战略目标的经营逻辑。一家企业能做多大，99%是由产业势能决定的。创业者的能力和运势确实能决定企业的生死，但企业的规模上限并不取决于企业家的雄心。选错了行业和细分领域（赛道），纵使创业者的雄心再大，也做不出价值亿万元的事业。

1992 年，雷军大学一毕业就加入金山；到 1998 年，雷军已经是金山软件的总经理。

很多市场投资机构加强对强势赛道的重视，尤其是边际变化相对显著的行业板块，并对部分强势赛道的估值溢价给予一定容忍度；建仓和清仓的重要逻辑之一，是对产业竞争格局层面进行分析的结果。强势赛道的产生和脱颖而出主要来源于两方面的因素影响：细分赛道自身产业趋势，以及细分赛道具体的政策推进。出现新的技术突破、模式创新和产品创新的行业，或者行业中出现了较大规模的系统性新技术应用、新产品和新模式，将会被判定为赛道型行业。三大顶级投资赛道是消费、医疗、科技。根本的原因就在于，消费和医疗是跨越时代、直击人性的主线，而科技是我们这个时代的经济发展主线。

赛道投资的本质是追逐行业和细分领域的景气度，提前布局盈利预期。需求、供给、价格、技术进步、行业格局变化、产业政策是影响景气的重要变量。采用赛道投资的投资者关注业绩的相对优势在哪里，业绩增速的情况，追求超额收益。赛道投资方法对流动性变化更为敏感，资金端的最顶层是宏观流动性，风险偏好影响宏观流动性向股市总量流动性的转化。由于中期资金总是追逐景气，则赛道之间、赛道与非赛道之间资产的相对景气变化，决定了投资于某一赛道的资金比例。当宏观流动性收紧、资金利率向上或者市场风险偏好明显下降时，赛道往往面临更大的调整。

依据对赛道投资方法论的介绍，上市公司在和投资者交流的时候，需要首先了解上市公司所在行业是否属于单独的赛道，了解公司所在行业的详细趋势，特别是行业景气预期、行业政策、行业格局变化、技术变化作为这些赛道重要变量的情况，以便有的放矢地设计和实施投关策略，开展投关工作。

5.1.4 主题投资

所谓主题投资，即针对某一类具有共同属性、特征或指标的上市公司集合进行归类的投资方式。这些共同点或相似点可以是公司名称、所处地域、所属行业、主营业务、盈利水平、资产价值、市值规模、技术水平等，它们共同构成了主题投资价值形成的共性。主题投资突破了固化、静态的行业分类禁锢，通过灵活、动态的自由组合投资而受益于这些主题发展的股票。它可被看成是对市场另类的行业划分。由于这些主题组合的收益受特定风险因子的驱动，主题投资能带来特定的、不同于常规行业投资的收益并分散组合风险。过去十年，主题基金在中国市场开始兴起，以产业升级、经济转型、通胀通缩、消费等为主题的主题投资基金陆续出现，它们通过寻找具有某种共同属性的上市公司来确定投资主题。

主题投资与所谓的概念炒作存在本质的区别，主题投资基于深度的基本面研究结合行为金融分析，基于估值模型结合有效市场理论、超预期理论、资本市场微观结构理论分析，既需要通过缜密的研究从纷扰的市场中筛选具有爆发力或持久力的主题，也需要根据主题的不同类型遴选弹性最大的投资标的并且制订相应的交易计划。因此，主题投资与传统的价值投资和成长投资其实是一脉相承的。

根据核心驱动力来源不同，主题投资可分为体系性、行业性和事件性三大类。体系性主题从自上而下角度出发，分析国际国内宏观总量或结构的边际变化所产生的投资主题，以宏观变量趋势型变化的判断为前提，比如油价涨跌、人民币升值、通胀通缩、国企改革。行业性主题更多的是从中观层面出发分析来自产业升级、行业扶持政策驱动下的投资主题，以行业容量或格局发生新的变化为前提，比如互联网金融、O2O、新能源汽车、体育、云计算等。事件性主题从自下而上角度出发，挖掘与已经发生或预期将要发生的重要事件相关的投资主题，以对重要事件发生时点前瞻性的判断为前提，比如奥运会、沪港通、迪士尼、埃博拉病毒等。

体系性主题投资的驱动力往往更多地来自逻辑推演导致的公司现金流预期发生变化，因此体系性主题通常影响较为深远，形成市场合力所需时间较长但具备趋势性。行业性主题投资的驱动力往往介于两者之间，现金流预期和风险偏好的变化兼而有之，因此行业性主题投资呈现趋势性波动的特征。事件性主题投资的驱动力往往更多地来自信息反应导致的投资者风险偏好发生变化，因此事件性主题通常影响更为急促，容易迅速形成市场合力而体现出爆发性。由此，辨识不同类型主题的核心驱动力来自哪项因子或哪几项因子，进而分析主题的投资时点和时间跨度是主题投资方法论中的重要一环。

依据资本市场的微观结构理论，积极参与主题投资的投资者往往风险偏好较高，参与主体的风格导致主题投资的选股标准区别于传统的价值投资和成长投资，价值投资者对大类资产配置收益率之间的比较，高分红、低估值是重要选股标准，主要赚分红和估值修复的钱。成长股投资者评判公司未来发展前景和业绩增速时，PEG 是重要选股标准，主要赚业绩增长的钱。主题投资者更依赖于政策和事件的催化剂，通常赚的是风险偏好上升导致估值扩张的钱。

依据对主题投资方法论的介绍，上市公司在和投资者交流时，需要先了解对方投资的方向和倾向性，要熟悉和了解宏观环境、本行业、本公司的趋势和可能发生的重大事件，以及此类趋势和事件对公司业绩的长期、中期、短期影响，以便有的放矢地设计和实施投关策略。

5.1.5　成长股投资与科技股投资

5.1.5.1　成长股投资

当资本市场谈论成长股时，实际上在谈论一种投资理念，即寻找和投资业绩持续增长的标的。格雷厄姆《聪明的投资者》关于成长股的定义为：“术语成长股被用于这样一种股票：其过去每股收益的增长远高于整个普通股的收益率且人们预计今后仍会如此。”费雪在其经典著作《怎样选择成长股》讲道，有这样一类股票，公司的销售额和营业利润持续增长，并且这些公司非常优秀，有雄韬伟略，还会把赚到的一大部分利润用于研发和持续投入，这样就形成了核心竞争力，促使公司持续成长，而且成长速度会显著高于 GDP。随着公司收入、利润的持续增长，公司的股票价格也持续增长，给投资人带来很好的投资收益，这就是成长股的典型范式。成长股投资是一种周期非常长的投资方法。

每个行业都有成长股，不是只有中小微市值公司才有成长性，也不是只有科技股才有成长性，因此成长股是一个非常宽泛的概念。有时大家会把成长和价值对立起来看，但是实际上多数情况下，所谓的价值投资，也是在寻找阶段性的内生业绩增长较快或者业绩改善的公司。如果认同股票的价格和对应上市公司的价值长期是正相关的关系，那么成长股和价值投资的底层逻辑都是一样的。

成长股投资最重要的三件事是好行业、好公司和好价格。好的行业一方面有着很大的成长空间，另一方面要有清晰的竞争格局，在这个行业中，大家都清晰自己赚产业链或价值链中哪一段的钱。好公司要有优秀的管理层，可以帮助公司获得超额利润，关注股东利益。好价格实际上是由供给端决定的。好的价格与市场情况反向相关——在不好的市场更容易找到好的价格。

成长股最显著的特征是业绩增速快，且因预期业绩高增速能够消化高估值，估值中枢通常由未来消化估值的速度决定，也就是估值与未来可持续的预期盈利增速存在比例关系，即 PEG 的估值框架。高成长性企业在进行融资时通常会这样预测：在比较长的一段时期将不得不面对负向现金流，业务情况具有高度不确定性，但预期未来回报十分诱人。抛开纷繁芜杂的各种表象，不论何种项目，它未来回报的正向现金流是所有估值假定的基础。

成长股不等于 TMT（科技、媒体、通信，Technology、Media、Telecom），所有行业都有成长股。上市公司的成长性是看得到的收入、利润和自由现金流的复合增长。不能想当然地认为互联网、电子商务、医药等公司是成长性公司。因此，当一个投资者说他喜欢“成长投资”时，在 2010 年前可能指的是煤炭、钢铁，而在 2013 年时可能是 TMT，而在 2019 年后或许是医药、新能源和核心资产。成长性必须用成长的数据来说话。

成长股不等于中小盘股，也不等于高估值股。平均来看，A 股的估值水平与业绩增长没有明显的正相关关系，高估值不等于高增长。券商分析师的研报数据显示，过去十年，A 股市值较大的公司成长性反而较好，与市值越小成长性越好的直观感受相悖。

在新兴产业的投资过程中，情绪的左右极端摆动是正常的情况，但产业基本面的快速增长会构成最坚实的支撑，这也是成长股投资的本源。在分析成长性的时候，最重要的是对于行业和企业拐点的分析，这个问题除了企业自身外，还与所在行业和细分领域的发展有关。

5.1.5.2 科技股投资

当资本市场谈论科技股时，通常谈论的是它的研发属性和新技术与新产品，多数情况下科技股在政策层面有鼓励研发、创新的措施，或者在公司层面有新技术与新产品开始推广应用。科技类上市公司市值增长的重要驱动因素包括创新驱动政策、新技术与新产品等。具有一定研发支出规模、研发团队和技术实力的公司才是投资人认可的科技型公司，其业务模式是通过依靠研发不断创造新技术、推出新产品来实现收入的增长。

如前所述，科技股不等于成长股，科技只是驱动成长的因素之一；科技股与中小市值公司更是差距巨大，只有小部分中小市值公司具备较强的科技实力，而大市值公司科研实力更强。科技股集中在 TMT 行业，但是其他如机械、军工、材料等行业也存在大量符合科技股概念的公司。投资科技股，强调的是标的上市公司依靠研发和技术创新实现业务的增长。因此，研发支出以及效果成为投资人评估公司成长性的重要依据。对于科技类上市公司来说，最核心的业务驱动力是研发，加大研发投入，创造新的技术、产品和服务，从而不断扩大营收规模。科技股强势的决定因素有三个，分别是所在行业或细分领域科技周期的广度、流动性环境以及科技创新层面的政策。其中，第一个因素是核心，后两个因素可以起到锦上添花的作用，但并非必要条件。研发支出对于一个科技公司而言具有决定性作用。

因此，科技股的基本要素包括：研发支出在公司收入中比重较大，研发人数占比较大；公司的业务模式是以不断依靠研发创造新技术、推出新产品来实现收入的增长；公司拥有一定专利数量。

当前的科技进步企业主要集中在信息领域，除此之外，医药医疗技术、军工技术、材料技术也在快速发展。券商分析师统计了美国上市公司研发支出占收入比 5%以上的公司，主要集中在制药生物科技、软件与服务、医疗保健与设备、硬件技术与设备、半导体与半导体生产设备等领域。

总之，对于成长股和科技股的投资者，投资的根本逻辑在于成长，上市公司的投资价值来自企业的成长性，企业的成长性依赖于企业的领导力与持续创新的企业文化。无论是产品、服务，还是商业模式创新，乃至创新需求，归根结底是科技驱动的，因此科技创新与进步是企业价值成长的最终驱动力，也是科技股始终是投资人关注的重点和热点的深层次原因。

上市公司市值管理工作离不开上市公司价值发掘，而上市公司的投资价值源头是成长性。上市公司的市值管理要围绕持续创造价值开展，要提升自身科技属性和研发能力，不断创新，并将公司的成长性和科技属性传达给投资人，赢得投资人对公司成长性的认可和信心。

5.1.6　全球机构投资新趋势：ESG

近年来，企业环境（Environment）、社会（Society）和公司治理（Governance）（以下简称 ESG）投资理念逐步兴起，被市场及投资者所重视，并引起了各监管机构的关注。2004 年，ESG 的核心概念首次明确出现在联合国全球契约组织与联合国环境规划署金融行动机构联合发布的报告中。2006 年，联合国支持的责任投资原则组织发布了社会责任投资原则（UN PRI），ESG 投资正式确立。2007 年，高盛公司在投资银行的投资实践中提出开展 ESG 投资的要求，开启了 ESG 投资策略在资本市场的广泛实践。不同于传统投资所关注的业绩增长率、盈利能力等财务指标，ESG 更多考虑环境、社会、公司治理这些可持续发展因素，构建了全新的上市公司评价体系。

在环境方面，ESG 投资理念强调企业应当提升生产经营中的环境绩效，降低单位产出的环境成本，评估企业活动对气候变化、自然资源保护、能源使用及废物处理等的影响；在社会方面，强调企业应当关注对社会造成的外部性影响，重视员工安全及薪酬福利、与上下游供应商及服务商的关系、产品或服务的安全性及税收贡献等；在公司治理方面，强调公司应当完善现代企业制度，遵守商业道德，建立合理组织架构，妥善分配股东会、董事会、监事会和管理层权力。ESG 投资有助于帮助投资者从非财务信息中筛选、鉴别出风险较低、治理水平较高、具有环境保护意识及社会责任感的公司，帮助投资者“排雷”，远离“黑天鹅”事件，控制投资风险，获得更好的长期投资回报。同时，ESG 投资有助于激励企业规范经营行为，按照较高的商业伦理、社会道德和法律标准从事商业活动，提升公司股票估值，改善融资能力，推动企业实现高质量发展。

ESG 投资策略最核心的价值是降低投资风险，即被投企业由于环境、社会、治理等问题的潜在诉讼风险。研究发现，海外 ESG 投资机构的背景大多是大学基金、养老基金和家族资本，资金安全往往是第一考量。分国家来看，2018—2022 年几乎所有主要地区的 ESG 指数相对非 ESG 指数的超额收益均为正。从中国资本市场的实践来看，截至 2023 年一季度末，2010 年以来明晟指数中国 ESG 领导者 10/40 指数（MSCI China ESG Leaders 10/40 Index）年化收益率明显领先于 MSCI 中国指数，显示 ESG 投资策略在中国市场同样有效。截至 2023 年 5 月初，国内 ESG 相关公募基金产品共 368 只，整体规模达 4 447 亿元。ESG 主题银行理财产品存续产品共 194 只，产品净值总规模达到人民币 1 503 亿元，成为 ESG 资管产品中的重要增量资金渠道。

在亚洲，新加坡交易所 2016 年开始强制要求上市公司每年披露 ESG 报告。香港交易所（简称“港交所”）也于 2019 年底正式要求上市公司自 2020 年 7 月 1 日起披露年度 ESG 报告。A 股推动 ESG 信息披露逐步提到议事日程上，2022 年以来，相关政策体系正在加速落地、逐步细化，ESG 信息披露的监管要求也从“倡导自愿披露”转向“部分企业强制披露”。2022 年，A 股 ESG 报告披露率延续了 2021 年的高增长情况，披露率为 34%，披露公司数量为 1 741 家，较 2021 年增加 18%，其中 283 家公司首发 ESG 报告。2024 年 2 月 8 日，上交所、深交所、北交所分别发布《上海证券交易所上市公司自律监管指引第 14 号——可持续发展报告（试行）（征求意见稿）》《深圳证券交易所上市公司自律监管指引第 17 号——可持续发展报告（试行）（征求意见稿）》《北京证券交易所上市公司持续监管指引第 11 号——可持续发展报告（征求意见稿）》,采用强制披露与自愿披露相结合的方式，建立上市公司可持续发展信息披露框架，强化碳排放相关披露要求，明确环境、社会、公司治理披露议题。越来越多的上市公司开始通过 ESG 报告披露公司的非财务信息。上市公司证券和投关工作者必须充分了解 ESG 对上市公司吸引机构投资者和估值的影响。

上市公司 ESG 评级在海外成熟资本市场已经广为流行。ESG 评级了解和评估的是公司在环境、社会和公司治理方面的表现。评级结果可以为投资者、利益相关者和市场提供公司可持续性和社会责任的重要参考，同时也提供公司改进和提升 ESG 绩效的指导。目前，MSCI、汤森路透、富时罗素等海外机构是 ESG 评级体系的领导者。随着 A 股在 MSCI 指数中的比例逐步提升，MSCI 也加强了对 A 股重点公司的 ESG 评级覆盖。MSCI ESG 评级面向被纳入 MSCI 指数的上市公司，MSCI 会定期审议并对其指数覆盖公司进行调整。截至 2023 年 6 月末，MSCI 已对 A 股 700 多家公司进行了评级覆盖。虽然目前 A 股上市公司 ESG 评级与上市公司估值的关联度尚不明确，但是从北向资金陆股通持股比例来看，MSCI ESG 评级较高的公司较评级较低的公司更受外资青睐。外资是 A 股快速成长的投资力量，符合外资审美标准的高 ESG 评级更容易吸引长线投资机构，从而获得估值溢价和市值提升。

因此，A 股上市公司提升其 ESG 评级对市值管理和吸引长线、外资投资人都具有非常积极的正面作用。A 股上市公司学习海外成熟资本市场的做法，编制披露年度可持续发展报告（即 ESG 报告）来介绍自己在可持续发展方面的工作和努力已成为趋势。上市企业可持续发展报告的编制包括五部分内容：第一部分，确定上市公司的重大 ESG 因素；第二部分，列出与确定的重大 ESG 因素相关的政策、实施方案和绩效考核；第三部分，列出针对确定的重大 ESG 因素的下一年度目标；第四部分，列出可持续发展报告的大纲；第五部分，董事会支持的声明。对于上市公司来说，要持续注重 ESG 绩效的提升，并与评级机构保持沟通，维护公司的评级结果。

5.2　上市公司的认知

5.2.1　上市公司对市值管理的认知

市值管理本质上要求上市公司建立长效组织机制，致力于追求公司价值最大化，为股东创造价值，在合规基础上，使公司估值及其体现出来的股价服务于公司整体战略目标的实现。现代企业的所有者和管理者，特别是上市公司实控人和管理层，要认识市值管理，学习市值管理，使用市值管理，善用内部股权激励、外部股权融资等一系列方式、方法实现企业价值升值的思维模式，站在企业战略的高度对企业进行顶层设计，基于合规经营和精益管理，通过有效的价值创造和价值经营实现价值快速提升，并体现为上市公司市值。

上市公司的实控人和管理层需要建立对市值管理的正确认识。一方面要摒弃“酒香不怕巷子深”的陈旧理念，积极学习相关知识和理念。随着时代的发展，中国资本市场仅A股就已经发展到几十万亿元的规模，5 000家上市公司的体量。利用资本市场超越式发展，创造更大价值也已成为企业家和职业经理人的通识，这是资本市场发展的本来之义。上市公司实控人和管理层要深刻理解资本市场发展的大趋势，随着经济增速的变化以及注册制的持续推进，整体估值水平从长期看可能将持续下降，没有特点的中小微上市公司市值将会持续下降，比估值低更可怕的是没有流动性。只有公司内在价值和业绩增长速度超过估值下降速度的公司才有机会持续为投资者创造价值，只有找到产业和资本市场生态位的公司才有机会吸引到主流投资者的关注，否则上市公司平台也将逐渐失去融资功能。

上市公司实控人和管理层，要结合公司发展战略，善用市值管理。上市公司的市值管理要靠战略去发力，在战略业务布局上、在第二增长曲线的培育上，甚至在投资并购孵化上要发力。建立对大环境和发展趋势的基本认知，对于上市公司的融资并购、股权激励、员工持股、控股权出让都有现实意义。宏观经济、产业市场和资本市场，周期都是必然存在的。上市公司实控人和管理层面对资本市场周期，要积极学习，主动应对，有所作为。上市公司要慎重进行并购重组，千万不要为了市值去收购，而是得从公司业务发展本身去做战略思考，A股资本市场已经度过了草莽时期，投资者更加理性，不会单纯为故事买单。关注和善用行业周期，在行业低位的时候防住风险，公司首先不要出问题，在不出问题的前提下，储备现金，逆势而为，比如并购整合、增持股票。在产业低点进行并购整合，一定要基于业务协同。没有战略协同的兼并收购是舍本逐末。套利并购已逝，产业并购为王。高溢价并购，特别是高溢价进行与主业关系不大的并购，对上市公司的业务发展和市值并没有长期帮助。没有有效协同且无法实施有效整合的收购，市场往往不会给予溢价；而如果短期内市场给予了某项收购项目太多的溢价，企业家觉得收购、兼并太容易赚钱后，就失去了在主业上深挖和创造的竞争能力，最终在市值上只会从终点重新回到起点，只是坐了一轮市值过山车，对于上市公司并没有实质帮助。

上市公司实控人和管理层要始终坚持合规底线，坚持以价值创造为核心推动市值增长，绝不能走歪路，更不能走邪路。上市公司实控人和管理层要了解股市运行机制下属于上市公司的收益模式，清楚什么钱是可以赚的，什么钱是不可以赚的。随着资本市场的发展、监管水平的提高、投资者认知的深入，中国资本市场早已不是暴涨暴跌、庄家横行、“妖精”割韭菜的草莽年代。随着监管制度的不断完善、价值投资的深入人心、投资者主体结构的不断变化，中国资本市场进入合规良性化发展的快车道。资本市场的监管方向是明确的。这就意味着合规是基础和底线，企业家要坚守对监管的敬畏之心，了解监管的最新动向。上市公司实控人和管理层要理解和把握资本经营、资本运作时间窗口的重要性，不仅要把握好市场周期和市场窗口，也要对监管周期和监管窗口有足够的敏感性。面对各种不确定性，上市公司要提前谋划，政策窗口一旦开启而且企业有需要，就要及时行动。同时，在任何时候，企业都要为发展和成长留出足够的冗余度，敬畏监管，绝对不要和监管博弈。规范经营企业，坚守合规底线，善用资本市场的融资手段，持续推动主业发展，及时开拓第二曲线，才是上市公司市值持续增长的取胜之道。

上市公司的市值管理要坚持价值创造为道，预期管理为术，守正行远为底线和出发点。没有价值创造的市值管理是无本之木。市值管理不是炒股票，不是拉升一波股价，市值管理应该是“创造价值—经营价值—实现价值—创造价值”的循环往复、相互驱动、螺旋上升。企业成长得到资本市场的正向反馈，正向反馈提供给企业成长需要的资本和人才血液，从而实现良性循环，这也是资本市场和上市公司高质量发展的题中应有之义。市值管理和投资者关系当中最重要的手段是预期管理。公司要紧紧把握预期管理这个牛鼻子，做好投资者的交流与沟通。短期不能低于对外释放的预期，最好略超预期，建立一个不能被证伪的估值逻辑，并通过业务发展不断兑现预期。中国资本市场正处在快速发展和变化中，不变的是守正方能行远，对监管的敬畏之心是公司长期发展的保证。市值已经变成了现代公司的一种生存方式和价值实现形态，每个上市公司需要寻找自己在资本上的生态位，要认识市值管理，学习市值管理，善用市值管理。

5.2.2　上市公司对本公司市值和市值管理的认知

上市公司对本公司市值管理的基础在于正确认识本公司合理的市值区间及其可能的变动趋势，掌握合理的区间幅度、可能提升的方向和大趋势。

首先，上市公司需要掌握和分析本公司市值变动数据及资料。要针对上市公司的以下方面展开数据和资料的收集与分析：上市公司上市以来历年的市值情况，过往 3～5 年的业绩、核心经营指标、股东回报、交易量、估值变动情况、核心估值指标和对照系数、市值变动情况、自身及与上市同行的对比；公司年报中有关行业的发展趋势、企业发展战略、核心竞争优势及募投资金的用途等。

上市公司基于自身财务预测和业绩预期，建立本公司财务预测模型和估值模型，了解公司的合理估值区间范围，查看合理估值区间与实际市值范围的差异，判断是否存在低估和高估。在市值跑赢经营和业绩时，做实企业价值，同时抓住时间窗口，在照顾长期投资者情绪的情况下做好股权增减持；在市值跑输经营和业绩时，抓住这个时机做回购、做增持、做激励，让发展的成果惠及企业的核心人才，为未来发展打下基础。

市值管理和投关工作人员，需要非常熟悉上市公司的财务概要、预测数据、业绩预期和估值模型，深刻理解上市公司商业模式和价值低估的逻辑，才能实现价值挖掘，有效掌握价值传播时的论据。所谓价值挖掘，就是梳理公司战略，提炼公司竞争优势，深入研究和挖掘公司未来的发展潜质，提供有引导力的公司估值。

其次，上市公司要掌握和分析本公司在资本市场的认知情况。如卖方分析师的研报覆盖，着重关注本公司的行业地位（排名、市场占有率等）、产业链以及本公司在产业链中所处的位置、竞争优势。如果没有近期的研报覆盖，就需要从上市同行的研究报告中收集以下信息：股东结构（机构持股比例），是否存在具有影响力的战略股东；信息披露质量，是否存在交易所的信息披露问询函；媒体舆论，包括财经媒体和自媒体等是否存在重大利空质疑和负面舆情。上市公司要主动和重要股东、主流机构投资者、买卖方分析师交流沟通，了解资本市场主流资金、中小投资者、分析师对本公司的认知情况，本公司在资本市场参与者中的口碑和代表性认知，寻找预期差，寻找认知差。

通过以上数据及资料的收集和分析，上市公司管理层能克服自身的认知偏差和认知倾向，理解上市公司合理的价值区间范围，判断是否被资本市场错配，是否存在高估或低估。进而，上市公司根据公司发展战略的需要以及对本公司的财务预测和业绩预期，制定对应的市值管理战略，选取对应的投资者关系策略，做好市值管理工作。

第6章 上市公司的市值管理战略

6.1 战略、公司战略和市值管理战略

公司发展是为了创造价值，因此公司战略服务于创造价值。有效的公司战略必须要转化为公司价值才有意义，价值要素影响战略目标的实现并校准着战略的实施。公司战略决定投资方向和活动，投资方向和活动决定资产结构和质量；筹资活动募集现金以满足投资活动需求，筹资活动决定资本结构及资本成本；资产结构和资本结构的匹配程度决定公司的短期风险；资产在转化为成本费用的同时带来收入并形成利润，因此资产结构和质量及营运活动效率决定利润的结构、质量和多寡，利润与资本成本决定公司创造价值的程度及长期风险；营业收入、营业成本和利润要转化为经营活动现金流，自由现金流决定公司价值，公司价值决定公司的市值。

无论制定哪一个领域的战略，公司首先要做的就是进行战略定位。全球定位之父杰克·特劳特（Jack Trout）在其著作《定位》（Positioning）中指出："在竞争对手如云的情况下，企业必须找到一种方式令自己与众不同，这是成功定位策略的基础。"定位是战略的核心，决定了公司如何对战略予以取舍，并能使公司制定战略、创造竞争优势。借助迈克尔·波特关于战略的表述，战略就是定位、取舍和配称。定位需要创造性和洞察力，其实质就是要创造差异性。从产业市场的视角看，战略定位是公司给自己设定的战略标签，决定了公司的经营发展方向（包括行业、价值链、地域、客户等）。战略定位回答"做什么""不做什么"等根本问题，是决定"赛道"的问题。战略定位实际上就是公司"要做"的事情。在思考经营边界时，科学的战略定位是"可做"（取决于外部环境）、"能做"（取决于资源和能力）、"想做"（取决于使命和愿景）及"该做"（取决于社会责任）四者的结合。定位不仅决定使命、愿景和目标、业务领域、客户和产品组合，还决定公司的资源和能力。显然，头部上市公司和中小微上市公司在产业链生态位不可能一样，融资需求不可能一样，对于自身发展的理解和定位也不可能一样，其选择和制定的公司发展战略和市值管理战略也不可能一致。

从资本市场视角看企业和从产业视角看企业是不一样的。资本市场重视当下，也看重预期、未来，有的产业可能现阶段很赚钱，但是想象空间不足，或者发展预期不足。

其在资本市场就很难获得稳定的市值增长或持续的估值溢价。企业需要借助资本市场视角审视战略，一方面可以从资本市场的角度为企业提供新的发展思路和新的可能性；另一方面公司战略规划与设计是对未来的预期安排，而资本市场，无论是一级市场还是二级市场，重在“预期购买”。因此，要学会站在资本市场的角度，设计战略定位，选取和制定市值管理战略，这也会影响公司发展目标、路径及业绩实现的预期管理。

在市值管理中，企业应如何进行战略定位呢？在市值管理战略中，定位其实就是基于上市公司的基本面因素、估值因素、资本市场的情况和宏观情况，确定上市公司在资本市场中目前的位置和将要去的方向。

首先，企业应该基于自身真实价值增长和持续发展的业务战略，制定资本市场发展战略和业务发展战略。

其次，充分考虑所在资本市场情况和变动趋势，制定企业业务战略和市值管理战略。

最后，在企业可持续发展和真实资本价值最大化的原则下，进行企业资产配置，制定企业的业务发展战略和投资融资战略，在这种原则之下，上市公司市值管理不用迎合股票市场短期投资行为，企业管理层也不必在意股票市场对企业的短期负面影响。

上市公司在进行战略规划时，需要把市值管理战略作为发展战略的主线，需要将市值管理战略放到公司整体重大战略层面去理解。一家上市公司如果只是研究产业战略和产品战略，那么它是不完整的，相比产业战略，资本市场为企业投融资以及价值创造、价值经营和价值实现提供了更便利的机制和舞台。上市公司市值管理战略是基于企业长期内在价值的增长，在产业和资本两个层面进行战略规划。上市公司需要学会利用市值机制进行有效的市值管理，不断借力资本市场，从中洞察方向、把握机会，赋能公司战略与资源配置。

战略的根本意义在于填补“未来我们想做到什么程度”与“我们现在在哪里”之间的差距，以终为始，形成企业的创造性张力。不论是定位、取舍和配称，还是思维、词句和行动，都是为了填补这样的差距。对于市值管理战略来讲，上市公司需要弥补资本市场和产业市场两个市场的差距，并将产品经营与资本经营有机地结合在一起，实现企业价值最大化。在市值战略规划和实施中，为了提升企业的内在价值，上市公司还需要基于现金流回报，围绕企业高质量增长，推演各类目标，如主业收入、净利润规模、净资产收益率等财务指标和估值系数，匹配发展模式和管理模式，提升组织效率和人员效率等。

战略没有对错之分，但有高下之别。相同的行业，因为不同的战略定位与商业模式，上市公司估值水平和市值规模会产生极大的差异。只有那些深刻洞察产业发展趋势、政策与技术方向、竞争格局态势并结合自身资源与能力进行主动调整、优化自身战略的上市公司才会被资本市场认可、接受。

借助资本市场整合资源，需重点考虑战略目标、应用方式和时机选择。其中有几类重要的资本运作，包括并购、融资及再融资、增减持、投资和股权激励等，能够引起资本市场完全不一样的预期和想象空间。

总的来说，制定企业的市值管理战略，既要考虑公司业务发展面，又要兼顾资本面；既要管理经营利润，又要掌控估值水平。同时，进行产融互动，把握二者的因果传导关系，实现企业价值最大化和可持续发展，再加上扎实落地的价值实现活动，在企业追求长期稳定现金流的过程中，财务指标和市值表现的增长就会成为自然而然的结果。

6.2　市值管理目标

企业的战略目标是企业发展的导向，对企业的发展起着决定性作用，也是企业经营战略的重点。战略目标的宏观性、全面性都是为了确保其准确性，战略目标的长期性和相对稳定性在企业实现目标的过程中也发挥了充分的引导作用。市值是衡量一家上市公司经营规模的重要指标，所以意识到市值管理的重要性是一家上市公司必备的战略性管理行为。对于上市公司来说，除了确定企业的使命、愿景、价值观，确定企业的市值发展和管理目标意义重大。

首先，对公司而言，市值管理有利于公司的长远发展，高市值的公司容易得到市场的认可，有利于提升公司的整体形象，市值作为公司综合实力的体现，它的提升能够受到市场和投资者的认可，并获得品牌溢价。

对上市公司管理层而言，公司市值已经成为资本市场、内外部股东、实控人和公司利益相关方评价公司管理层管理效率和能力的主要指标。动态有效的市值管理，有利于提升股东和利益相关方对于公司管理层的支持度和资本市场认可度；市值管理内含的融资和并购内容，也为公司业务发展和财务报表的扩张提供了很大的推动力；成功的市值管理给制定了股权激励计划的管理层以充分的利益绑定和激励。

对股东而言，动态市值管理可以保证公司内在价值在资本市场被给予合理估值，股东所持有的公司股份会得到充分溢价和相匹配的流动性，这能够强化公司股东长期持有公司股份的意愿和扩大再投资的规模。稳定的市值区间和配合业务持续增长的市值，有利于提升内外部股东对于公司管理层的支持度和资本市场的认可。

设定市值管理目标是有意义的，但是，市值管理目标绝不能设立一个数字，市值管理的目标始终应该是服务于企业可持续的业务发展战略，追求充分、稳定、动态地体现企业的真实内在价值。以数字作为市值管理的目标，本身反映了对市值管理与公司的价值创造、价值经营和价值实现之间的关系理解不清晰，同时，以数字作为市值管理的目标，需要上市公司管理层对于公司基本面、基本面的变动趋势及盈利预测有非常准确的把握，对于公司估值变动趋势有深刻的认知，对于未来资本市场变动趋势和监管动向有突出的预测能力，这超出绝大部分上市公司管理层的能力范围。这也是为什么大多数上市公司，如果提出数字型市值管理目标，往往无法兑现的根本原因，同时，如果上市公司以数字作为市值管理目标，往往容易将市值管理短期化，甚至引发合规风险，这毫无必要。

上市公司的市值管理目标应该是公司内在价值在资本市场得到合理稳定的体现，市值与业绩、估值水平匹配，并最终服务于公司业务发展和长期发展战略，实现上市公司股东及各利益相关方的利益最大化。市值管理目标的制定应处理好市值管理与公司战略和业务发展间的关系、市值管理与不同投资者之间市值预期目标的关系、市值管理与监管层之间的关系。

6.3 市值管理战略选取

上市公司可以根据自己的实际情况和战略需要选择采取积极型或稳健型市值管理战略。

积极型市值管理的最终目的是传播上市公司的价值，围绕着公司战略目标，积极主动地采取各种资本运作，并进行积极的投资者关系管理，努力将上市公司的市值最大化，获得资本市场给予上市公司的最佳动态估值。积极型市值管理战略更强调主动判断，主动出击，主动调配资源并进行对应的资源配置，以创造更大的内在价值。

稳健型市值管理的目的是管理预期，防范危机，按照法规要求做好信息披露，进行市值管理和投资者关系工作，保证上市公司市值在合理的估值区间内波动，维持公司市值的平稳。稳健型市值管理重在做好预期管理和市值维护。

选择积极型还是稳健型的市值管理还在于公司是选择业务引领市值还是选择市值引领业务。选择积极型还是稳健型的市值管理战略，是由公司战略和公司实际情况决定的。资本市场是“善变的”，上市公司不必被资本市场牵着鼻子走，要有坚定的信念，坚持走自己的路，让业务牵引市值，市值赋能业务。企业的业绩不可能永远是爆发式增长。增长与利润的取舍是所有上市公司都会面临的问题，在创新业务发展中会出现这样的矛盾：创新业务往往有高增长的收入，但是没有利润，无法用传统的市盈率来估值，甚至短期内让上市公司业绩承压。但是，只要企业的创新之路方向正确，必将源源不断地创造价值，最终财务报表将大幅改观，对应的资本市场也会给予公允的估值和定价。

如果公司战略发展和业务发展都有急切的筹资、融资需求，且公司本身业务在快速成长期或正在大规模布局创新业务，公司实控人、治理层和管理层对市值管理有正确和充分的认识，公司自身也有充足专业的市值管理和投关工作方面的人力资源储备，或有明确的意愿、经验和资源去选取适格中介帮助公司将市值管理战略落地，对于资本运作又有充分的经验和动力，则应选取积极型的市值管理战略去支持公司业务的发展。

如果公司所在行业和业务进入成熟乃至衰退周期，或公司尚未确定未来发展战略和转型方向，或公司实控人、治理层和管理层对市值管理既不熟悉也存在误解，或公司自身没有适格的人力资源和知识储备，也无意愿去选聘中介协助公司，则应选取稳健型的市值管理战略以维持公司市值的平稳，实现谋定而后动。

在笔者看来，对于中小微上市公司而言，从公司的客观和主观实际情况出发，在上市之初选择稳健型市值管理战略是个更好也更符合实际的选择。上市公司完全可以在稳健的市值管理战略下，采取积极的投关策略，广交朋友，积极学习，在严守合规底线的基础上，逐步学习、熟悉和采取符合公司战略需要和实际情况的资本运作内容，积累市值管理方面的人力、知识和资源储备，待各方面条件成熟且业务发展确有需要时，再采取积极型市值管理战略。

上市公司的实控人、治理层和管理层在市值管理的全过程中，都应该警钟长鸣，守住守好合规底线。公司是永续经营的，守正才能行远。

6.4　企业市值管理战略与资本运作

价值创造是市值成长的核心要素。假如公司是良性增长的，市值长期会围绕企业内在价值随着时间上下波动。企业在不同的市值波动状态下应该采取相应的资本动作，帮助企业获得竞争优势。

所谓资本运作，就是对公司的有形与无形存量资产，通过流动、裂变、组合、优化配置等各种方式进行有效运营，以最大限度地实现增值。资本市场的优势就在于在保护投资者权益的前提下为企业融资和扩大再生产提供更大、更便利且更快捷的平台与渠道。公司需要考虑产业周期、资本市场周期、投资者认同周期的三期叠加，做好融资筹划、并购重组、股份回购等资本动作，其核心是按照公司业务发展战略进行融资，实现价值最大化。

公司的资本运作需要与公司业务发展战略和市值管理战略相匹配，围绕公司业务发展而进行，核心是看资本经营动作与战略的一致性和对战略的支撑度。一方面是资本动作与战略方向是否一致，另一方面是资本运作的动作对战略是否形成有效支撑。

公司资本运作的时点要尽可能地与产业周期、资本市场周期、投资者认同周期相匹配。企业需要在综合考虑上述三个周期的情况下，对自身企业的市值曲线波动形成预期和推断，进而进行资本运作规划，以实现预期效果，减少成本付出。企业的资本经营最终要落到资本动作上来，否则市值的或涨或跌、价值传递的或好或坏与上市公司都没有任何关系。上市公司资本运作有效性的核心之一就是与周期的匹配度。资本经营动作的时点决定成本与成败。资本经营动作是在市值曲线的波动中进行的。

时点选择本质上是对资本动作的定价进行选择。定价将影响资本动作的效益，定向增发价格一元的差异，有可能使企业多融资或少融资上亿元。然而，并购、融资等资本动作也不一定在股价越高时进行越好，因为过高的股价和融资额度有可能导致发行失败。同样的道理，并购中交易对手也不一定认同当前的每股定价，导致增加交易成本或谈判难度等。

资本经营动作若想踩准资本市场周期，面临以下几个难题：

其一，市场走势面临很多外部因素，其中有“黑天鹅”因素、有非理性因素，这些因素往往难以预判，导致对走势判断出现较大误差。

其二，监管和审核机关要对公司的资本动作进行审核，审核速度由排队企业数量、政策调控、反馈次数等决定，何时能过审存在一定的不确定性。

其三，资本运作中涉及相关方的因素，会带来不确定性。比如在再融资或配套融资上，寻找定向增发对象有可能遇到困难，导致发行时间不得不延长，有可能错过相应时点。

也就是说，企业需要在三个周期下，或者说在企业市值曲线的波动中完成融资、并购、股权吞吐、股权质押、股权激励等一系列的资本动作，以实现股东财富、增强企业竞争力。完成这些动作，需要观念与认识、体制与机制、人才与团队、组织与能力、手段与技术、激励与约束的综合能力。这些都将直接影响企业资本运作的有效性。对三个周期匹配度的分析核心是：第一，上市公司过去的资本动作与周期的匹配程度；第二，适配或错配的原因是什么，是外部环境的不确定性，还是对环境把握不准确，是企业自身经营出现状况，还是主要股东的增减持打乱了公司计划等。

按照资本运作的方向，我们可以把企业的资本运作分为资本扩张与资本收缩两种模式。

资本扩张是指在现有的资本结构下，通过内部积累、追加投资、吸纳外部资源即兼并和收购等方式，使企业实现资本规模的扩大。根据产权流动的不同轨道，可以将资本扩张分为三种类型：

横向型资本扩张，指属于同一产业或部门、产品相同或相似的交易双方为了实现规模经营而进行的产权交易。横向型资本扩张不仅减少了竞争者的数量，增强了企业的市场支配能力，而且改善了行业的结构，解决了市场有限性与行业整体生产能力不断扩大的矛盾。

纵向型资本扩张，指处于生产经营不同阶段的企业或不同行业部门之间有直接投入/产出关系的企业之间的交易。纵向型资本扩张将关键性的投入产出关系纳入自身控制范围，通过对原料和销售渠道及对用户的控制来提高企业对市场的控制力。

混合型资本扩张，指两个或两个以上相互之间没有直接投入产出关系和技术经济联系的企业之间进行的产权交易。混合型资本扩张适应了现代企业集团多元化经营战略的要求。它的优点在于能够分散风险，提高企业的经营环境适应能力。

资本收缩是指企业把自己拥有的一部分资产、子公司、内部某一部门或分支机构转移到公司之外，从而缩小公司的规模。它是对公司总规模或主营业务范围进行的重组，其根本目的是追求企业价值最大化和提高企业的运行效率。资本收缩通常是放弃规模小且贡献小、与公司核心业务没有协同或协同很少的业务，宗旨是支持核心业务的发展。

当一部分业务被收缩后，原来支持这部分业务的资源就被相应转移到剩余的重点发展业务上，使母公司可以集中力量开发核心业务，有利于公司主流核心业务的发展。资本收缩是资本扩张的逆操作，实现形式包括资产剥离、公司分立、分拆上市和股份回购。

公司在制订资本运作方案时，应结合对融资环境的判断，在考虑资本与资产的期限结构适配性、资金筹集对加权平均资本成本影响的基础上，以综合资金成本最低为原则，确定资本运作的核心要素。总体而言，公司在考虑各个融资要素时，首先要结合公司当前的资金需求、融资能力、所处的融资环境和监管环境，以及对未来一定时期内融资形势的研判决定，其次还需要结合实际情况的变化。上市公司可以分析每次动作前半年内的主要事件以及监管政策的变化，包括国际政治经济形势的重大变化、资本市场风格变化、行业利好利空事件、企业的财务报告、主要股东增减持等，以更好地把握资本运作的大环境。上市公司持续动态地对各个融资和资本运作要素进行及时优化，以制定最符合公司利益的资本运作选择和方案。

在资本运作过程中的战略和时机选择固然重要，但运作过程的管理和人为因素也是不可忽视的重要方面。这里最重要的是要重视人的观念和思维，防止出现各种观念的误区。只有这样，才能从根本上使企业的资本运作更加符合外部环境的需要。在资本运作过程中，首先，企业高层管理者应当认识到资本运作是一个战略过程，对环境要有足够的评估；其次，在战略执行中对可能出现的问题要有足够的心理准备，切记不要因耐力不足而轻言放弃；最后，在日常运作产生困扰时应冷静地加以分析，既要坚持既定的战略目标，又要灵活机动地加以处置，这样才能推动企业资本运作的顺利执行，使企业踏上成功之路。

上市公司在中小市值阶段，需要使自己的过往业绩和可预测的未来业绩充分反映资本市场给予的股价与估值；一旦资本市场开始跟踪上市公司，即买卖方分析师开始覆盖，就需要植入基于季度业绩的预期管理；当上市公司从以产品/服务成长驱动进一步发展成为以品牌/技术/商业模式生态系统成长驱动时，就需要发掘和传播上市公司的潜力市值，同时继续做好业绩的预期管理。

由于公司的内在价值是通过估值波动体现的，因此在制定市值管理战略时，就可以参考相对估值法中对应的估值因素进行市值管理对应动作。以下以市盈率（PE）估值方法进行举例说明。根据市值 = 净利润 × 市盈率的计算公式，市值增长来自净利润的变动和估值水平的变动，那么以市盈率估值的上市公司可以围绕这两个因素进行市值管理。

企业如果在短期内要实现市值的爆发式增长，需要采取影响市盈率的动作，比如通过并购、股权激励、定向增发等向资本市场传递一种信号，引发资本市场的关注度及投资热度。但同时要保住净利润，否则等式也会出现失衡。而企业要想实现 3～5 年的价值成长，净利润的影响最大，因为企业向资本市场呈现的故事和引起的资本关注度，需要企业的净利润做支撑，否则一切故事都是幻景，终将破灭。如果拉到 10～20 年的周期，净利润和市盈率的影响都将被不同程度地削弱，此时更重要的因素是行业的迭代周期。所以，企业既需要做好内部运营和资本运作，也需要关注所处行业的发展趋势、发展格局，并基于对未来十年宏观经济、产业周期发展趋势的预测，及时作出战略调整和转型升级，才有可能在更长的时间周期内保持良好的市值表现。

理想情况是，当市值与公司价值出现背离，特别是大幅度的背离时，上市公司要充分利用这个机会采取相应的市值管理动作，对股权价值进行逆周期管理。从资本运作的效率来看，逆周期操作有助于上市公司平稳穿越牛市和熊市周期，同时可以获得最大化的资本收益。当市值低于合理估值区间时，需要积极向资本市场传递信心，提振股价，维护公司控制权的稳定，优化股本结构并降低未来权益融资成本，可采取股权激励、现金并购、向大股东定向增发、股权增持或回购等动作；当市值高于合理估值区间时，需要按照公司发展战略，及时开展融资、换股并购、股利分配等动作。

具体而言，当股市处于牛市时，投资者对股市、行业和公司前景都持乐观态度，股价明显被高估，市场价值远远大于内在价值，此时价值经营的策略就是利用高估的股价从资本市场获得更低成本的融资或者去购买其他非上市公司的股权，具体策略包括：

- 通过增发或定向增发实施再融资。增发和定向增发股票扩大了公司股本规模，可以平抑高估的股价，同时以更低的成本筹措资金。
- 换股并购。当公司股价被高估时，此时公司应当以并购非上市公司的方式进行外延式增长，交易的对价一定是直接向目标公司发行新股，通过换股完成并购。
- 资产注入。通过定向增发新股购买母公司或行业内的优质资产。
- 整体或分拆上市。
- 股份减持。当股价明显高估时，通过适当减持，在一定程度上促进股价回调到合理的价位。

当公司处于熊市时，投资者对股市、行业和公司前景都持悲观态度，股价明显被低估，市场价值小于内在价值，此时价值经营的策略就是“买入”策略，买入比较便宜的股票，在市值的波动中提升公司竞争力，提振投资者信心，使得股价回升，具体策略包括：

- 股票回购。上市公司利用现金等方式回购发行在外的股票，稳定公司市值，防止公司市值大幅波动，提振投资者信心。
- 股份增持或承诺不减持。和股票回购的原理是一样的，只不过购买股票的主体不一样。股票回购的主体是上市公司，股份增持的主体是大股东或管理层，这是维护投资者信心、保护公司市值的重要手段。
- 并购重组。资本市场低迷给上市公司带来一个通过并购进行低成本产业整合的机会。要注意的是换股并购不适合这种情况，这种情况下交易对价的方式应当是采用现金方式，收购方式采用杠杆收购。
- 实施股权激励或员工持股计划。

上市公司可以根据自己的战略、企业实际情况和外部环境需要进行积极的市值管理，或者是稳健的市值管理，进而根据所在的发展周期、产业周期、资本市场周期、投资者认同周期确定对应的资本运作动作。每一轮循环，始于价值创造，终于价值实现，上一轮市值管理的终点（价值实现），又成为下一轮市值管理的起点，如此循环往复，周期接续。这一产融互动的循环过程，推动上市公司螺旋式上升，可持续发展，形成资本经营思维对产品经营思维的补充和超越，是现代产业竞争的更高境界。

6.5　市值管理战略的评估分析与反馈

上市公司在市值管埋战略制定后，就要通过持续、全面的市值管理维持与公司内在价值和估值区间相匹配的市值。评价上市公司市值管理战略和执行情况，可以参考中长期市值表现和估值水平这两个指标。

6.5.1　市值表现

对于中长期市值表现，可以按照长期年化涨幅以及月度和季度市值波动来评估。

6.5.1.1　长期年化市值涨幅（复权）

在分析公司的市值表现时，应该关注中长期走势，因为中长期走势才是检验公司经营绩效与成长质量的试金石。年化涨幅是用于衡量公司自上市以来复权市值的年化涨跌幅，通过将时间周期拉长到上市以来的整体时长，反映公司上市以来的长期投资价值。需要注意的是，对于上市时间较短的企业，此指标可能意义不大。如果新股发行估值过高，往往上市即市值巅峰，市值在短期波动后，走上漫漫下跌路。需要注意的是，如果公司在三年内发生重大并购、资产重组等重大事项，会使得公司内在价值有较大波动，也会削弱该指标的分析价值。

6.5.1.2　月度和季度市值波动

在明确公司长期以来整体的市值表现后，我们需要聚焦公司月度和季度涨跌幅对市值的中期走势进行分析，特别是季度市值的变动。由于季度报告的披露是法规要求，因此季度市值的变动也能反映资本市场对于上市公司季度经营绩效的评价。

市值变动分析需要对比公司与对标企业、所在行业、大盘的市值变动情况：

就市值的高低而言，首先是判断公司市值波动在行业板块内的比较情况。如果公司月度和季度市值波动优于行业指数涨跌幅曲线，说明公司整体市值表现在行业中处于较好水平。需要注意的是，行业指数中权重股的表现有可能对指数产生较大影响，在实际分析中，我们需要注意板块权重股、活跃股的市值占比及涨跌幅表现。其次，判断公司和对标企业市值波动趋势和幅度的异同。在与对标企业进行比较时，需要进一步分析与对标企业的市值差异是来自业绩表现还是来自估值水平，是否受到突发事件的影响。最后，判断公司市值和大盘指数波动的偏差。分析时需要注意，公司市值如有超越大盘的波动，其原因是由行业板块带来的还是公司自身经营效益或资本事项带来的，因此需要同步查看行业指数与大盘指数的情况。

市值规模排序可以直观地反映公司在行业中所处的规模地位。可以参考"市值倍数"的概念，市值倍数是以某公司市值为基准，计算板块内同行业公司市值为该公司市值的几倍，反映的是同板块上市公司的比价关系。企业要从静态和动态两个方面来看市值倍数的变化。站在静态的角度看公司的市值变化，是看公司现在的市值水平较三年前增长或缩水的百分比，关注的是市值规模绝对值的变化；而站在动态的角度看公司的市值变化，是看公司市值水平与同行相比所处的位置，注重的是公司市值规模的相对变化。

之后，要重点看公司市值是随大盘指数波动，或与行业板块同涨同跌，还是出现了独立行情，并分析背后的原因。市值波动一致性分析需要从大盘、行业（含对标企业）两个维度看。如果与大盘指数相比出现了独立行情，还需要看行业指数的走势，并参考公司相关主题概念指数的走势，即公司的独立行情是由行业带来的、题材带来的，还是由公司自身带来的。如果公司市值随大盘波动，也要看行业指数是否出现了不同的表现。如果行业指数出现了不同的表现，而企业并未随之大幅波动，有可能是企业的经营效益或者规模优势可以跨越行业周期，或者资本市场未充分理解公司的战略与业务。

需要注意的是，由于只考察月度和季度周期的市值走势，不可避免地会出现曲线走势受基期数据影响的结果。比如，选定日期公司市值由于短期题材炒作正处于高位，结果导致公司市值涨跌幅始终不如大盘。因此，这一部分的分析也要注意评估基期市值的情况。

月度周期以下的短期市值变动受市场各类因素干扰，包括政策颁布、突发事件、业绩改善、概念炒作等，反映了资本市场短期内对企业的追捧热度与价值判断。此类短期波动，对于上市公司的经营管理和市值管理其实并没有实质的帮助和意义，因此此类短期分析虽然很吸引眼球，也特别受中小投资者关注，但其实没有什么意义。只要找到短期波动的原因，做出对应的动作或不采取动作即可。

6.5.2 估值水平

对于估值水平，可以参考相对估值法中选取的估值系数进行分析。以下以市盈率估值方法举例说明。

对市盈率的分析需要从两个方面进行。一是关注最近三至五年市盈率走势，判断公司估值中枢的变化及期间异动，结合内外部事件查找原因，进而对最近三至五年资本市场对公司的认知与态度有整体认识。如公司上市时间较长，最好能将上市以来完整的历史市盈率走势进行整合分析。二是聚焦公司与行业水平及对标企业的市盈率走势，通过对比能在一定程度上剔除市场、行业及概念的估值影响，并判断资本市场如何看待公司在行业内的水平。

按照市盈率计算公式，市值的驱动因素可以将市值的增长区分为业绩（净利润）增长推动的市值增长和估值系数（市盈率）带动的市值增长。业绩增长推动的市值增长是真正的市值增长，具有稳定性与可持续性，而估值系数带动的市值增长由资本市场或其他外界因素驱动，后者会随着相关外界因素的变化而变化。在业绩达预期的情况下，股价很可能横盘调整或准备下一波拉升，同时市盈率将回归合理水平；如果业绩预期无法兑现，股价将有较高的下滑风险。

通过结合分析市值和市盈率走势，可以进一步分析：

● 如果业绩长期稳健，同时市盈率长周期缓慢下行，市值不振，说明公司并非资本市场主流资金关注的品种，且没有超预期的业务发展。

● 如果公司市值常年随市盈率大幅波动、整体横盘，说明公司不具备投资价值，作为题材股被频繁炒作，只有炒作价值。

● 如果市盈率在一段时间内持续、大幅提升带动市值成长，说明市场对公司业绩增长有高预期。

对于前两种情况，公司应基于未来业务发展的整体战略进行市值战略的系统筹划，加强主业或者及时开启业务发展的第二曲线，在第二种情况下企业需要注重改善自身经营，注意合规风险。而对于第三种情况，公司需要结合业务做好市场预期管理和投资者交流工作，根据自身业务发展规划做好资本市场发展规划，获得公司价值的实现和持续发展。

市值管理和投资者关系管理是动态的过程，需要若干个业绩报告期验证公司的估值逻辑才能显示出初步效果，并反映在该上市公司的股价和估值提升上；除非有外部不可抗拒的因素，例如外部经济环境或资本市场大幅动荡，或上市公司自身基本面不达预期。在上市公司市值到达一个较理想状态时，上市公司应及时进行再融资，利用募集资金加强主业或及时开启第二曲线，带来公司财务报表的扩张，带动市值进一步增长，落实公司股权激励，刺激公司管理层，带来整个公司业务和发展的良性循环。

综上所述，企业应基于公司的业务情况和业务规划，充分考虑宏观环境和资本市场情况，以及自身估值因素和估值水平，结合资本市场的发展情况，制定符合企业战略目标和定位的市值管理战略。市值管理战略基于一定的战略节奏和战略目标进行落地和及时分析评价，并不断促进业务战略的落地，实现和强化市值管理战略的预期管理，以期实现上市公司市值的动态管理和平衡。

第3部分

市值管理实践：价值创造、价值经营和价值实现

第 7 章 市值持续增长的核心是价值创造

7.1 公司价值创造、价值经营和价值实现

公司进行价值创造有其内在的驱动因素：现金创造和现金管理决定回报能力，带来自由现金流，是公司价值的来源；资产配置形成增长能力，通过财务资源的合理分配和有效运用推动自由现金流的增加，是公司价值的支撑；资本结构和资金筹集决定公司加权平均资本成本的高低及进一步发展的财务能力，支持自由现金流的持续增加，是公司价值的基石。纽约大学达莫达兰教授总结的企业达到更高价值的方法首位就是“以更有效的经营和管理使现有资产产生更多现金流”。因此，获取不断改善的回报，实现有质量的增长，同时还要在回报、增长与风险（持续性）之间取得战略性的平衡，这些投资者看待公司价值的维度，也应成为公司为实现价值创造目标而建立的自我要求标准。

价值经营是对公司价值关键驱动因素的管理，而关键驱动因素涵盖资本、资产、资源的管理，包含在公司从最高层的战略决策到前端的业务经营，再到中后端的职能管理等各方面日常性经营管理活动中。为实施有效的价值经营，还需要解决制度化和层次化的问题。制度化的意义在于系统化梳理和整合管理理念和要求，建立提高效率、降低成本的长效机制，可以发挥管理推广、积累和传承的作用，是从根本上提升公司价值管理能力的必要条件。层次化包含纵向和横向两个层次：在纵向上，在公司内部不同管理层次上有不同的权责划分，应予以清晰界定；在横向上，要求根据权责界定细化相应层级的职能定位和岗位设置。依据美国著名管理学家钱德勒的观点，企业内部的组织过程和管理活动是生产率的源泉。

价值实现是指企业创造的价值被市场认可并接受，从而完成了从要素投入到要素产出的转化。而在生产要素高度资本化的今天，企业的价值实现首先体现在外部投资者对企业的估值和企业市值上。无论是非上市公司还是上市公司，企业创造的价值都将通过总市值进行评估和呈现。如巴菲特所言，价格是投资者所付出的，而价值是投资者所得到的。投资者对企业内在价值的判断有赖于公司的财报，股东分析的目的就在于判断价值并作出投资决策。马克思在《资本论》中说道：“商品到货币是一次惊险的跳跃。如果掉下去，那么摔碎的不仅是商品，而是商品的所有者。”而在今天，从公司创造的价

值到资本市场给予的市值（见图 7－1），也可以说是公司的一次惊险跳跃，如果掉下去，摔碎的不仅是公司价值，还有公司的控股股东和众多利益相关方。因此，信息披露和投资者关系工作，作为价值实现的重要手段和市值管理的核心工作，作为公司内外部信息流交互的重要渠道，发挥着越来越重要的作用。

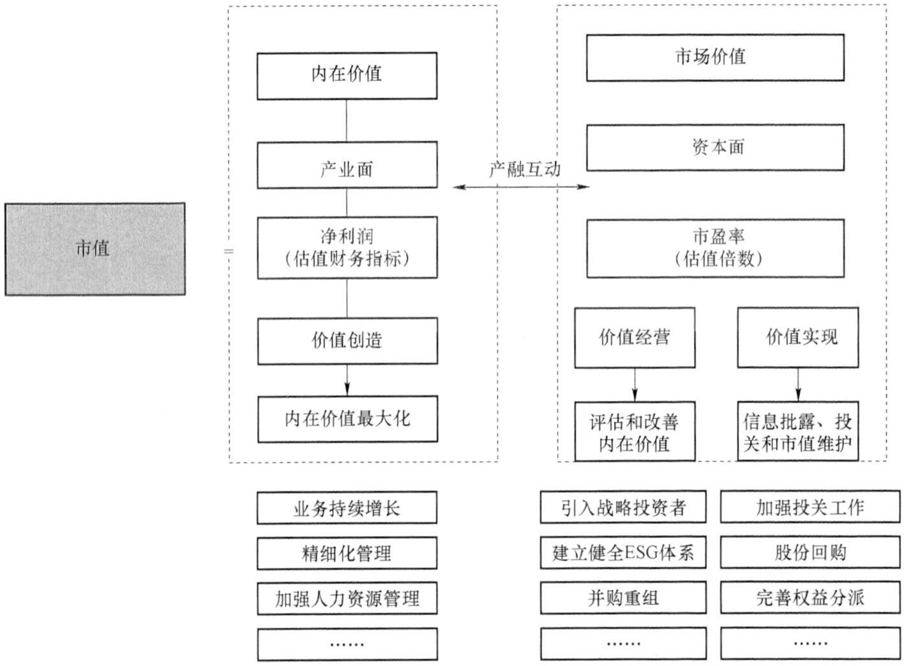

图 7－1　从价值到市值

7.2　价值创造的基本逻辑

企业需要对自身的经营活动进行战略规划，再将其与具体的经营活动相结合进而创造价值。战略决定一个公司的命，而执行决定一个公司的运。价值创造是产融结合的联结点，将公司业务发展和资本市场连在了一起。市值管理的核心是股东价值最大化，因此企业价值创造就成了市值管理的关键组成部分。企业通过掌控一系列价值驱动因素（如财务活动、研发投入、组织管理活动、营销活动、生产活动等）来创造价值。

公司价值内在增长的持续性是基业长青的重要基石，唯有实现价值创造，公司才能具备生存和发展之本；而从短期的价值创造提升到长期乃至持续的价值创造，在此过程中，除了要有价值引领，还离不开战略导向和组织能力驱动这两个关键因素。战略指引公司的前进方向和实施路径，是指南针和路线图；价值校准公司的追寻目标和成功标准，是灯塔和终点；组织能力在其中发挥经营执行和管理实施的作用，是驱动公司战略落地和价值实现的内在动力。

企业要想持续发展，就要具备可持续的竞争优势，而竞争优势来自关键资源和能力的打造。因此，企业经营需要基于资源和能力实现战略一致性。战略一致性即发展模式匹配产业环境、管理模式匹配发展模式。两个匹配会确保基本面的良好表现，而市值管理的前提和基础就是公司的基本面持续稳定增长。随着时间的推移，大多数企业会遇到各种问题，其深层原因源于这两个匹配的矛盾：发展模式与产业环境的矛盾、管理模式与发展模式的矛盾。解决矛盾的思路为：第一，重新评估公司战略定位和发展模式；第二，完善公司管理体系，进而设计和优化。

无论是战略制定执行，还是价值创造，主业可持续发展的重要前提是公司管理层认可并坚持这样的理念：随着社会的发展、商业文明的进步和市场机制的成熟，公司唯有专注核心竞争力的打造，从战略、价值、组织能力等方面持续改善企业的商业模式，才能持续创造价值，真正从小公司成长为大公司，实现跨越式发展。

创造价值的公司才能长期生存，损害价值的公司早晚会被淘汰，因此公司的目标就是为价值而生。公司的目标在于创造价值。公司价值是未来现金流按照一定折现率折现后的现值。公司的终极目标——提升公司价值，也就是提升一个公司“风险和报酬平衡下的公司自由现金流现值”。一个公司的所有业务都应该围绕着这一价值目标来开展。公司管理层经营管理的根本目的是创造价值，以满足公司所有者和利益相关方的预期回报。公司在资本市场上募集资金后，公司管理层制定战略并通过投资活动和经营活动来创造价值。公司管理层的基本任务之一就是，运用财报分析改进管理来创造价值。公司管理层对价值的看法与股东和债权人是相同的，因此必须像股东和债权人一样思考：公司的战略活动、经营活动、投资活动和研发活动可以增加价值吗？创造的价值是否能超过股东和债权人的资本成本？一家公司创造价值的过程，是该公司根据所处的商业环境制定公司战略规划并付诸实施，最终形成经营业绩的过程。

因此，一家公司的价值创造能力，决定着其市值增长的基础，主要包括以下几个方面内容。

第一，通过商业模式创新创造价值，从而提升公司的估值。资本市场的估值逻辑看似是“讲故事”，其实是按照资本市场的语言去解释企业的商业模式、业务经营和发展空间。商业模式创新的核心不在于“做什么”，而在于“怎么做”。一家公司提供的产品和服务如果很好地满足了顾客的需求（最好的商业模式是满足顾客自己都没有意识到的需求），减少了顾客的麻烦，为顾客创造了价值，并设置出多个盈利点，那么公司的价值会持续增长。资本市场青睐高成长、可持续、发展空间大的商业模式，并会对这样的公司给出高估值。

第二，优化和整合价值链管理，确立以价值创造为导向、产融互动的经营理念和经营目标。结合公司自身核心竞争力和所处产业价值链进行分析，精准定位，集中公司优势资源为顾客提供某项产品或服务，作为公司的核心利润支撑。同时，要培育多个潜在业务增长点，让每一个环节都创造价值，实现多点盈利。确立产融互动的思路，公司将内生式增长和外延式增长相结合，实施具有产业深度和协同效应的并购重组。

第三，优化业务结构，通过转型升级提升公司的核心竞争力，从而提升公司估值。对于一些传统行业来讲，通过商业模式创新提高原有业务的发展空间不大，这时就需要跨界来进行转型升级，及时提出和发展本公司的第二曲线。

第四，优化资本结构，提高资本效率。一家企业 IPO 之后，融资渠道就变得丰富，资金来源多元。这个时候在确定采用何种方式进行融资时，就必须考虑优化资本结构，合理组合使用债权融资与股权融资，让企业的资本成本最低，尽可能使公司的资本效率最大化，从而提升公司的市值。比如，当公司股价被高估时，可以在通过定向增发、配股等方式进行股权融资的同时，使得公司市值回归内在价值。公司需要债权融资时，也可以考虑不采用单一的银行贷款模式，而是要将传统的银行贷款和发行公司债券、发行可转换债券、融资租赁等组合起来使用，降低资本成本。

第五，优化公司治理，改善经营业绩，提升公司盈利能力和风险管理能力，提高股东投资回报。

第六，有针对性地管理、调整股权结构，结合公司业务发展和市值管理做好股权激励。

在以上价值创造的逻辑中，商业模式创新是关键。

7.3 商业模式

7.3.1 价值创造角度下的商业模式

管理学大师彼得·德鲁克曾说过：当今企业之间的竞争，不是产品之间的竞争，而是商业模式之间的竞争。可见，商业模式决定企业在市场竞争中的发展和成败。商业模式是企业创造股东与社会价值的载体，企业的成长性是企业价值的驱动力；而企业的持续成长性只能来自持续创新。

在资本市场上，市值管理的第一步和核心驱动力是创造价值，价值创造的关键在于商业模式设计。价值创造的第一步就是要以正确的视角设计商业模式，让投资者能够读懂企业在当下和未来持续创造价值的能力，从而给予企业正确估值。

如果想要了解资本市场给予企业自身价值的估值逻辑，首先需要站在价值投资的角度，了解好的商业模式是什么。只有理解了这一点，才能帮助企业发掘传播其商业模式创造的价值。那么资本市场青睐的商业模式是什么样的呢？那就是企业创造价值的“道”，即好的商业模式。

企业家往往习惯用产品思维和产业思维去设计商业模式，看重的是自己的产品和业务。随着互联网技术的飞速发展和经济全球化的深化，传统的以产品和净利润为中心的经营管理思维受到严重挑战。商业模式的视角开始从"以产品为中心"转向"以客户为中心"，企业能够比竞争对手以更低成本更好地满足客户的需求，才有可能获得更多的收入、市场份额，从而带来净利润。企业最需要关注的不是能提供什么样的产品和服务，而是应该用什么样的产品和服务去以更低成本更好地满足顾客的需求。以客户为中心的商业模式设计不再拘泥于某种产品或服务的提供，而是成为以满足客户需求为导向的综合方案提供者。在综合方案中，公司以提供融资、解决方案、售后服务、辅助产品、许可证经营等高度创新方式满足客户需求，从而得到高额利润回报，比如，软件行业已经由原有的交付服务模式走向了客户成功模式，其本质就是深入满足客户需求，持续带来现金流入，最终创造更大的价值。

随着业务和组织的扩大，企业需要系统地进行战略和商业模式设计，包括战略定位、战略布局、成长模式和盈利模式。首先，企业需要站在资本市场的视角明确战略定位，给自己贴上一个让资本市场看得懂且长周期被认可的标签。其次，以战略一致性为原则，规划战略布局，涉及产业链、竞争层面、目前及潜在新增客户群、市场区域和业务层次的选择。之后，企业需要思考为了实现企业的战略布局，应采取什么样的成长模式，是内生式增长还是外延式扩张等。最后，一切经营活动都会体现在财务回报，即盈利模式和现金流结构上，影响企业的市值表现。因此，企业在行业和业务选择的基础上，规划价值实现的具体过程，即营销模式、生产模式、研发模式和供应链模式。

企业在进行规划的过程中要避免两件事。第一，刻意地迎合市场短期趋势和短期资金方偏好，这只会不断透支资本市场的信任，从中长期看，对公司的市值表现没有积极影响。第二，由于资本市场短期的不认可而动摇战略定力。当企业所处的行业或板块发展缓慢时，资本市场可能短期不认可。如果企业基于对产业的终极判断，认为保持战略定力可以成为行业龙头或可以产生稳定的现金回报，就具有了稀缺价值，从长期看，资本市场会认可这样的企业。

7.3.2　围绕利润进行商业模式创新和改进

从价值创造和市值管理的角度，考虑商业模式就是要考虑持续的增长、更大的市场份额，最终还是要落实到更高的净利润等影响估值变动的核心业务因素上。资本市场对企业估值时特别看重净利润和净利润增长率，这是由于市盈率估值法的广泛适用以及净利润指标本身的重要性。净利润反映的是企业当前的经营价值，是判断企业未来价值增长的基础，净利润增长率直接反映的是未来成长价值。因此，以客户为中心的商业模式设计的目的就是寻找和创造利润区，在利润区，企业将从低利润转向高利润，利润增长将从普通增长转向高速增长。利润区是指为公司带来高额利润的经济活动领域。这种利润不是平均利润，不是周期变化的利润，也不是短期利润。在利润区，持续和高额的利润将为公司带来巨大的价值。因此，商业模式创新和改进的目的只有一个，即发现并进入利润区，并在那里经营。

发现利润区的第一步就是要弄清行业处于哪个阶段，变化趋势是什么。行业地位及趋势的演变往往是社会、经济和技术变革的结果，基本上可以从宏观经济、区域经济、产业经济和技术发展等方面进行判断，如从宏观经济层面可以观察企业所处行业是否是国家政策鼓励和支持的。比如，近两年来由于环保的需要，新能源汽车成为未来趋势，要发展新能源汽车就得先发展作为其基础设施的充电桩行业。又如，从产业经济的视角可以观察企业处于整个全球行业价值链的位置。处于价值链最上端的，基本上处于价值流入阶段；处于价值链中间以上的，基本上处于价值稳定阶段；处于价值链中间以下的，基本上处于价值流出阶段。

为了判断企业的商业模式处于哪个阶段，首先要回答行业和企业利润区的现状和未来变化、变化动因，以及如何改进和创新企业的商业模式。隐藏在这些问题之间的实质是：客户的现实需求、潜在需求以及有效需求将如何变化；何种经营策略才能最有效地适应这种变化；何种商业模式才能最有效地适应这种变化。

从客户需求的变化可以判断出价值转移，当客户的需求偏好首次发生变化，或者他们开始选购竞争对手的产品时，企业的商业模式很可能从价值流入阶段转入价值稳定阶段。当公司产品产量很大，销售收入越来越多，利润却没有同步增加，这就是典型的从价值流入阶段向价值稳定阶段转变的表现。这个时候如果不从顾客需求变化角度进行商业模式创新，那么极有可能从价值稳定阶段向价值流出阶段转变。但是，企业管理层经常忽略商业模式设计与顾客需求之间是一种不断变化的动态关系，只有持续不断地分析价值转移规律，才有可能寻找到或创造利润区。客户驱动着价值转移的全过程。服务客户最核心的问题是发现和识别客户的核心需求，最好能挖掘客户自己都没有觉察的需求（苹果手机是个典型的供给创造需求的案例）；而且一定要区分客户的需求到底是他的真实需求还是企业以为的客户需求。为客户解决麻烦的过程就是创造需求的过程，创造需求不是仅仅以满足需求为目的，而是以解决客户问题、服务客户、创造价值为目的。

在企业估值中，不同行业的市盈率倍数差别非常大。这说明在不同行业采用不同的商业模式，将使得公司所处的价值转移的阶段不一样，其对应的业务毛利率和净利润率也大相径庭，因此资本市场给出的估值也不同。由于市盈率估值法的主流地位和久经考验，净利润始终是投资者关心的核心指标。即使由于企业收入的高增长和特定的商业模式以及风险偏好的漂移，投资者可能采用市销率、市净率等估值方法，短暂地“容忍“净利润的不理想，但一旦资本市场发生转向，投资者又会回到市盈率估值法，一个业绩期间一个业绩期间地考察上市公司的每股收益（EPS）。因此，考虑商业模式的出发点和最终落脚点，还是要围绕净利润高增长去进行价值创造。

因此，企业的价值创造是企业所在行业（赛道）、商业模式（赛车）和管理层（赛车手）的选择和匹配。价值创造分两个层次：一是赛道不变，企业明确选择沿着赛道发展，则需调整赛车和赛车手进行匹配，赛道不变则进行战略延伸或者战略升级；二是企业考虑换赛道进行战略转型，不同赛道对应的赛车和赛车手的要求不同。

7.4 持续增长

增长是所有企业的首要战略目标。上市公司的市值和创业公司的估值是由未来的增长率以及投资者对此的预期决定的，而不是由现在的收入绝对值决定的。如果企业在可预见的未来不再有增长空间或增长率比较低，即便现在拥有再高的收入绝对值，市值（估值）都会下降。只有拥有向上的增长曲线，投资者才会蜂拥而至，企业的市值（估值）才会越来越高。企业创造价值的载体是商业模式，企业投资价值的核心是成长性，而商业模式创新是企业成长性的源泉，技术创新是企业成长的利器，企业领军人物和企业文化是企业创新的灵魂，创新的核心目的就是增长。

著名战略报告《失速点》提到，“从 1955 年到 1995 年，在 172 家世界 500 强企业里只有 5% 产生了超过通货膨胀率的增长。而一旦企业到达失速点，只有少于 10% 的企业能够重启增长引擎。”正是因为增长稀缺，投资者才会更愿意为增长付出更高的估值溢价。

技术是企业竞争优势的重要来源，是企业可持续发展的重要保障。未来的竞争不是模式竞争，而是技术创新的竞争。“人无我有，人有我优”的技术是创业企业的核心竞争力和生存发展的生命线。技术是硬科技企业的“护城河”，在一个开放竞争的环境里，新技术的更新和迭代是最终实现市场颠覆的利器。从诸多企业兴衰成败的历史经验来看，技术创新是关键因素。越来越多的企业意识到，必须打造成为技术驱动型企业，必须在变局中掌握技术先机。

喜马拉雅资本创始人李录在 2021 年美国哥伦比亚大学中国商业论坛上的交流中指出：“……真正的好公司其实是那些可以甩开竞争者，同时拥有可持续的竞争优势和较高资本回报率的公司，而且它还要能长期持续增长……能长期地产生高于市场的资本回报率……”

资本市场不仅仅关注上市公司的现在，更关注上市公司的未来，包括对一家上市公司成长空间的认可，涵盖商业模式成长空间、爆款产品和服务等，以及在现阶段业绩成长可预测之外的市值体现；资本市场对该上市公司成长空间的认可度越高，越愿意给予该上市公司超出正常业绩估值的慷慨估值。在数字经济时代，创新商业模式对“潜力市值”变得尤其重要，创新商业模式代表创新需求，而创新需求代表成长空间。企业的估值不仅仅与企业创造的价值相关，更是与未来的增长水平紧密相连。而且仅有增长还远远不够，资本市场对“超预期的增长”更加敏感，如果增长低于预期水平，资本市场照样会“用脚投票”，也正因如此，在市值管理战略落地的过程中，投关工作要做好投资者的预期管理。

7.5 第一曲线和第二曲线

公司估值的隐含前提是永续经营，企业基业长青的前提是及时开启第二曲线，成长和创新带来的企业内在价值的不断增长，是公司市值增长的内在核心动力。美国未来学院院长扬·莫里森（Y. Morrison）在总结世界许多著名企业成长发展的规律基础上，提出了著名的“第二曲线”理论。他认为，所谓第一曲线即企业在所熟悉的环境中开展传统业务所经历的企业生命周期，而第二曲线则是企业面对未来的新技术、新消费者、新市场所进行的一场彻底的、不可逆转的变革并由此而展开的一次全新的企业生命周期。

西方管理学大师、“管理哲学之父”查尔斯·汉迪（Charles Handy）有过这样的论断：“任何一条增长的 S 曲线，都会滑过抛物线的顶点（极限点），持续增长的秘密是在第一条曲线消失之前，开始一条新的 S 曲线。此时，时间、资源和动力都足以使新曲线度过它起初的探索挣扎的过程。”

经典战略理论认为企业应该“坚守本业”。到达极限点以及由此导致的非连续性断层期，才是大企业的第一死因。在过去的工业时代里，技术周期较长，出现极限点只是偶然事件，而今天的技术迭代周期越来越短，出现极限点便成为常态。诺基亚由盛转衰的极限点出现在 2007 年，那一年恰是诺基亚最辉煌的收获之年：市值 1 500 亿美元，当年手机出货量 4 亿部，全球市场占有率高达 40%，是整个手机产业历史的顶峰期。迄今为止，没有一家手机厂商能够超越诺基亚在 2007 年取得的成绩。然而，世间万物盛极而衰，极限点之后便迎来无奈的下滑曲线。

一个企业要想“长寿”，就需要从管理和创新两个方面入手。从管理的角度来看，企业应该尽量延长第一曲线的“生命”，以应对既有市场；而从创新的角度出发，应启动独立的第二曲线，以应对新兴的市场机会。在过去，人们往往将“基业长青”解读为固守主业，将一件事做到极致。而现在对基业长青的理解，是企业一次又一次地跨越第二曲线。

因此，公司融资的目的应该有且只有两个：尽量延长第一曲线的“生命”和启动独立的第二曲线；一个市值持续增长的公司本身应该第一曲线突出，同时早早布局第二曲线。

7.6 科技与创新

科学技术是第一生产力，企业持续创新的能力是其企业商业模式的核心价值。科技和创新作为企业业务的驱动力，也是价值创造和市值增长的持久动力之源。

企业的创新首先是产品创新，其次是机制创新，最后是商业模式创新。产品创新（包括服务创新）是企业所有创新模式的基础，没有一个很好的产品，所谓的机制创新、商业模式创新都无从谈起。机制创新是企业脱颖而出的原动力。所谓机制，就是一整套激励与约束的规章制度、管理办法，具体包括组织结构、流程设计、规章制度等。机制创新能够激发企业动能，创造更高的绩效。企业经营的核心在于经营人，经营人的核心在于经营人的动力，化解人的阻力，其核心方法在于建立一整套行之有效的激励与约束性制度，同时配合文化激励方式，从内到外影响员工的行为，进而推动企业发展。关于商业模式的创新，可以参看上文商业模式的论述部分。企业产品创新、机制创新、商业模式创新是企业突破发展瓶颈的关键，而这只是停留在企业的经营层面，而运营层面的创新则是资本运作创新、价值提升创新、内部治理结构创新。

对比中美两国全球 500 强上榜企业可以发现，中国企业的发展特点反映出中国经济是以规模扩张来实现高速发展的，而不是以全要素生产率的提高来实现内生增长。中国企业需要构建中国科技创新型经济体，实现从“大”到“伟大”的创新驱动。

对比海外发达国家科技创新的发展进程，美国、德国和日本都是在政府主导并提供政策和资金支持，高校和专门的科研机构陆续输出高技术水平人才，直接融资和间接融资共同发展，促使多层次的金融市场进一步完善，以及企业之间不断完成市场整合等多重驱动力下，实现了从科技创新向生产成果的转化，从而构建起全社会的科技创新研究体系，最终成长为全球科技强国。中国的科技创新转型，需要完成构建科创型产业组织生态、多层次金融支持、人力资本驱动发展、政策支持和构建商业基础设施等环节。其中，多层次的金融支持是构建科技创新型经济体的金融条件，科技创新领域的金融支持比传统行业的金融支持有着更高的要求，要兼具资金支持、客户引荐、公司治理等功能，同时更具层次，这是实现科技创新的核心环节。

有效的资本市场会毫不留情地把老旧过时的一切淘汰出局。创新是分化在经济层面的表现形式，随着企业生存度的日趋下降，不创新者不得存活。正是新旧企业之间的非连续性，才成就了市场整体的成功。创新带来增长，持续的创新带来持续的增长。2020 年 6 月，世界最大的汽车制造商丰田汽车的市值被电动汽车制造商特斯拉反超。丰田汽车创立于 1933 年，2019 年整体销售量达到了 1 000 万台以上。而成立于 2003 年的特斯拉 2019 年的销售量仅为约 36 万辆（不到丰田汽车的 4%）。尽管如此，在市值上特斯拉还是超过了丰田汽车。为什么特斯拉的市值会如此之高呢？因为资本市场反映的是投资者的预期值，高评价的市值如没有持续的业绩增长在某一天也有可能突然崩塌。正因如此，不应该只看企业现在的市值，也要关注企业今后的发展。事实也证明了资本市场的前瞻性，2023 年 1 月 3 日特斯拉发布 2022 年全球生产及交付报告，特斯拉以 131 万辆的电动车交付量，蝉联全球纯电动车销量冠军。特斯拉有关人士表示，2023 年特斯拉全球销量将有望超越奔驰、宝马和奥迪，成为全球最畅销豪华品牌车企。根据特斯拉的统计，2022 年，特斯拉全球总交付量 131 万辆，相比 2021 年增长 40%；生产 137 万辆，同比增长约 47%，其中第四季度创下新的交付记录。特斯拉在多个国家拿下销量榜首位置。据 Automotive News Europe 数据，特斯拉 2022 年 11 月在欧洲市场总销量近 3.2 万辆，增幅达 97%。其中 Model Y 超越大众高尔夫成为欧洲最畅销汽车。在挪威，Model Y 在 2022 年 1 月至 12 月中旬，销售已近 1.7 万辆，打破了挪威 53 年来的年度单车销量纪录。除了欧洲市场，在美国、澳大利亚、中国等市场，特斯拉也持续刷新销量纪录。

亚马逊同样是很好的证明案例，贝索斯将亚马逊产生的营运现金流不急于回报给股东，而是投入亚马逊生态系统的构建，具体来说是电商物流配送体系和 AWS 云服务平台，为其商业模式创造了持续强大的成长动力。因不追求盈利，1997 年上市后的 15 年中亚马逊持续受到资本市场的冷遇，直到 2012 年亚马逊股票才开始受到华尔街的青睐。2020 年 7 月，亚马逊的市值达到了 1.5 万亿美元。这就是商业模式不断创新所创造的资本市场价值！最终资本市场给予亚马逊高估值。它证明了商业模式的创新是企业创造价值的源泉，也是资本市场给予持续高估值的必要条件。

长期来看，随着创业板、科创板和北京证券交易所的设立与发展，伴随着科创型企业数量在 A 股的供给体系中大幅增加，估值分化将成为相关板块的核心趋势，科技行业龙头有望享受更多的融资便利和市值关注，获得更高的估值溢价，而以往科技类企业稀缺的板块溢价将逐步消失，没有基本面支撑的概念类公司将逐步被边缘化。

第 8 章 市值管理中的公司融资

8.1 公司融资概述

资金是企业的血脉，是企业经济活动的第一推动力。筹资是企业为满足生产经营资金的需要，向企业外部单位或个人以及从其企业内部筹措资金的一种财务活动。筹资活动除包括从企业外部筹集资金，即融资之外，还包括通过对企业内部资金的合理安排，如税后利润、折旧、投资收益等，以筹集企业为发展某一项目的资金而所做的财务安排。企业进行融资决策，就是对如何选择融资模式及融资方式，怎样把握融资规模及各种融资方式的利用时机、条件、成本和风险进行认真的研究和分析。成功的融资决策能够在风险可控的前提下为企业带来持续稳定的资金流，为企业的发展壮大提供必不可少的资金支持，使企业的价值最大化成为可能。相反，融资决策的失误给企业带来的损失也是相当大的，甚至是致命的打击。因此，进行正确的融资决策相当重要。

按照筹资渠道，筹资活动分为内源筹资和外源筹资。内源筹资是指公司的自有资金和在生产经营过程中的资金积累部分，相当于股东获得收益后的继续投入；外源筹资即公司的外部资金来源部分，包括股权筹资和债务筹资。股权筹资是指公司进行的首次公开发行（IPO）、配股和增发等股权融资活动；债务筹资是指公司资金来自银行、非银行金融机构的贷款等融资活动。

资金筹集影响公司的增长能力，通过资金筹集获得外部财务资源是公司资产规模和经营业绩快速增长的重要支持因素。简单梳理优秀企业的成长历程，不难发现它们总资产、营业额、经营利润等财务指标的增长，都离不开外部债权或股权形式财务资源的有效支持。特别是对技术依赖性的公司来说，研发投入程度对于内生式增长至关重要，而这种投入靠内源筹资是无法满足的。

公司在制订资金筹集方案时，应综合考虑股权融资和债权融资的比例以及资金筹集的核心要素，以综合融资成本最优为原则确定融资主体和融资渠道，以维持最低的加权平均资本成本。

由于债权资本成本低于股权资本成本，公司应优先考虑债权融资，以降低加权平均资本成本。但实际上，当前我国多数公司的筹资顺序体现了与梅耶斯筹资优序理论不同的特点：内部筹资所占比重偏低，严重依赖外部筹资，在公司的外部融资中又明显地偏好股权融资。不能用国外的筹资优序理论进行简单的分析，债务融资以股权资金为基础，如果一家公司没有股权资金，则无法采取债务融资方式。并且 IPO 以后，带给公司的不仅是股权资金，还包括公司品牌形象等无形的收益。我国当前的筹资活动特征与我国资本市场的发展、金融行业的发展以及多数公司所处的发展阶段有关。

由于本书的探讨方向，后续以股权融资作为重点进行讨论。

股权资本是公司存续和债务扩张的基础，公司通过股权融资可调整资本结构，为业务持续发展提供保障，从而提升公司价值。公司应结合目标资本结构，根据股权资本成本及其对加权平均资本成本的影响，考虑公司所处的发展阶段、融资需求、市场环境、公司估值、投资者要求等，合理安排融资主体和融资方式，确定股权融资规模和方案。股权融资包括公开和非公开两种基本形式，公开市场股权融资包括上市融资及再融资，上市融资又包括 IPO、公开发行及借壳上市等，再融资包括配售、定增、发行优先股及发行可转换债券等方式。非公开市场股权融资包括引入财务投资者（如个人、信托、风险投资基金、私募股权基金、保险公司等）或引入战略投资者（如产业资本、业务合作伙伴等）。

从设立科创板到北京证券交易所的成立，再到全面注册制的落实，其背后反映的是通过资本市场、社会融资让企业，特别是科技企业获得更多的权益性资金，而非传统、单一的银行债务性融资。对于企业来说，权益性融资相较于债务性融资最大的不同，是权益性投资者同企业家一起成为股东，企业家无须背负沉重的债务负担及定期支付利息、偿付本金的现金流压力，可以将更多的时间、精力真正投入企业经营中。

融资时机要考虑公司的内部资金需求和外部市场时机两个方面的问题。首先，公司需要根据公司的战略以及投资确定内部资金需求，并预先安排好资金来源。公司的筹资活动相对内部资金需求应当有一定的提前量，而不能临时抱佛脚。医药、半导体行业因为资金需求量大、项目周期长，需要的融资轮次比较多。同理，高端制造、新材料等重资产投入行业的项目，前期融资需要资金量也都比较大。其次，公司在选择融资方式时应当考虑市场时机因素，企业融资需要考虑宏观环境、资本市场风向、企业里程碑达成情况等因素，以把握企业的融资节奏。在股价较高时选择股权融资，在股价较低时选择债务融资，以利用较低的融资成本优势。在股价被严重低估的时候选择股权筹资，将极大损害公司现有股东的利益。相应地，也需要留意自身扩张的节奏，以避免因为过度扩张、融资跟不上而导致资金链断裂。上市公司应准确把握融资节奏，与企业融资需求相匹配。投资者可以通过融资时机分析，判断一家公司的管理层是否认真对待股东的利益，是否善于资本运作，是否是真正负责任的管理层。

8.2　企业发展各阶段的融资

对于多数创业企业和上市公司来说，仅凭内生发展很难将企业快速做大。此时，企业就需要通过融资的方式获得大量资金。企业能否高效、有节奏地融资，并获得资本方的支持，在很多情况下是决定企业成败以及能否做大做强的关键因素。

按照融资阶段，企业融资可以分为种子轮、天使轮、A 轮、B 轮、C 轮……上市等。企业上市是企业发展的重要阶段，也是一次重要的融资活动。之后，上市公司按照战略需要和资本市场环境，可以进行再融资。

8.2.1　上市前融资

非公众公司通过非公开市场进行股权融资。很多创业公司会经历多轮融资，上市前的每一轮融资通常由一个字母指代，字母按融资顺序向后排。在未上市股权投资中，不同阶段追求的目标不尽相同，早期风险投资机构重视靠谱的好生意和好团队，风险投资机构的成功率低，但是成功项目的回报高，看重的是赔率。偏后期阶段的私募股权投资，因为投资金额大，内部的投资决策首先考虑保证投资成功率（控制失败率）。深入了解投资机构的倾向和风格，对于此阶段的企业成功实现融资和市值管理有实质意义。

上市前股权融资关注的关键因素包括公司估值、投资者选择、融资工具选择、出资方式、退出机制等。其中，对投资者的选择尤为关键：在引入财务投资者时，公司应考虑财务投资者的回报要求与公司承受能力，以及潜在财务投资者的投资期限与拟投资项目现金流周期匹配度；在引入战略投资者时，公司应从战略投资者的财务能力、管理水平、行业地位、市场或渠道优势以及与自身的协同效应等维度，对潜在投资者进行综合评估，并在估值中对协同效应予以反映并作为确定交易作价的参考；在同时存在多名投资者时，公司应尽量引入一致行动人或投票权限较低的投资者，以确保对公司的控制权。

创业企业需要在不同发展阶段持续融资，因此创业者需要有市值管理和投资者关系管理的意识。创业路上的市值管理工作目标就是未雨绸缪，为企业在不同发展阶段争取到“最佳估值”的资本和“最匹配”企业发展理念的出资方，持续融资支持业务，进行资源整合，发展壮大，最终成功上市。创业路上企业需要做好市值管理战略，持续进行融资管理，树立口碑，使得参与投资的私募股权投资人长期看好企业，并愿意拿出尽可能多的资源扶持帮助创业者、企业家成长。资金固然重要，但一路相助的人脉、资源及其带来的商业模式创新与资源整合更加重要。

创业融资阶段市值管理的首要难点是估值和协议的把握。估值，往往是创业者在融资中最为纠结和关注的问题。估值高低直接决定了创业者可以出让股权的额度，或者能够融到资金的额度。对估值的诉求和预期，是创业者必须慎重思考的重要问题，否则融资经验较少的创业者面对久经沙场的投资人，可能会非常被动。需要注意的是，估值不是为了得到一个准确的结果，而是要将估值作为交易的基础条件，支持交易的达成。估值的确定，要由创业者根据市场的交易现状、公司融资的受欢迎程度、公司的股权结构等情况，与投资人协商确定。对于对赌协议等投资协议敏感条款和安排要有一定的理解，如有需要，寻求专业人士的帮助。每项条款背后，都有投资机构精心设计的保护和风险规避手段。

创业企业要注意投资者关系的维护和管理，在和投资机构交流时不能沉浸于自己的一厢情愿中，要切实地把企业的商业模式说清楚。

8.2.2 上市

IPO 的全称是 Initial Public Offering，即首次公开发行。公开发行是指向不特定对象发行证券，或者向累计超过二百人的特定对象发行证券。在首次公开发行完成后，这家公司就可以申请到证券交易所或报价系统挂牌交易，这个过程被称作“上市”，有时也把 IPO 直接称为“上市”。新三板企业在北京证券交易所上市是公开发行，而不是首次公开发行。

企业要想快速实现上市，不仅要不断优化企业内部结构，也要关注外部上市环境的变化与监管动向。企业应综合考虑行业估值水平、监管环境、市场容量与效率、再融资便利程度、投资者成熟度及上市规则等，审慎选择发行地点、板块市场及发行时间，适时进行上市前重组及整合，并测算融资规模和价格区间等，及时申报上市。

具体而言，在选择发行地点和板块市场时，应考虑的因素包括监管环境及合规成本、资本账户管制程度、再融资便利度、资本市场容量与交易活跃度、投资者构成及资本市场估值水平；在选择发行时间时，应关注行业所处周期及上市审批时间；首次公开发行还需根据业务战略、财务战略以及上市条例和维持上市地位的监管要求，对拟融资主体资本结构、股权架构与业务资产进行优化、重组与整合，形成股权清晰、业务完整、运营独立且可持续发展的拟上市主体；如需缩短上市前准备时间，可考虑借壳上市，选择干净壳资源，并充分评估借壳上市的综合融资成本。

借壳上市，是指一些非上市公司通过收购一些业绩差、筹资能力弱的上市公司，剥离被购公司资产，注入自己的资产，从而实现间接上市的操作手段。借壳上市的交易结构通常为发行股份购买资产，即上市公司向新股东发行股份，同时将拟上市的业务装入已上市的公司（购买资产）。相对正在排队等候上市的公司，借壳上市所花费的平均时间大大减少，不失为想要节约时间的公司可以选择的方式。国家监管政策的日趋完善、退市制度的执行、全面注册制的实施等，逐渐使得借壳上市不再是拟上市公司重视的渠道。从股市整体看，上市公司“壳资源”价值并不会消失，但呈下降趋势；从个股上看，退市常态化将逐步削减小市值上市公司的“壳资源”价值，濒临退市的上市公司的“壳资源”价值将消失殆尽。在全面实行注册制背景下，“养壳”“保壳”“炒壳”等行为的成本和风险大增，以此为基础开展的借壳上市情形也将大幅减少。

关于双重上市与二次上市。双重上市（Dual Primary Listing），指两个资本市场均为公司第一上市地，最常见的就是“A+H”股。两地上市股票无法跨市场流通，通常两个市场需分别定价。双重上市需要同时满足两地对于上市公司的各项管理要求，整体要求会严格许多。若某资本市场已上市的企业又选择在香港作双重上市，其须遵守的规则与对在香港首次公开发行股份的公司要求没有不同，必须遵守港交所的所有相关上市规则。双重上市和本地上市有一定区别，其优势在于增加不同市场上不同货币的运用能力，同时有效降低外汇风险；增加股票流动性，由于需要符合不同交易所的规定，也就减轻了信息不对称问题，这会吸引更多的潜在投资者；可以更容易获得该地区银行的债务融资授信；能更好地渗入当地市场，以解决监管、合规、反垄断问题；企业在不同地区有着不同的业务重心，所以用分拆子企业的形式在多地区上市更有利于管理规划；在不同资本市场上市，可以根据需要塑造更有利的品牌形象。双重上市的劣势，是需要同时满足两地监管要求，上市流程更加复杂，需要花费更多的时间和成本。2017 年，顺丰控股（002352.SZ）借壳上市，成为深交所市值第一的公司；2023 年 8 月 1 日，顺丰控股发布公告，称将申请在港交所上市。如果成功上市，顺丰控股将会成为快递行业首家“A+H”股同时上市的公司。一些媒体将此次赴港上市称为二次上市，实际上是双重上市。

二次上市是指已在本国上市的公司将其部分发行在外的流通股股票在非注册过的另一家证券交易所上市。二次上市多采用存托凭证的形式，其中最有名、使用最多的模式是美国存托凭证（ADR）和全球存托凭证（GDR）等。二次上市的优势是监管上需要满足的要求比较简单，相对双重上市有较多豁免优待条款，上市成本较低。二次上市的劣势是：定价和原市场基本一致，认购时如果原市场价格波动，跌出定价区间，则打新破发风险较高；未来被纳入港股通难度较大。2022 年 2 月证监会发布《境内外证券交易所互联互通存托凭证业务监管规定》；2023 年 5 月证监会发布《监管规则适用指引——境外发行上市类第 6 号：境内上市公司境外发行全球存托凭证指引》，对于境内上市公司在境外发行 GDR 的定位、申请程序、规则适用、材料要求及实施安排等方面提出了明确要求，且明确将 GDR 境内新增基础股票的发行纳入注册管理，并由交易所参照上市公司向特定对象发行股票的程序进行审核。2023 年 7 月 18 日沪深两大交易所正式发布修订后的《互联互通存托凭证上市交易暂行办法》，并宣布自发布之日起施行。最新修订围绕发行企业门槛、增加审核环节、强化信息披露监管三方面开展。具体来看，首先规定发行企业应同时满足上市满 1 年，且市值不低于 200 亿元等；其次明确 GDR 对应新增基础股票发行上市申请的审核安排，由交易所发行上市审核机构进行审核；此外，还加强了全过程信息披露监管。随着资本市场双向开放持续深化，2023 年前 8 个月已有逾 30 家上市公司筹备或推进境外 GDR 发行事项。

8.2.2.1 上市地

公司上市的第一步是要明确选择上市的地点，是境内上市还是境外上市，如选择境内上市，还需要明确具体的上市交易所以及具体的上市板块。上市地的选择涉及法律、上市成本、影响力以及投资者偏好等要素，还与企业市值有紧密的联系。企业需仔细了解拟上市交易所的平均估值情况、交易活跃度和再融资能力，上市成本和维持费用，上市审核时间周期等，进行综合考虑。

境内上市指在中国上海证券交易所、深圳证券交易所和北京证券交易所申请发行股票上市交易。从目前看，境内上市是主要上市方式。相对来说，境内上市企业发行市盈率在较长时间内高于境外市场交易的同行业股票市盈率，境内上市最关键的优点是能让上市企业发行同样的股份，获得更多融资。

需要注意的是，在全面注册制下，不同成长阶段、不同类型企业的上市需求不同。同时，沪市主板、深市主板、沪市科创板、深市创业板、北交所的功能定位不同，适用不同上市指标，上市门槛、盈利要求也不同。对于拟上市公司，企业上市板块和上市指标的选择更多了，但需要注意各板块的行业准入和审核倾向性。

沪深主板定位突出“大盘蓝筹”特色，重点支持业务模式成熟、经营业绩稳定、规模较大、具有行业代表性的优质企业。

科创板定位面向世界科技前沿、面向金融主战场、面向国家重大需求，优先支持符合国家战略、拥有关键核心技术、科技创新能力突出，依靠核心技术开展生产经营，具有稳定的商业模式，市场认可度高，社会形象良好，具有较强成长性的企业。科创板定位于服务“硬科技”类企业，包括新技术、新产业、新业态、新模式等。根据《上海证券交易所科创板企业发行上市申报及推荐暂行规定》（2022 年 12 月修订），科创板目前面向新一代信息技术、高端装备、新材料、新能源、节能环保以及生物医药等六大领域的高新技术产业和战略性新兴产业的科技创新企业。根据科创板审核实践，拟上市企业科创属性、是否符合科创板定位是最受关注的问题之一。

创业板定位于深入贯彻创新驱动发展战略，适应发展更多依靠创新、创造、创意的大趋势，服务成长型创新创业企业，支持传统产业与新技术、新产业、新业态、新模式深度融合。创业板强调的是“创新”，在行业属性上采用负面清单制，即不在负面清单的行业和商业模式都可以接受，而且明确即使在负面清单的行业，如果是与互联网、大数据、云计算、自动化、人工智能、新能源等新技术、新产业、新业态、新模式深度融合的创新创业企业仍可以在创业板上市，现有创业板上市公司的行业分布则相对较为分散，从这一角度来看，创业板面向“软科技”、能实现高增长但偏传统行业的企业。

北交所定位重在“专精特新”，服务创新型中小企业，重点支持先进制造业和现代服务业等领域的企业，打造服务创新型中小企业主阵地。相比北交所，科创板、创业板对于企业的市值、净利润、收入等均设置了更高的门槛，对于暂时无法达到科创板、创业板上市门槛的企业，可将北交所作为目标。

同时，对于研发投入，科创板和北交所均增设了"研发投入"指标；对于存在差异表决安排的企业，北交所暂未对"存在差异表决安排企业"的上市指标作出专门规定，创业板要求净利润为正，而科创板未对是否盈利作出要求；与科创板、创业板相比，北交所目前也是实施注册制板块中唯一未为红筹企业上市提供通道的板块，这可能与现行制度设计中北交所上市企业均来自新三板的创新层或精选层企业而目前尚无红筹企业挂牌的背景相关。

境外上市是指目标企业直接以境内股份有限公司的名义向境外证券主管机构申请发行股票或其他金融衍生工具，向当地证券交易所申请上市。比如，在港交所申请上市发行 H 股，在纽约证券交易所申请上市发行 N 股，在纳斯达克证券交易所申请上市发行 NDX 股，下面主要介绍在中国香港和美国纽约上市。

香港上市。通常内地企业到香港上市，从申请到发行需要 7 个月左右。内地企业在香港上市有三种主要方式，包括发行 H 股上市、发行红筹股上市及借壳上市。中国香港是最活跃的国际金融中心之一，港交所是中概股境外上市的重要集聚地之一，是包括恒生指数等在内的重要国际性指数的中心市场，吸引了大量国际性金融机构在此活动。2018 年 4 月 24 日，港交所公布了《新兴及创新产业公司上市制度》的咨询总结，港交所上市制度改革尘埃落定。此次改革有效地降低了港股上市的门槛，为新经济公司赴港上市提供了捷径。沪港通和深港通（统称港股通）也让 A 股投资者可以相对容易地投资香港上市公司。

纽约上市。由于各种原因在国内无法上市或在国内上市后的融资达不到预期的企业，很多都选择去美国纽约上市。除此之外，还有一些企业需要扩大海外业务与市场，这些企业通过上市能优化自身在海外的形象。美国的纳斯达克（NASDAQ）市场是全球高科技资本市场中最为成功的一个，市场规模在所有高科技市场中居首。美国的互联网公司绝大部分都在 NASDAQ 上市，计算机及电信行业在 NASDAQ 交易所中的占比最高，软件行业中 93.6% 的公司、半导体行业中 84.8% 的公司、通信设备行业中 81.7% 的公司均在 NASDAQ 上市。

2023 年 2 月 17 日，中国证监会发布境外上市备案管理相关制度规则共 6 项，包括《境内企业境外发行证券和上市管理试行办法》（以下简称《管理试行办法》）和 5 项配套指引，自 2023 年 3 月 31 日起实施。2023 年 2 月 24 日，中国证监会会同财政部、国家保密局、国家档案局联合发布了《关于加强境内企业境外发行证券和上市相关保密和档案管理工作的规定》，自 2023 年 3 月 31 日起与《管理试行办法》同步施行。这对支持企业融入全球化发展、建设高水平开放型经济新体制、加快构建新发展格局具有积极意义。对于赴香港上市企业而言，简化了赴港上市的程序，缩短了赴港上市的时间，明确了监管部门更好地支持企业依法合规到香港上市的态度，扫清了审批程序的不确定性，进一步稳固了企业走向香港资本市场的信心。对于 VIE 架构企业赴美上市，中国证监会将征求有关主管部门意见，对满足合规要求的 VIE 架构企业赴美上市给予备案，支持企业利用两个市场、两种资源发展壮大，有望带动中国企业赴美上市。

从中国企业经常选择的三个上市地来看，一般来说，中国 A 股市场的估值一直都处在比较靠前的位置，而美股和中国港股可比板块的市场估值水平往往低于 A 股。从股权投资的相关报告看，A 股仍是获投企业上市的首选地。需要注意的是，在 A 股内部，不同板块和交易所的估值也有明显差异。2022 年，共有 424 家获投企业选择在 A 股上市，占上市总体的 83%。其中，深交所 197 家，上交所 154 家，北交所 83 家。2022 年，获投企业选择港交所上市的 73 家，同比下降 24%；仅有 14 家获投企业选择在美股上市，较 2021 年减少 63%。其中，在 A 股创业板和科创板上市的获投企业数量分别为 148 家和 123 家，占比高达 64%，成为 IPO 退出的主要渠道。

因政策与环境不同，不同的上市地和上市板块对上市企业的市值有不同程度的影响，不同上市地带来的各方面影响都与企业的市值密切相关。因此，企业在挑选上市地和上市板块时，一定要充分了解不同上市地的特点。公司需要综合考虑上市难度、发行难度、估值情况、上市费用，从而选择最适合自己的上市地。

8.2.2.2 上市周期和上市费用

2022 年全年，A 股共有 424 家公司 IPO 成功上市，共募资 5 869.66 亿元，创历史新高；2023 年全年，A 股共有 313 家公司 IPO 成功上市，共募资 3,563.41 亿元，其中创业板 110 家、北交所 77 家、科创板 67 家、上交所主板 36 家、深交所主板 23 家。企业上市要注意上市周期的把握和排队时间的长短。影响上市时长的主要因素包括：上市企业数量、交易所及证监会审核政策和节奏、IPO 企业本身的规范程度。如果没有抓住上市窗口期，二级市场同板块或可比企业估值大幅下降或上市审核注册节奏明显变缓，必然会对企业的上市发行工作造成巨大的困难。

相关咨询机构对 2023 年 A 股 IPO 时长的梳理数据显示：

沪深主板：2023 年 3 月 29 日，随着苏能股份、海通发展双双登陆上交所主板，标志着 A 股最后一批核准制企业完成上市，4 月 10 日，注册制下首批主板 IPO 企业上市，A 股正式迈入全面注册制时代。2023 年从受理到上市平均排队时长为 162 天。

科创板：从受理到上市平均排队时长为 397 天。

创业板：从受理到上市平均排队时长为 689 天。

北交所：从受理到上市平均排队时长为 265 天。

随着注册制改革的深化，A 股市场 IPO 的生态也在发生着改变。IPO 企业对于上述市场变化的感受将更为明显。自全面推行注册制以来，一方面，各板块不断强化定位，对申请企业的行业要求、上市条件都作出更为明确细致的规定，相应的要求也在同步提升；另一方面，发行上市制度不断优化改进，对企业发行上市活动加强监管，严把发行上市准入关，持续提高上市公司质量。随着全面注册制及其配套政策的实施和细化、沪深北三大交易所进一步发展、监管对提高上市公司质量的要求落地，国内资本市场也将形成“有进有出、优胜劣汰”的良性循环，将更好地实现服务实体经济的功能，这也对上市企业、投资人、中介机构提出了更高的要求与更大的挑战。监管已经对 A 股 IPO 企业质量提出了更高要求，压实中介责任，相关服务机构加大了审计或核查力度，相关服务机构的工作内容和工作强度并不会降低，上市难度并不见得会大幅度降低。据咨询机构数据统计，2023 年全年 A 股 IPO 市场通过上市审核委员会（简称“上市委”）会议审核的 279 家、被否 12 家、暂缓表决 23 家、取消审核 9 家。2023 年，A 股市场撤回 IPO 申请的公司 301 家，2 家公司虽已通过上市委会议但超过核准文件有效期而终止上市申请，20 家公司通过上市委会议但主动申请终止上市，279 家公司系在审期间撤回申请。

IPO 上市发行费用主要包括承销保荐费用、审计费用、法律费用、信息披露费用以及其他费用，与募资金额成正相关。据咨询机构统计，2023 年 A 股 IPO 市场总发行费用累计达 2 781 827.32 万元，其中承销保荐费用最高，达 2 120 976.29 万元，占比 76.24%；其次为审计及验资费用，达 348 007.57 万元，占比 12.51%；法律费用则位列第三，累计 181 464.14 万元，占比 6.52%。2023 年 A 股各板块上市费用中位数统计如表 8 – 1 所示。相关数据都属于公开信息，拟上市公司可以关注并参考。

表 8 – 1　　　　2023 年 A 股各板块上市费用中位数统计

板块	中位数						
	发行市盈率	募资总额/亿元	承销保荐费用/万元	审计验资费用/万元	法律服务费用/万元	信息披露费用/万元	发行费率/%
主板	22.99	8.90	6 314.00	1 354.75	660.38	498.00	10.23
科创板	66.41	12.36	8 304.86	1 210.00	650.95	462.74	9.32
创业板	43.17	9.15	7 104.40	1 380.00	691.84	441.51	10.15
北交所	14.00	1.50	1 290.88	417.45	186.79	37.74	12.23

8.2.2.3　上市全流程

通常情况下，企业自筹划改制到完成发行上市主要包括以下流程：启动上市准备、改制、尽职调查（简称“尽调”）与整改、上市辅导、申报与受理、审核与注册、发行上市以及上市后的持续督导等，具体流程可参考图 8 – 1。下面就上市流程中的主要事项进行介绍。

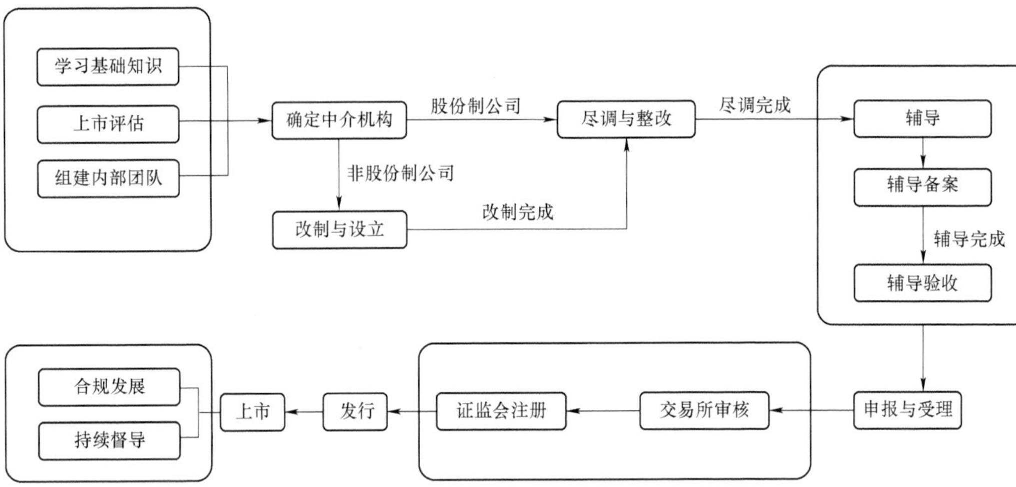

图 8-1　上市流程

资料来源：依据法规政策及相关资料综合整理。

启动上市准备。在上市前，企业需要做一些准备工作，包括组建上市工作小组、开展尽职调查、制订上市工作方案等。上市工作非常复杂，涉及面广、工作量大、周期长。因此，企业必须调配专业的人才，成立专门的工作小组来从事这项工作。企业的领导小组及主要高层管理人员需要参加有关上市的培训。另外，董事会秘书的任命对企业的整个上市过程十分重要。董事会秘书不仅是企业上市的先行官，还是上市计划的关键执行者和组织者。在企业上市前，董事会秘书在上市运作中应接受专业培训，掌握与上市相关的法规政策，为企业拟订上市规划，并将规划上报给企业决策层，积极配合中介机构的工作，确保上市计划顺利实施。如果企业暂时找不到合适的人选，董事会秘书一职可由财务总监兼任。企业也可以聘请专业的上市顾问或全职的专业人士来负责上市工作。

中介机构是向委托人提供相关专业知识和技术的中介服务机构。企业在上市时要聘请券商、会计师事务所、律师事务所等中介机构，有时还需要聘请评估机构，各机构资格与职责各不相同。主办券商是保荐机构以及承销商，是企业上市的总设计师，负责上市过程的总协调工作。会计师事务所负责对企业财务、税务问题进行指导，协助企业制作申报材料，出具审计报告和验资报告等。律师事务所负责对企业的法务工作进行指导，提供上市过程中法律问题的专业辅导意见，协助企业制作申报材料、出具法律意见书等。在上市过程中，企业根据需要也可以聘请资产评估机构、财经公关媒体和 IPO 咨询机构等其他中介机构。

企业上市的战略方案对企业具有指导作用。企业股东会和董事会需要对重大事项的决议进行讨论。所以，上市方案也是经各方商讨后的结果。企业应基于上市进程调整上市方案的内容，在必要时也应调整方向。

项目改制。上市需要对股东架构进行调整，如果不是股份有限公司，需要将企业改制为股份制公司。

上市辅导。保荐机构在推荐发行人上市前，应当对发行人进行辅导。辅导的目的是帮助发行人具备良好的公司治理结构、规范的会计行为、有效的内部控制制度；督促发行人董事、监事、高级管理人员、持有 5% 以上（含 5%）股份的股东和实际控制人（或其法定代表人）全面掌握发行上市、规范运作等有关法律法规和规则，知悉信息披露和履行承诺等方面的责任和义务，树立进入证券市场的诚信意识、自律意识和法制意识。

申报审核。目前，全面注册制在中国资本市场已落地。交易所在受理审核中，着重对申请文件进行齐备性检查。同时，实行“受理即披露”，即所有申报企业的信息，都在第一时间予以披露，市场各方可以对受理企业进行深入讨论和剖析。作为信息披露第一责任人的发行人，负有及时向中介机构提供真实、完整、准确的财务会计资料和其他资料，全面配合中介机构开展尽职调查的责任。同时，发行人的言行也必须与信息披露内容相一致，发行人要保障信息披露的质量和数量，满足投资者理性决策的信息需求。作为“守门人”的中介机构，不仅要确保发行人的申请文件等信息披露资料真实、准确、完整、及时，还要承担相应的法律责任。在注册制时代，强化“信息披露”无疑是上市公司治理的重中之重：一是强化上市公司（包括拟上市公司）董监高的信息披露职责；二是强化证券交易所对信息披露的监管职能；三是大幅提高违法成本，加大对市场参与主体的处罚力度，如针对发行人、控股股东、实际控制人、保荐人、证券公司、承销机构等市场参与主体的处罚力度进行了大幅度提高，对市场参与主体的经济处罚大幅提高。

回顾 2023 年 A 股上市情况，从各板块 IPO 上会审核通过率来看，深交所主板通过率最高（97.06%），上交所主板第二，北交所第三，创业板第四，科创板最低（81.08%）。2023 年 A 股 IPO 上会企业共计 12 家被否，除被否外，在实际工作中存在项目审核期间撤回以及审核通过后公司终止 IPO 申请的情形，因此 IPO 实际通过率并没有看上去那么高。各板块 IPO 被否企业的审核关注点中，因“内部控制、持续经营、板块定位、毛利率”等被否提及频次较高。业绩下滑、应收账款回收、研发可持续性、订单获取能力等多个高频问询词指向持续盈利能力；此外，被重点关注的是财务数据的真实性，比如毛利率异常、收入确认、收入真实性、关联交易等成为被问询的重点。

注册发行。这一阶段是从申请注册至完成发行上市，又包括四个方面：证监会注册流程、路演推介阶段工作流程、询价阶段工作流程、上市阶段工作流程。在上市之前，企业需要与证券交易所协商制作招股说明书的定稿版，然后在证券交易所的官网上刊登招股说明书。刊登招股说明书以后，拟上市企业与其保荐机构需要开展询价路演活动，通过向机构投资者询价确定股票的最终发行价格。企业在进行询价与路演的过程中，一定要做好充足准备，有序与各方联络并协调好内部组织工作。企业内部的协调、企业内部与外部各方加强联络是询价路演工作顺利进行的前提。

随着全面注册制的落地，未来新股破发可能会成为常态，新股不再成为稳赚不赔的股票，投资者会在沪深北三个交易所选择性价比较好的新股进行投资。所有的新股都将在同一条起跑线上进行竞争。合理的发行方案和估值对于发行成功具有极大的意义。

在全面注册制下，证监会的发行批文 12 个月内有效，也就是说企业可以按照自身安排在获得批文的 12 个月内择机发行，只要能在 IPO 发行批文的有效期内就有关质疑问题获得监管层认可，便可以重启发行，但如果超过了 12 个月，那么就意味着其此次 IPO 的终结，重启则需要重新排队报审。IPO 企业拿到上市批文，并不意味着就可以“高枕无忧”。北交所拟上市企业凯雪冷链因内部控制及管理存在缺陷，且未在相关年报及招股说明书等文件中披露上述事项导致在批文有效期内未能上市。这也是全面注册制实行之后首例因注册批文到期而上市失败的案例，也是北交所首家批文过期终止上市的企业，其他案例还有因为增资、股份代持、股权转让、财务会计信息问题及信息披露问题暂缓发行而批文到期。企业拿到上市批文并非“免死金牌”，对于拟上市企业，每一步都是要小心谨慎的，不然在最后的临门一脚也可能会出差错。

新三板公司在全国中小企业股份转让系统公开转让股份是挂牌而不是上市。新三板公司挂牌流程与上市流程接近，但更为简单快捷。新三板公司申请公开转让并挂牌应当向全国股转公司提交股票公开转让并挂牌申请文件。全国股转公司对申请文件进行审核，认为申请挂牌公司符合公开转让条件、挂牌条件以及信息披露要求的，出具同意公开转让并挂牌的审核意见，并将审核意见、注册申请文件及相关审核资料报中国证监会注册；认为申请挂牌公司不符合公开转让条件、挂牌条件或信息披露要求的，作出终止审核决定。股东人数未超过 200 人的公司申请股票公开转让并挂牌，中国证监会豁免注册，由全国股转公司作出同意公开转让并挂牌的审核决定或终止审核决定。新三板公司挂牌成功后成为公众公司，而不是上市公司。

8.2.3 再融资

再融资是指上市公司通过配股、增发和发行可转换债券等方式在证券市场上进行的直接融资。作为公司上市之后重要的融资渠道，再融资的效益和成本直接决定了公司上市后能否在产融结合和可持续业务这条路上健康发展。同时，再融资也是上市公司市值管理的重要手段。通过提高融资效率、降低融资成本和完善股本结构，再融资会影响股本结构和基本面，实现公司市值优化。从长期看，再融资属于“利好”，对公司市值有正面影响。

企业需要根据自身融资意愿及需求、再融资对股权结构影响、监管动向及市场环境等因素，选择再融资规模、方式和时间，且再融资的价格需满足监管要求。在选择再融资方式时，企业应依据自身的财务杠杆、股权融资需求、融资成本、资本市场环境及估值情况等，审慎选择以配售、供股、可转换债券或优先股作为股权再融资工具进行融资。再融资是手段，直接目的是募集资金促进上市公司发展，根本目的是获取利润回报股东。

把握住资本市场周期和监管政策导向，积极推进定向增发募集资金，实现产业扩张，是积极市值管理的表现。但市值管理的效果，更取决于定向增发募集资金的用途和使用效率，也就是能否利用大量募集资金持续创造内在价值，增加股东回报。上市公司定向增发募集资金大量用于补充流动资金和偿还借款债务是饮鸩止渴，它仅在短期内改善上市公司财务状况。从长期来看，优质项目的投入产出才能从根本上提高盈利能力，解决债务负担和运营资金压力，增加公司股东回报，从而做好上市公司的市值管理。如果仅仅把上市公司当成融资工具，不管如何经营好它的价值，那么必然会损害现有股东的权益，这不符合市值管理的理念。上市公司在价值创造、价值管理和价值实现的过程中，如果只记住了手段而忘记了根本目的，就无法得到股东和投资者的信任，市值管理也就无从谈起。

2023 年 8 月 27 日，证监会网站发布了《证监会统筹一二级市场平衡 优化 IPO、再融资监管安排》、《证监会进一步规范股份减持行为》和《证券交易所调降融资保证金比例 支持适度融资需求》。公司在融资道路上，要关注监管政策导向，做好公司经营和公司治理，一旦条件许可，就要抓住窗口期，及时完成融资需求。

再融资主要有以下形式：

定向增发，简称定增，也称非公开发行，即向特定符合条件的少数投资者非公开发行股份。定向增发是再融资的重要手段，往往与资产收购、资产注入、战略投资者引入、并购重组等需求紧密相关。同时，定增可以提高每股净资产、优化股本结构、提升公司市值。定增一般在公司有新项目扩张或者转型并购时使用。在项目确定的情况下，企业要寻找较强实力的券商进行股价维护和承销。为了提高上市公司再融资的审核发行效率，沪深两大交易所发布了能够满足“小额”条件且适用“快速”审核程序的定增方式。2020 年 6 月，深交所发布《关于做好创业板上市公司适用再融资简易程序相关工作的通知》，将“小额快速”定增的融资金额从最高 5 000 万元且不超过净资产的 10%，提高到最高 3 亿元且不超过净资产的 20%，同时，允许最近 12 个月内非公开发行超过净资产 10%的公司也可采用“小额快速”实施定向增发。同年 7 月，上交所发布《关于做好 2020 年科创板上市公司适用再融资简易程序相关工作的通知》，在“小额快速”定增额度方面与创业板规定一致。2021 年 10 月，北交所发布规定，上市公司股东大会可授权董事会向特定对象发行累计融资额低于 1 亿元且低于公司最近一年末净资产 20%的股票。在发行规模要求放宽后，“小额快速”融资被越来越多的上市公司采用。截至 2023 年 6 月，已完成“小额快速”定增的企业共计 48 家，融资总额达 92.43 亿元，平均融资额为 1.93 亿元，最快用时仅 27 天。从板块来看，创业板 37 家，融资额达 72.42 亿元；科创板 11 家，融资额达 20.01 亿元。从发行费率来看，发行费率平均为 3.16%，发行费率中位值为 2.91%。

配股。配股是上市公司向原股东按照持股比例发行新股、筹集资金的行为。原股东拥有优先认购权，可以选择认购或不认购。

公开增发，也叫增发新股，是指上市公司向包括原有股东在内的社会公众发行新股，对持有该公司股票的人以一定比例进行优先配售，其余在网上发售。从市值管理的角度，增发新股一般选择在股市处于牛市，公司股价被高估之时。增发新股可以从两个方面使得公司股价与内在价值靠拢。首先，增发新股可以扩大公司股本规模，降低市盈率，对公司业绩摊薄作用明显，降低公司股价。其次，增发新股获得的资金可以用于公司内在价值的提升。两方面的共同作用使得公司股价回归公司真实的内在价值。

可转换债券，是一种被赋予了股票转换权的公司债券，持有者在发债后一定时间内，可依据本身的自由意志，选择是否按照约定的条件将持有的债券转换为发行公司的股票，通常具有较低的票面利率。可转换债券具有债券和股票的双重特点。可转换债券对投资者来说具有“上不封顶，下可保底”的优点。与配股和增发新股相比，可转换债券带来两个好处：对股权的稀释作用小；单位股本募集的资金多。而且，可转换债券融资可以改变公司财务结构，使资产负债率趋向合理。选择将债权转为股权，可以降低资产负债率，进而降低公司到期偿还债务的压力。可转换债券将上市公司和投资者的风险控制在一定范围内，换股期权的存在还减轻了公司的财务负担，比较适合那些不希望短期股本增长较快，而且规模大、盈利能力强、资产负债率低的上市公司。可转换债券适合成长型公司，有低股权稀释、低成本融资、吸引多类投资者的优点。而且，现行上市公司的增发、配股和非公开发行融资都有间隔时间限制，但发行可转换债券不受限，因此它具有一定时间优势。

优先股。优先股股东优先于普通股股东分配公司利润和剩余财产，但参与公司决策管理等权利受到限制，没有选举权和被选举权，没有公司经营管理的参与权。优先股在分红上有点像债券，一般是按照固定比例分红。优先股对于股权分散的上市公司进行再融资有着非常重要的意义。股权分散的上市公司，任何一次发行普通股融资（无论是公开增发、配股还是定向增发）都会稀释原有股东的股份比例，这对于公司控制权的安排是一个很大的挑战。如果用优先股进行再融资就没有这个问题，因为优先股只是稀释了股东的股份比例，没有改变股东的控制权。

股权质押融资，指的是公司股东在不让渡或暂时让渡股票所有权的情况下，将其持有的公司股权（流通股、限售股或非上市股权）作为质押担保或卖出回购的一种融资方式。再融资的融资主体是上市公司，股权质押的融资主体是上市公司的股东。上市公司的股东根据自身的需求和目标，利用自己持有的存量股票做质押物，根据股票的市值打一个折扣融到资金。同时，与资金方约定利息，并确定在股权质押融资期间如果股价下跌，资金方在特定条件下可以采取强制平仓的保证措施等，约定在未来返还资金、解除质押。股权质押融资需注意在市场下行时，股价大幅波动及质押金额到期偿债带来的短期流动性压力。

8.3 公司融资中的市值管理和投资者关系工作

融资关系管理就是在遵循法律法规、保守商业秘密的前提下，就公司的业务战略、经营管理、财务政策、企业文化等与融资相关各方保持良好的沟通，合理引导其对公司业务发展和财务表现的预期，维护公司形象，便利公司融资。此外，公司还应关注融资相关方对公司的意见或者建议，择优采纳。

创业公司和拟上市公司阶段的市值管理和投资者关系的工作重点是维护公司估值，保证公司以合理估值进行融资，做好舆论交流和投资者交流，为上市公司登陆资本市场保驾护航。

拟上市公司可能会将投关工作外包给有丰富作业经验的财经公关机构，包括传播策划、24 小时舆情监测与分析、媒体关系管理与传播、危机防范与危机公关、上市路演和公关活动管理。注册制下的拟上市企业媒体环境更加复杂。从主动联系上市过会企业“投放”合作的媒体数量平均多达几十家可以看出，媒体对拟上市企业的关注度和负面敏感报道有增无减。拟上市公司的投关工作需要站在公司、媒体和投资者的立场，寻求共赢。

在上市申请过程中，拟上市公司会持续成为财经媒体和自媒体的新闻来源，满足舆论在不同阶段的关注度需要提前做好策略。一方面，要注意上市静默期的相关规定，另一方面也要注意合法合规地通过媒体等公开渠道把拟上市公司的业务和未来发展前景说清楚。从上市企业预披露（招股说明书第一次挂网）到上市企业拿到发行文件至少几个月，甚至几年。过去 3～5 年，遭媒体舆论质疑而中止发行的上市企业不在少数，有拟上市企业分别由于内幕知情人士、竞争对手、媒体质疑、专利拥有者等的媒体爆料，不得不暂缓 IPO 发行，甚至在审核阶段就饮恨退出。从企业正式申报材料，上市招股说明书挂网开始，各类媒体对上市企业的关注度呈增长趋势。拟上市公司需要在启动上市进程时，将舆情搜索与监控、搜索引擎优化、上市同行信息分析、危机公关等工作做到前面，才能防患于未然。

在注册制下，拟上市公司的招股说明书、网上公开信息、过往舆论、各种举报等成了媒体对拟上市公司爆料的来源。问询公开和信息披露，使上市过程变得更加公开透明，因此舆论监测及“管控”也更加严格。拟上市公司及其财务顾问、保荐人、律师、审计师、评估师等上市产业链上各个环节的中介要合理应对，把控好“挑战”，就必须了解媒体爆料的逻辑与关注点。投关工作在于针对拟上市公司的招股说明书、审核机构下发的问询函和公司提交回复，结合媒体关注点提前准备出拟上市公司可能遭媒体质疑的问题，以及合理的解答口径，将防范工作做在前面。建议拟上市公司提前整理和分析历史财务数据、业务数据、研发费用以及和可比上市公司的比较数据等，做好准备工作。

上市启动阶段。此阶段的核心是基于公司的实际情况，判断好公司在不同上市地的估值范围和上市难度，选择好上市地及具体的工作方案。由于上市辅导验收成功后，企业就可以定位为拟上市公司，要提前做好投资者关系和媒体交流的管理预案，尽可能保持低调。

首次披露阶段。在正式受理上市申请材料后，交易所、证监会官网会预先披露招股说明书等申报材料。企业首发招股说明书是多数财经媒体的选题，在这个阶段凭借资源关系阻止媒体的报道是不明智的行为。上市申报企业对外发布的信息涉及的事实和数据要反复核实，保持与招股说明书一致。

披露更新阶段。在这一阶段，反馈意见已按要求回复、财务资料未过有效期，审核在持续进行中。上市公司需要继续保持“低调”：这个阶段任何披露都属于拟上市公司进程中的重大动态，招股说明书和问询函答复中作出的调整是媒体重点关注的部分。企业在这个阶段由于已经按监管要求答复了反馈意见，不适合进行大规模传播。投资者关系工作提前做好相应的铺垫，企业进入静默期。

过会注册。发行人的首发申请通过交易所上市委员会审议后进入注册环节。在这个阶段，多数拟上市公司会觉得十拿九稳。但这个阶段，公司应继续保持低调，减少或规避与媒体的接触以及详细信息分享。投资者关系管理工作提前做好相应的铺垫，企业还在静默期。

申购发行期。此阶段的工作主要是推介与询价，此阶段的媒体宣传工作对于发行、承销成功具有重要的意义，特别是在修订后的《证券法》下，全面注册制实施后，未来以理想价格发行的难度、上市后维持发行市值的难度会超过上市审核的难度。这个阶段上市企业需要改变思维方式，与时俱进，按照发行需要和企业实际情况，恰当传播企业的创业发展故事、核心竞争优势、业绩可持续性、募集资金用途、估值合理性（发行信息、发行价格、新股发行数量、可比公司估值和可比数据等属于基础信息）等。

上市阶段。此阶段的主要工作是，通过承销商销售公开发行的股票，经过交易核准后，登记注册股份，股份公司在交易所挂牌交易，成为上市公司。这个阶段多数是上市公司的高光时刻。对外传播侧重企业的行业前景及成长规划、企业文化、创新精神等。

上市公司在再融资时，可以参照上述各阶段准备市值管理和投关工作的重点。需要强调的是，市值管理的工作不能仅仅停留在再融资方案的传播及投资人的路演上，更体现在帮助上市公司设计最佳再融资方案，在再融资项目的既定时间内协助寻找投资人。此阶段投关工作的重点是向市场和监管机构充分解释和说明企业再融资对创造股东价值和资本市场估值的增量，推动审核实施，避免舆论质疑、再融资延期或底价融资等危机。不管是增发（对现有股东的稀释），还是发债（影响偿还能力），都是投关管理部门和人员站在客观的立场，需要帮助上市公司考虑的。再融资认购方与上市公司是否存在关联关系，资金用途的合理性和必要性（特别当上市公司账上有大量现金，再融资的合理性）也需要进行考虑。投关的价值体现往往不只是再融资议案的财经媒体宣传，还要针对上市公司股票的二级市场表现，参与制订出最佳再融资方案，并协助开展配售工作。特别是中小微市值上市公司，在大股东认为合理的估值上再融资非常具有挑战性。上市公司需提前筹划，引入专业资源，投入充分资源，早做安排。

第 9 章 市值管理中的并购重组

9.1 并购重组概述

公司价值增长有两种方式：一种是通过企业内部发展实现的内生式增长；另一种是通过并购重组实现的外延式增长。内生式增长耗时较长，且内在价值反映到市值的过程也较为缓慢。当上市公司内生式增长相对乏力之时，外延式扩张并购重组就成为上市公司价值重构的基础性力量之一，它是增加规模经济的重要方式，也是最能够显著提升产业集中度的举措。并购重组是企业最快速的扩张方式，盛行于全球各个资本市场和各个行业。同时，并购重组也是提升上市公司市值非常快捷的途径，是市值管理中价值经营非常重要的手段之一。

并购重组由并购和重组两个概念构成。

并购是企业创造价值的重要途径，其本身也是社会资源的一次整合，并购又称为兼并与收购。兼并指的是两家或者更多独立的企业合并组成一家企业，通常由一家占优势的企业吸收另一家或更多的企业，一家或多家企业的全部或部分产权转归另一家企业所有。兼并的目标是“取得目标公司产权”，通常包含“吸收合并”（A+B=A）或“新设合并”（A+B=C），借壳上市就是典型的吸收合并。收购指的是一家公司通过购买股票或者股份等方式，取得对另一家公司的控制权或管理权，另一家公司仍然存续不必消失。收购的目标是“取得部分或全部资产和股权”，通常包含“收购股权+收购资产”，即A+B=A+B，A 获得 B 的控股权，B 与 A 的财务报表合并。基于市值管理考虑进行的并购经常采用这种方式。企业收购怎么创造价值呢？只有在两家公司合并的现金流增加或未来一定增加的前提下，才是真正创造了价值。这些现金流的增加主要来自协同效应，比如说成本降低，收入增长加快，或者更加有效的管理等。从投资规划的观点来看，兼并与收购其他企业的方法，往往比从头开始建设这样的企业花费少、获利快。经济学家斯蒂格勒曾说过，“没有一家美国大公司不是通过某种程度、某种方式的兼并而成长起来的，几乎没有一家大公司主要是靠内部扩张成长起来的”。

重组是指对企业的资产进行分拆、剥离、出售、整合等优化组合。并购是在不同主体之间所有权和控制权的交易转让，而重组可以是同一控制人下的资产、业务等的转移。

从产融结合的角度来看，上市公司可以通过研发驱动的内生式增长以增加核心竞争力，更可通过并购实现速度更快的外延式增长。随着企业的发展，企业管理者未来保持持续的资本高回报率会更难，企业所有者和管理层会基于各种考虑，转变、增加或减少业务方向。这时，企业可能会将该业务个体独立或进行重组，从而打造更健康的企业业务结构和成本结构。

中国证监会依法对上市公司重大资产重组行为进行监督管理，《上市公司重大资产重组管理办法》（2023 年修正版）规定："上市公司及其控股或者控制的公司购买、出售资产，达到下列标准之一的，构成重大资产重组：（一）购买、出售的资产总额占上市公司最近一个会计年度经审计的合并财务会计报告期末资产总额的比例达到百分之五十以上；（二）购买、出售的资产在最近一个会计年度所产生的营业收入占上市公司同期经审计的合并财务会计报告营业收入的比例达到百分之五十以上，且超过五千万元人民币；（三）购买、出售的资产净额占上市公司最近一个会计年度经审计的合并财务会计报告期末净资产额的比例达到百分之五十以上，且超过五千万元人民币。购买、出售资产未达到前款规定标准，但中国证监会发现涉嫌违反国家产业政策、违反法律和行政法规、违反中国证监会的规定、可能损害上市公司或者投资者合法权益等重大问题的，可以根据审慎监管原则，责令上市公司暂停交易、按照本办法的规定补充披露相关信息、聘请符合《证券法》规定的独立财务顾问或者其他证券服务机构补充核查并披露专业意见。"

业务和资产重组作为市值管理工作的重要内容对于企业来说有三方面的重要含义。

第一，业务和资产剥离重组与并购一样都能为企业创造价值。

第二，业务和资产组合的增加和减少是个不间断的过程，在企业的生命周期中，它会经历不同的所有者和管理层，各自都会采取不同的行动来为这个企业创造价值。

第三，业务和资产组合的多元化并不是简单的好和坏，而是不断动态变化的，要与时俱进。一个成功的价值创造过程需要企业将绩效管理的各个部分和企业的长期策略协同。这样才能鼓励管理者作出对企业价值最大化的决策。

从市值管理的角度看，并购重组是一种金融交易，目的是通过企业产权、控制权的转移和重新组合，来达到改变企业原有状态、整合资源、增加或转移财富的目的。在资本市场上，由于流动性较高和交易成本较低，并购重组这种外延式增长方式能够使得公司市值迅速增长。上市公司的估值明显高于非上市公司，通过并购重组将非上市公司资产装入上市公司，就会获得一个相对较高的流动性溢价，结果就是能够快速提高上市公司的每股盈余，增加上市公司的市值总量。这样就可以实现并购重组双方的共赢。

成功的并购重组方案可以有效地提高企业的市值。同时，市值的增长也会促使企业完成更多的投资并购项目，市值与投资并购能够相互促进。市值和并购是一个相互影响、不断循环的过程。成功的并购推动着公司市值的上扬，高市值则反过来增强了公司的并购能力。因此，并购重组一直是资本市场关注的热点。

历史上，中国南车和中国北车的重组（合并后更名为中国中车）以及中国电建整合大股东水电及风电资产，都是比较典型的重组案例。类似的例子还有宝武并购重组整合。在钢铁行业去产能、落实供给侧结构性改革的历史背景下，宝钢股份和武钢股份作为我国钢铁行业的领军企业围绕做强、做优、做大“瘦身健体”提质增效的战略目标实施联合重组，整合后成立的宝武钢铁集团在国际上仅次于阿塞洛米塔尔集团，规模居全球第二。同时，其当年年报显示，宝钢股份净利润同比上涨 559.1%。此后宝钢股份又经历了 8 次同行业并购重组或股份划转。宝钢股份无疑是中国央企并购改革的模板，2016 年成功并购以及后来数次的股份划转或者并购使得其维持着 8.1% 的年复合增长率。2022 年，世界钢铁协会发布《世界钢铁统计数据 2022》，中国宝武钢铁集团以 1.2 亿吨的粗钢产量蝉联全球第一。另外，在 2022 年《财富》杂志发布的世界 500 强榜单中，中国宝武钢铁集团首次跻身前 50 强，排名第 44 位，继续居全球钢铁企业首位。

需要注意的是，市值的长期良好表现最终还是依靠包括并购业务在内的经营基本面来支撑。切忌以外延式扩张为借口进行简单粗暴的投机式、话题式并购，最终会因业绩无法兑现或过高的并购溢价而影响长期稳定的现金流预期，进而导致市值下跌。机构投资者更看重企业能否实现内生式增长，因为这通常代表其核心竞争力的提升，并且在其进入商业周期的高峰时，企业业绩和股价的表现会更好。企业也可以运用内生式增长与并购相结合的手段，任何没有协同效应的收购都不能创造价值。内生式增长是企业发展的决定性因素，企业只有保证内生式增长，才能长久地发展下去。同时，企业在实现内生式增长时需要从内部发力，不断对自身进行优化。

9.2　并　　购

并购是企业进行产业结构调整、调节资源配置、提升竞争力的重要方法，也是拓展证券市场、提升企业价值的主要渠道，用于完善企业自身的产业链布局。当面临内生式增长乏力的时候，企业可以以并购作为成长的突破方向。并购带来企业规模和行业地位的上升，提高其市场占有率，增强其对市场的控制能力，对应的是企业定价权提高，这会带来更高的资本回报率。拥有定价权的企业往往能通过行业地位维持这样的高资本回报率。

并购又称为兼并与收购，在上市公司市值管理的语境下，并购主要指收购。按是否通过证券交易所公开交易，上市公司收购可分为要约收购和协议收购。要约收购是通过公开向全体股东发出要约，达到控制目标企业的目的。其最大的特点是在所有股东平等获取信息的基础上由股东自主作出选择，因此被视为完全市场化的收购模式，有利于防止各种内幕交易，保障全体股东尤其是中小股东的利益。与协议收购相比，要约收购要经过较多的环节，操作程序比较繁杂，收购方的收购成本较高。协议收购是指并购企业不通过证券交易所，而是直接与被并购企业取得联系，通过谈判、协商达成共同协议，据以实现被并购企业股权转移的并购方式。协议收购容易取得被并购企业的理解和合作，有利于降低收购的成本和风险，但是协议收购的契约成本较高。

当市值上升到一定水平后，企业仅靠内部增长显然跟不上发展的节奏，尤其是登陆资本市场后，股权变成一种支付手段。所以，这个时候企业可以通过并购整合核心业务，不断提升市值。同时，部分上市公司主业传统且遭遇天花板，没有退市压力但缺乏增长逻辑，市值较小，资本市场也失去了融资的吸引力。此类上市公司需要转型，需要通过思考和调研明确转型方向——如何规划，机会如何把握，转型周期又如何安排，团队和竞争优势又在哪里。及时通过并购扩大主业或进行业务转型，是可以考虑的发展战略。上市企业并购的作用体现在两个方面：一是并购可以为上市企业降低成本，节省交易费用，实现上市企业快速发展；二是并购可以降低市场准入门槛，拓宽企业进入市场的渠道。并购在提升上市企业价值、优化市场结构等方面发挥着重要作用，它已经成为上市企业发展的主要战略。上市带来的资本量级提高和流动性带来的良性估值使上市企业拥有更强的支付能力、更高的市场占有率，有助于企业打通产业链，增强竞争力，进而通过并购实现净利润的快速增长。

随着中国企业股份制改革试点工作的推进和证券市场的形成，利用证券市场进行企业并购与反并购的案例越来越多。1993 年 9 月，深圳宝安集团通过上海证券交易所大量买入上海延中实业股份有限公司的股票，开创了我国企业通过股票二级市场收购上市公司的先河。2002 年 10 月 8 日，证监会发布《上市公司收购管理办法》和《上市公司股东持股变动信息披露管理办法》，它们是详细规范我国上市公司并购重组行为的行政法规，再加上《证券法》和《公司法》的相关规定，我国逐步构建了一个完整的上市公司并购重组的法律框架。2023 年 6 月 14 日，国务院国资委召开中央企业提高上市公司质量暨并购重组工作专题会，聚焦上市公司并购重组交流工作经验，明确工作思路。会议指出，近年来中央企业以资本市场深化改革为契机，主动运用并购重组手段促进资产和业务布局优化完善，提升国有资源运营配置效率，工作取得积极成效。下一步，中央企业要把握新定位、扛起新使命，充分发挥市场在资源配置中的决定性作用，以上市公司为平台开展并购重组，助力提高核心竞争力、增强核心功能，同时要进一步增强责任感和紧迫感，锁定提高上市公司质量重点任务，以更加务实有力的行动做优基本面、夯实基本功，为中央企业实现高质量发展、在构建新发展格局中更好发挥作用提供坚实支撑。

2020 年，中国上市公司并购重组规模突破 5 万亿元，共有 87 家上市公司的并购重组申请上会，其中有 72 家获通过，15 家未获通过，通过率为 82.76%。但上市公司需要注意的是，市值的良好表现从长期看还是要依靠经营业绩的基本面来支撑。切忌以外延式扩张为借口出现简单粗暴的投机式并购，最终会因业绩无法兑现而影响长期稳定的现金流预期，进而导致市值下跌。

9.2.1　并购的原因：协同效应

上市公司不能为了收购而收购，更不能盲目跨界并购，要围绕主业进行产业链和价值链并购，所有并购都应该服务于业务发展的战略布局。并购可以分为横向并购、纵向并购和功能性并购。横向收购，指的是强强联合或者加强优质资产集中度，这往往会产生规模效应，成本会因此降低，或者市场地位大增，因此销量大涨，利润提升。统计 2015 年以来上市央企并购重组案例，51% 为横向整合。纵向收购，指的是沿产业链和价值链并购上下游企业，实现一体化协同，打造产业链链长企业，以实现完善产业链布局的协同。功能性收购是为了填补己方业务或技术空白。

企业构建核心竞争力的基本模式有两种：一是自我发展构建企业核心竞争力；二是并购某些具有专长的企业，或与拥有互补优势的企业建立战略联盟。与自我发展构建企业核心竞争力相比，企业并购具有时效快、可得性高和成本低等特点。虽然完成从搜寻具有某种资源和知识的并购对象到构建核心竞争力的过程需要一定的时间，但这比通过自我发展要快得多。对于那种企业需要的某种知识和资源专属某一个企业的情况，并购就成为企业获得这种知识和资源的唯一快速途径。通过并购构建核心竞争力的低成本性主要体现在从事收购的企业有时比目标企业更知道其拥有的某项资产的实际价值。

战略并购不同于财务投资。虽然战略并购与财务投资的最终目的都是增加企业价值，但财务投资主要停留在短期增值获利的层面上，不以有利于企业核心业务的竞争力为目的，只要获得投资收益即可；战略并购着眼于并购方长期发展战略，以企业发展战略为依据和目标，通过并购达到发展战略所确定的目标或为达到战略目标服务，是一种长期的战略考虑。并购企业在并购目标企业之前，必须明确本企业的发展战略。在此基础上对目标企业从事的业务、资源状况进行调查。若并购能够很好地与本企业的战略相配合，增强本企业的实力，提高整个系统的运作效率，最终增强竞争优势，才可以考虑对该目标企业进行战略并购。反之，如果目标企业与本企业的发展战略不能很好吻合，即使并购价格非常低，也不应对其进行并购。因为并购后，不能通过协作、资源共享增强并购企业竞争优势，反而会分散企业力量，降低竞争力，最终导致并购的失败。所以，并购企业应在企业战略的指导下选择目标公司。

一家企业是否有价值，取决于它能否直接或间接产生未来现金流。至于是否有能力产生现金流又取决于这家企业是否掌握着某种特定资源，包括人力资源、企业管理能力、采购的议价能力、销售渠道、销售能力等。并购的核心价值是服务公司的核心业务，提供协同价值。协同价值分为两大类：业务协同价值和财务协同价值。财务协同价值比较好理解，并购带来的业务协同价值包括：

- 规模效应：产生成本效益。通常是两个相同行业的公司进行横向收购，比如优酷网收购土豆网。
- 定价权的提升：主要来自消灭对手，市场份额和地位相对提高。通常也是两家相同行业的公司进行的横向收购，特别是在市场上竞争对手还比较少时，并购后容易形成寡头，提升企业定价权，比如华视传媒并购 DMG。此时要注意并购的反垄断合规问题。

● 功能的补充：功能性协同，人有我无，人强我弱，通过并购以填补空白，补齐短板。此类收购不限于同行业，因为很多功能可以在不同行业间迁移，如脸书（Facebook）收购 WhatsApp。

● 销售渠道的增强：公司为了开辟新的地区市场，收购一家具有实力的当地企业，利用它在当地的销售布局及力量来加强自己产品的销售，比如达能入股娃哈哈，以及之后和蒙牛的合作。

● 细分赛道的快速进入：公司为了快速进入新业务领域，又不希望重新进行业务开拓，通过收购有一定基础的企业，注入资金或利用自己的销售渠道拓展业务。

被收购方产生协同价值的要素往往是企业掌握某种特有的资源，这种资源不限形式。这种资源如果被收购方看重并且并购成功，就会产生更大的价值。能否获取较高的协同效益是企业并购成功与否的关键，战略并购可以满足这一要求。根据产业价值链学说，可以把企业看成由投入品市场、生产过程和产出品市场组成。在任何竞争性产业中，竞争对手相互抢夺市场，它们寻求用最有效的手段生产各自的产品或提供服务，或者在已知的成本结构内提供更加诱人的产品和服务。战略并购则可以实现这一目标：一方面，战略并购能进一步削弱竞争对手抢夺自己或目标公司目前的投入品市场、生产过程或产品市场的能力；另一方面，战略并购能够开拓新的市场或压倒性地抢占竞争对手的市场。

因此，上市公司在并购之前都需要问几个问题：这次并购的目的何在？并购收支能相抵吗？如能，公司应采取什么措施提升被收购公司的业绩表现，使它能与公司的发展相匹配？并购总是处于有利于自身的动机，可公司将最终从收购中得到些什么？这些问题有助于上市公司管理者厘清并购思路，着眼于价值创造的根本出发点去审视和考虑并购项目。

公开数据显示，腾讯自上市至 2017 年，对外并购投资累计已超过 3 325 亿元，披露的投资标的累计超过 352 个，几乎遍布互联网各个细分领域。3 325 亿元的投资支出中，高达 99% 发生于 2010 年之后。通过投资参股或并购的形式，腾讯在全球不断培育着产业链的上下游，以打造一个以 QQ 及微信为核心基础平台、全面开放的互联网生态圈。腾讯的战略投资和收购是基于其自身产业战略的，并且是具有产业深度的；每次投资和收购的目的都是基于产业整合、价值创造。腾讯在标的项目选择、投资方式、投后管理、资源整合等方面的出色能力，在市值管理中起到了重要作用。战略投资和并购项目给腾讯带来超高的投资回报，体现了 2010 年后腾讯战略调整的大方向，推动腾讯股价和市值持续上涨。

9.2.2　并购的重点：整合

任何收购行为都不是一帆风顺的，都是收购方和被收购方的博弈过程。同时，企业并购的实质是产权转让，但取得了被并购企业的经营控制权，仅仅是走完了第一步，并购后整合的好坏将更直接地影响企业并购的效益和并购后企业整体的经营状况，甚至并购主体的生存。从全球统计范围来看，企业并购失败概率超过 50%；在中国，企业并购失败概率可能超过 60%，跨国并购失败概率超过 80%。美国著名管理咨询公司麦肯锡（Mckinsey & Company，Inc.）曾对美国的企业并购进行了事后分析，结果表明，61% 的企业并购都是失败的，只有 23% 的企业并购是成功的，其余的结果难定。

并购是商业行为，背后商业逻辑的理顺是最为重要的，这应该是本质。在对上市公司并购进行评判时，需要把握两个核心要点：一是并购进来的公司、业务、资产为上市公司贡献了多少业绩；二是并购标的前后的业绩变化情况和业绩实现情况。其中，并购进来的公司、业务、资产对上市公司当期和未来财务的贡献会直接影响资本市场对上市公司利润增速的判断。上市公司可能存在某年利润的快速增长并不是由自身业务增长导致，而是因为并购带来的利润增长的情况；而并购标的在并购前后业绩的变化和实现情况，重点是判断其增长是由于并购标的自身业务的经营水平或发展惯性带来的，还是由于对赌压力造成的。如果是由对赌压力导致并购标的业绩提升，那么很有可能在对赌期结束后，会出现业绩反转或“变脸”，从而给上市公司的经营带来风险。

整合是公司并购的关键点和难点之一，大多数看上去很完美的并购案例最终失败的一个重要原因就是缺乏有效的整合。如果收购来的公司、业务、资产只是简单地叠加在一起，那么就难以产生协同效应。对于并购，不能仅仅看财务价值，组织管理能力、融合品牌能力和企业家精神等方面对并购企业都有价值和长远影响。

并购后的整合既包括并购双方有形资源的重组，也包括无形资源的整合。整合是对并购双方经济资源的重新配置，整合得当会产生良好的协同效应，整合不力则会造成管理成本、组织成本和营销成本的上升，企业价值会不升反降。整合期越长，并购双方的经营、组织资源越难以有序组合形成合力，那么并购失败的风险就越大。

许多著名的并购案例以失败告终，主要原因就是并购后未能实现有效、迅速的整合。并购分析中最常见的错误之一就是不能正确地评估协同作用。美国惠普公司总裁戴维 • 帕卡德在《惠普之道》一书中指出：“虽然兼并对扩展公司的技术和快速打入新的市场常常是非常有效的，但是兼并与收购并非没有问题，其主要问题是难以融和两种文化、经营哲学和管理风格。被并购公司的管理人员很难放弃其独立性，这是可以理解的。而我们一方有必要向新增加的企业提供指导和人力、物力，在这方面花费的时间和精力比预料的要多得多。”整合过程很容易造成并购标的或并购方相关业务部门中断与客户、供应商的联系，这反而可能会损害企业的价值。并购方往往在准备并购方案时单方面认为，只要配备优秀的管理人才，就可以改善标的企业的绩效，结果却未留住标的企业大量的核心骨干人才，这些都可能会付出高昂的代价。

并购会消耗非常多的有形资产和无形资产，会让所有人都能看到上市公司的胸襟气度、企业家精神、专业能力、执行能力、融资能力、公关能力和综合实力，包括但不限于以下方面：领导、战略、谈判、尽调、整合、财务管理、合规及法务管理、信息技术、人才、文化。并购可以为未来企业的更大发展打下非常坚实的基础，绝对是大型企业的核心能力。在并购中，企业家需要融合不同的人事、业务和渠道、管理架构和财务，并且还会涉及后端的 IT 投入、风险控制和危机处理能力。事实上，在短时间内，能够将收购做到“1+1=2”就已经非常成功了，不恰当的收购甚至会将自己拖垮，这种例子比比皆是。有了成功的收购经验之后，对未来收购具有协同效应的公司、未来的产业整合与重组、未来的融资等都有巨大的帮助，所以，并购这件事本身也是在积累经验、资源和口碑。

9.2.3 并购注意事项：高商誉风险

商誉是在溢价并购时产生的，商誉=收购成本-可辨认净资产的公允价值×收购比例。首先，从会计计量的角度看，商誉仅由非同一控制下的企业合并产生，企业自身产生的商誉是不进行计量的（商誉不会凭空产生）。其次，因为可辨认净资产的公允价值难以确认和计量，所以商誉是一种迫不得已的会计处理，本质是被并购企业的商业价值体现，但后续对合并后的损益表有很大的影响，尤其是后续并没有达到之前的预期，对上市公司市值反而会产生长远的负面影响。

《企业会计准则第 8 号——资产减值》做了明确的要求。首先，其他所有资产都是在出现减值迹象以后才做减值测试，商誉每年年末都要做减值测试，并且商誉减值和业绩对赌无关。哪怕过了对赌期，只要有商誉，还是要做减值测试。其次，在做商誉减值测试的时候，不允许把并购对象的整体股权作为减值测试对象，而是要将商誉分摊至资产组（组合）后分别进行减值测试。最后，不只是年报和半年报中要披露商誉减值信息，季报中同样要披露商誉减值的相关信息。如果上市公司资产负债表中的商誉和净资产比超过了 50%，那么资本市场会对公司发展和报表存有疑虑。

9.2.4 并购注意事项：尽职调查

并购重组中非常关键的是尽职调查。一些表面看上去很有价值的并购标的，实际上会给并购者带来很多的风险。因此，在尽职调查阶段要尽可能评估各种风险，客观评估协同效应，挖掘潜在价值，重视中介机构的作用。尽职调查的内容要充分和全面，重点从价值挖掘和风险发现两个维度进行评估。

尽职调查过程中的核心是确认标的公司的业绩需真实盈利，成长逻辑需真实可落地。目前的 A 股主流还是按照市盈率估值逻辑，没有历史盈利就很难被证明未来赚钱的确定性，同时亏损企业会导致上市公司每股收益的摊薄，容易导致股价下跌，引发中小股东疑虑。另外，并购交易的动机会被怀疑，引发质疑的收购的商业逻辑是否存在利益输送。标的公司要盈利或有非常确定的盈利预期，至少要覆盖掉原有业务的亏损，也就是说起码并购后上市公司能够盈利，简单的减少亏损的逻辑很难被认同。当然还有利润体量的问题，最好并购标的利润能达到一定规模，否则也会影响投资者对并购带来业绩及发展的评估。收入利润体量要达标，也要有稳定持续的增长，资本市场看重的是未来的预期。并购标的最好有核心的技术或者业务，且后期高增长预期可以兑现，能给资本市场讲清楚并购带来的成长逻辑。

众所周知，企业财务活动与生产经营活动、内外部环境密不可分。从某种程度上说，企业财务报告是反映企业在某一时期（时点）经营管理结果的财务文件。因此，在调查过程中，调查机构仅对财务报告及其附注实施调查程序，可能无法对调查期间企业财务结果作出全面、合理和科学的解释。为了更好地符合委托方并购目标的要求，全面反映并购标的的财务成果及其变化原因，可以将财务尽职调查内容划分为企业基础情况、影响企业财务情况的内外部环境因素、企业财务报表及其重大财务事项三大方面。我们认为，对上述三个方面的全面调查和分析，可以更加有效、清晰地反映并协助投资方理解目标企业财务结果变化的原因以及未来的发展趋势。数据计算固然重要，但更为重要的是根据对并购标的基础情况、内外部财务影响因素和财务报表项目的审阅，能够较为准确地发现并购标的的投资价值和财务风险。从某种意义上说，只有实现这个目标才有价值。

在上市公司并购重组过程中，交易标的企业财务造假，情节严重的将构成合同诈骗犯罪，而上市企业相关责任人亦可能构成职务犯罪，相关责任人在受到刑事处罚后，仍将受行政处罚。并且，证监会可能会将刑事判决认定的事实作为违法处罚的证据。

因此，财务、法律的尽职调查和业务尽职调查一样具有重大的意义，通过尽职调查完整地掌握并购标的的价值，同时又将企业的风险和问题尽可能地暴露和掌握，对于并购决策、交易设计和估值都具有重大意义。

9.2.5　科技企业并购

如何在技术变革引发的潮起潮落中，不被时代“抛弃”，是很多大型科技企业必须面对的课题。目前主流的做法一是加大研发，构筑自己的技术壁垒，二是进行合纵连横，构建生态优势。

过去 20 年，美国大部分行业的集中度都在提高，大企业对所处行业的控制度不断加强。近 20 年来的集中度变化出现了原本集中度就很高的行业集中度提升幅度更大的特征，即强者恒强，主要原因是并购和经济结构转型。显著提升行业集中度的并购热潮是从 20 世纪 90 年代初开始的，彼时美国经济进入了历时最长的二战后的扩张期，为应对日益增长的总需求，很多企业采用了并购这种比内部增长更快捷的扩张方式，这个时期并购多以战略并购为主，多通过股权融资，杠杆交易较少。在这次并购浪潮中，美国并购总金额中有相当大的比重属于银行业、金融业、通信行业和广播传媒行业，原因是管制取消的持续影响、行业内企业合并以及科技行业发生的巨大变化。

科技企业的并购活动是科创型产业组织生态中的重要经济活动，其并购速度和规模可以间接反映科创型产业组织生态的发展程度。微软进行过超过 178 次的并购，它的市值和累计并购的次数也充分体现出一家良性发展的科技型企业整个的发展路线。在国内，阿里巴巴、京东、腾讯等互联网巨头都在试图用投资并购来构建自己的生态版图，强化自己的“护城河”。根据关注创投信息的 IT 桔子网站的数据，截至 2024 年 1 月中旬，腾讯已投资 1 171 家企业，阿里巴巴 715 家，京东 337 家，百度 369 家，美团 116 家，字节跳动 190 家。

美国千亿市值的云业务龙头 Salesforce 的快速发展就得力于其在云业务的深耕和持续大规模的并购活动。Salesforce 起步于中小企业的 CRM 管理，早期并未从大型客户切入，同时产品线也较为单一。大部分的技术类型并购发生在 2009 年至 2012 年间，这也符合 2009 年之后云计算浪潮才在美国兴起的事实。而产品类型的并购主要集中于 2013 年之后，此时大数据、人工智能等新兴领域在云计算的支持下蓬勃发展。Salesforce 通过资本市场上的外延并购（见表 9－1），逐步补充和完善自己的产品线，其中收购标的不乏财务、人力资源、ERP、大客户流程管理软件等。伴随着客户数的增多与产品线的丰富，客户结构也逐步由中小型向大型过渡。在目前 Salesforce 的 7 大云业务中，后面成长起来的 4 种云业务都是在大额收购基础上进一步研发和整合建设起来的，通过持续并购进入新领域，Salesforce 从销售云和服务云拓展到更多高增长的新领域，客户群也从 B2B 类客户进一步向 B2C 类客户拓展，潜在市场空间增长了近 3 倍。

Salesforce 通过资本市场上的外延并购，逐步补充和完善自己的产品线。从并购目的来看，Salesforce 的并购交易分为两类：第一类，加强现有产品的能力和增值收费功能点，提高拿单能力，减少客户流失和提升每用户平均收入。第二类，收购相对完整的新业务，并与现有主业达成交叉销售，成为 Salesforce 新的增长和估值引擎。Salesforce 通过技术并购成功实现了底层框架基础技术的变革，最终在技术与产品的双轮驱动下，过渡成为科技驱动型的营销巨头。Salesforce 的内生与外延成长路径示例即 CRM 是主业，数据是核心，科技是未来。

表 9－1　　Salesforce 部分重要并购一览和分析（2011—2020 年）

时间	金额/亿美元	名称	领域	与 Salesforce 原有产品和业务的关系或增加服务内容
2011 年 5 月	3.36	Aadian 6	社交媒体监控、评估和参与解决方案	获得了社交媒体监测能力
2011 年 9 月	0.59	Assistly	客户服务解决方案	可以让商户过滤会话、访问客户历史、自动处理，甚至挖掘社交媒体中的会话。还向客户提供重要的数据和分析

续表

时间	金额/亿美元	名称	领域	与 Salesforce 原有产品和业务的关系或增加服务内容
2011 年 11 月	0.67	Model Metrics	移动社交云计算	帮助企业采纳移动技术和呼叫中心技术，实现社交企业解决方案，部署业务流程等；帮助企业针对 iPad 和 Android 组建客户化移动解决方案
2012 年 2 月	0.51	Rypple	社交效果管理方案	人力资源软件销售业务
2012 年 8 月	7.36	Buddy Media	社交媒体营销平台	实现社会化营销活动管理
2012 年 9 月	0.51	Go Instant	共同浏览技术	让浏览网页变成一种共享，甚至是一种社交体验
2013 年 6 月	1.34	Edge Spring	商业智能平台	提供分析、可视化和仪表板功能，最初专注于销售分析
2013 年 7 月	25.84	ExacTarget	数字营销解决方案	获得营销自动化能力，为营销云打下基础
2014 年 8 月	3.4	Relate IQ	基于大数据进行智能客户关系管理	Salesforce.com 对 Relate IQ 的收购，将会随着在销售、服务和营销方面新一层智能的注入而延伸 Salesforce.com 作为头部客户关系管理应用的价值
2016 年 2 月	3.15	Steel Brick	配置价格报价软件	建立在 Salesforce 平台上的应用程序，可以方便地为 CRM 系统提供集成报价、计费等功能
2016 年 4 月	0.33	Metamind	深度学习	为客户提供真正的、拥有各种突破性功能的人工智能解决方案，推动客户支持自动化和个性化、营销自动化以及推动许多其他的业务流程的自动化。将深度学习嵌入 Salesforce 平台中，扩展 Salesforce 的数据科学功能
2016 年 7 月	29	Demandware	电子商务平台解决方案	帮助拓展电商领域的业务
2016 年 8 月	4.12	Quip	团队协作	将其内容数据形成一个整体，更好发挥其机器学习和人工智能功效
2016 年 9 月	1.07	Beyond Core	利用计算分析和统计分析支持商业智能的可视化企业分析工具	基于产品整合逻辑对其原有的分析云产品进行进一步的补充和丰富
2016 年 11 月	7.42	Krux	营销数据和广告信息服务	可让 Salesforce 的客户在 Salesforce Marketing Cloud 内进行客户细分和受众的管理工作

续表

时间	金额/亿美元	名称	领域	与 Salesforce 原有产品和业务的关系或增加服务内容
2018 年 3 月	65	Mulesoft	基于云的应用集成服务商	帮助企业从旧系统中获取客户信息
2018 年 7 月	7.6	Datorama	AI 智能营销工具	这是 Salesforce 在布局精准营销领域迈出的一步，将其整合到自身营销云中，巩固了其在销售团队自动化领域的根基，整合了所有与客户的接触点，包括营销和售后服务
2019 年 10 月	157	Tableau	数据可视化分析公司	业务协同：Salesforce 帮助客户更好地管理客户关系，提升业务质量，Tableau 则擅长通过对数据的分析，让企业更好地发掘市场机会并作出相应决策，客户群体有很大程度的重合。未来 Salesforce 整合 Tableau 的服务后，将为客户提供更好的数据分析服务，提升原有服务的价值
2020 年 3 月	13.3	Vlocity	垂直行业 CRM 应用和企业应用巨头	Vlocity 的功能集将继续增强和补充 Salesforce 的行业功能和产品知识，开放基于 Salesforce 平台的新行业功能，并为客户提供更多工具和专家指导以进行数字化转换

9.2.6 投资并购中的产业资本

产业资本与一般的风险投资和私募股权投资机构是两种不同的思路。产业资本注重战略投资，由具有实业背景的产业人士或上市公司的战略投资部门/CVC 运作。而风险投资和私募股权投资机构是以风险投资为主，它们倾向于投资现在或未来可以独立运营发展的企业或团队，在选择企业时，它们喜欢拥有完善的体系或者股东结构的企业，而且企业在未来的发展中必须要达到一定的规模，在不久的将来可以进行可持续发展，有较好的发展收益。产业资本基本不以退出为目的，是沿着自身产业链进行垂直和外延布局，倾向于收购与并购，因为它们考虑的是被并购企业能否与自己的业务具有协同效应。风险投资和私募股权投资机构在投资时就会考虑退出，它们仅进行风险投资，为被投资企业出钱或者出力，但是对方还是一个独立的企业。它们以 5～10 年作为一个投资周期，到了一定年限后，它们通过 IPO、并购或者破产清算等方式退出，并同步进行对其他企业的投资，并利用退出收益不断进行再投资，支付合伙人对价和带给股东回报。

在产业投资思路上可以参考华为的对外投资思路，其遵循《华为基本法》中制定的规则。《华为基本法》作为华为的管理大纲，确定了华为的企业战略、价值观和经营管理原则。对于投资，该基本法第三十七条规定：“我们中短期的投资战略仍坚持产品投资为主，以期最大限度地集中资源，迅速增强公司的技术实力、市场地位和管理能力……我们不从事任何分散公司资源和高层管理精力的非相关多元化经营。”华为在投资并购方面一直都非常低调。如果按照时间来划分，华为投资并购大致可以分为两个阶段：第一阶段是 2000 年到 2016 年，第二阶段是 2019 年到现在。在第一阶段，华为的投资主要由内部的企业发展部主导，互联网业务曾短暂投资过一些项目，较少做财务投资。在第二阶段，从 2019 年下半年开始，华为对外投资迎来“高峰期”，到 2021 年 6 月投资标的达到 39 家。这期间华为成立了专门的子公司哈勃投资，主导了这个阶段的投资。自 2019 年 4 月成立以来，哈勃投资在 26 个月中布局了 37 家公司，基本上每个月都要投资 1～2 个项目。特别是 2020 年下半年后，哈勃投资的投资速度开始加快。从目前来看，华为哈勃投资的企业多数处于半导体领域，涵盖半导体材料、射频、显示器、模拟芯片、EDA（电子设计自动化）、人工智能等多个细分领域。芯片是华为哈勃投资着重发力的领域。哈勃投资已经布局了山东天岳、思特威等近 15 家企业，涉及的芯片种类比较多。总体来看，为了应对国际环境，华为的投资已从保守风格切换到激进风格，投资策略从过去的以并购为主，逐步转为注重战略投资和 VC 投资。在华为积极实施协同战略之时，其财务回报也非常可观。据了解，2019 年 7 月，也就是思瑞浦接受上市辅导的半年前，哈勃投资以 7 200 万元认购了思瑞浦增发的 224 万股股份，增资单价为 32.13 元/股，思瑞浦投后估值 9 亿元。在投资思瑞浦的第一年，华为就给它带来了 1.7 亿元的订单，营收同比暴增 167%。与此同时，仅在 2021 年，4 月 15 日，被投企业储存芯片厂商东芯半导体科创板 IPO 获得通过；6 月 4 日，被投企业灿勤科技科创板 IPO 提交注册；9 月 9 日，被投企业山东天岳科创板 IPO 获得通过。华为的产业投资可谓非常成功。

除上市公司成立战略投资部门或专门的投资子公司外，以“PE＋上市公司”的方式成立产业投资基金成为产业资本运作的重要方式，其主要目的之一是将一般合伙人在股权投资和并购方面的经验与公司在并购整合上的经验和优势加以结合，使得产业基金成为公司产业并购整合的平台，围绕公司既定的战略发展方向开展投资、并购、整合等业务，加快推进公司产业发展战略，提高和巩固公司在行业内的地位。此外，上市公司在并购融资安排中创新了融资方式。这种方式的优势也很明显：为并购提供除现金和发行股份以外的可供选择的支付方式；便于上市公司提前锁定并购标的，在可预见的时间段内自主选择注入时机，从而进行市值管理；公司在收购中只需部分出资，且根据项目进度逐期支付，不占用营运资金，可以充分利用杠杆；公司可以提前了解目标企业，减少未来并购信息不对称的风险；有助于上市企业进行产业链整合；为 PE 资金提供了新的退出渠道。行业第一例是 2011 年 9 月大康牧业（002505）与天堂硅谷全资子公司恒裕创投各自出资 3 000 万元，共同设立天堂大康并购基金，规模为 3 亿元。

9.3 剥离和分拆

9.3.1 剥离

重组是符合企业生命周期的自然规律，在企业进入成熟期后，业务和资产的优化组合有助于其新一轮生命周期的开启。企业盲目开展的多元化经营往往存在效率低下、创新不足、风险暴露等劣势，存在回报率低下、高溢价并购资产、财务漏洞等问题。上市公司可以通过资产剥离（Divestiture）、企业分立（Spin Off）或者资产分拆（Carve Out）等方式来实现企业的重组，具体有以下方式。

● 资产剥离，是指企业将其拥有的子公司出售给第三方，以获取现金、股票或者两者混合形式回报的商业行为。

● 分拆上市，指已上市或未上市公司将部分业务或某个子公司从母公司中独立出来单独进行公开发行上市。

● 企业分立，是指在法律和组织上将一家公司划分为两个单独的实体，母公司在将其部分资产和负债转移给新公司的同时，将其在子公司中有用的全部股份按照比例分配给公司的股东。

在行业地位方面，上市公司建立有竞争力的主业持续发展能力非常重要。每家上市公司应明确自己围绕主业和商业模式该做什么，不该做什么。主业过多或主业间相关性较差，不利于上市公司集中资源做强好的主业。通过剥离、分立、分拆等形式，企业在一定时间内所掌握的经济资产规模减小，或者是业务种类和跨度减少，以实现资源优化配置、资本增值最大化，其主要目的是让企业从负协同效应中解脱出来，强化核心业务，为企业创造价值。同时，有条件的上市公司应将集团公司拥有的优质主业资产或者通过并购得到的优质资产注入上市公司，提升上市公司的主业竞争力，不断提升行业地位，以充分分享行业地位提升所带来的高市场溢价。同时，在条件具备时可以考虑将具有一定规模且主业与母公司不同的子公司单独分拆上市。另外，分拆也是企业投资退出的手段之一。许多分拆重组交易可以视为对企业过度集团化和多元化的修正，经验证据表明，典型的分拆交易可以显著地为股东创造价值。如 2001 年，华为公司为了集中资源和资金投入通信设备的研究开发和生产，割舍了其电源制造方面的业务安圣电气，作价 7.5 亿美元转让给艾默生公司。

统计数据告诉我们，如果一家企业同时利用并购和剥离的策略来维护合理的业务组合，它会比没有剥离策略的企业表现得更出色。业务剥离并不只是将表现不好的业务个体剥离开来，还包括将虽然业绩不错但更适合别人的业务剥离出售。如果该业务在别人的管理下比在自己的管理下运行更好，那么这个行为本身就能创造更大的价值。

从被收购方的角度看，当别人愿意付的价钱远超持有者对该业务的估值时，比如网龙公司分拆旗下 91 助手被百度收购，剥离就已经创造了价值。对很多企业管理者来说，剥离，尤其是剥离业绩不错的业务个体似乎是很丢面子的事，这主要是因为从外界看，剥离使企业规模变小了或是证明企业对某资产运营不力，这似乎会被外人质疑企业家的管理能力，而部分人从内心来说会有一定的挫败感。这其实是毫无必要的。

9.3.2　分拆

分拆上市作为上市公司资本运作的一种新方式发展迅速。分拆上市可以帮助公司集中于核心业务，放弃业绩差的业务部门，消除不同部门间的不良协同效应并减轻债务负担。

分拆上市可以创造更多的价值。根据郎咸平和舒尔茨教授的研究，集团化和多元化的企业往往存在“集团化折价”（Conglomerate Discount）的现象，即集团化企业的市值，低于所估计出来的各个子公司的市值之和，二者之差就是所谓的“集团化折价”。据估算，1986—1991 年期间美国市场的集团化折价率高达 13%～15%。这意味着，如果将各子公司分拆上市，可以创造出更高的市值。

分拆上市首先有利于母公司的价值提升。分拆上市可以使母公司的业务更加集中，通过分拆，母公司主业更加突出，可以专注于主业，提高运营效率；能够改善信息不对称的状况；提高管理层激励；能够为子公司增长提供更好的融资条件，便利子公司的品牌提升等。母公司可以借助分拆上市使公司的核心业务和投资概念更加清晰，进一步突出旗下优质业务资产的经营业绩和盈利能力，为未来业务的专业化管理和可持续发展创造条件。对于可以实施分拆的上市公司来说，这一政策为其提供了资产增值的机会。母公司可以将某些具有市场发展潜力，但暂时未达收益期的项目在证券市场套现。虽然分拆前后对于母公司的利润并无确定性的改善和变化，但母公司资产价值得以重估，并具有高价套现资产、提高再投资能力的作用。通过分拆上市子公司，母、子公司业务明确，战略清晰，通过价值发现功能可以提高整个公司的估值。2021 年以来，东芝、通用电气、强生等多家全球企业巨头宣布拆分计划，标志着传统巨头多元化并购时代落幕，分拆上市已成为巨头企业提高竞争优势、改善公司治理的破局关键。从企业成长周期来看，逐渐进入成熟期之后，企业往往通过兼并收购发展壮大、提升市场占有率，乃至成为多领域的行业巨头；但随着公司规模扩张、市值提升，公司治理效率不佳、竞争优势不突出等问题接踵而至，这些联合混合企业调整发展思路，尝试通过拆分提高运营效率，一方面有利于实现业务向核心能力聚焦、资源向核心业务集中，另一方面拆分上市也有利于新业务的市场价值被充分发现，以提高公司内在价值。

分拆上市为母、子公司融资提供便利。A 股上市公司通过分拆高科技或独立业务子公司单独上市，不仅可以获得巨额投资收益，而且可以通过出让股权获得大量现金，从而有利于母公司经营转型或培育新的高科技企业或创新业务，推动公司成长。就分拆子公司而言，分拆上市为子公司打开了从资本市场直接融资的渠道，并可和风险资本对接，拥有更独立的融资与投资权利和渠道。

分拆上市后管理人员的薪酬体系通过股票市场与公司的经营业绩紧密地联系在一起，便利维持和保有人才资源，在实现股东财富最大化的同时也实现自身利益的最大化。

以 A 股为例，目前上市公司分拆子公司上市有以下四种情况：

- 分拆子公司创业板和科创板上市。
- 分拆子公司新三板挂牌和北交所上市。
- 分拆子公司直接发行“H 股”在香港上市。
- 分拆子公司通过红筹架构在境外上市。

我国上市公司分拆上市始于 2000 年。2000 年 7 月 27 日，青鸟天桥分拆青鸟环宇在香港挂牌，成为内地第一家分拆后在香港创业板上市的企业，拉开了我国上市公司分拆上市的序幕。同年，A 股上市公司同仁堂为了更好地将我国传统中药打入国际市场，分拆出同仁堂科技发展股份有限公司，并于 2000 年 10 月 31 日成功登陆香港创业板市场。2019 年 12 月 12 日，证监会正式发布《上市公司分拆所属子公司境内上市试点若干规定》，为 A 股公司分拆所属子公司至境内上市提供了依据和政策支持。2022 年 1 月 5 日，证监会发布《上市公司分拆规则（试行）》统一了境内外分拆监管要求，围绕分拆条件、分拆的实施程序和信息披露、中介机构核查把关等方面作出具体规定。截至 2023 年底，在已实施分拆的公司中，分拆子公司兆讯传媒、德石股份、中科江南、大族数控、华兰疫苗等多家企业上会通过。此外，上市公司子公司在北交所上市并不适用上述分拆规则，目前也有多家上市公司子公司在北交所完成上市。分拆上市制度在我国日益完善，在新一轮科技周期催化下，大型企业将其高精尖业务分拆上市融资做强是顺应时代潮流的合理布局。

阿里巴巴集团于 2023 年 3 月 28 日宣布分拆为淘宝天猫商业、国际数字商业和云智能等六大业务集团，每个业务集团都独立营运并在未来择机上市，每个业务集团将拥有自己的 CEO 和董事会，实行董事会领导下的 CEO 负责制等。阿里巴巴集团将由之前的实体营运企业转型为一家控股平台。外界分析其原因是作为大型综合企业的低效率和业务评估的困难以及股价与理论价值相比被大幅低估。在重组计划公布之前，阿里巴巴集团市盈率从两年半前的近 30 倍降至约 10 倍，总市值也缩水至最高时的约 1/4。阿里巴巴集团股价在宣布消息后大幅上涨，投资者寄予厚望的是综合性企业价值被低估的“集团化折价”的缩小。美国高盛集团表示，实际上“核心电商以外的业务和投资被评估为零，超过 500 亿美元的净现金也未被考虑在内”。有投资机构表示，如果各项业务的独立融资和 IPO 变得具体，“随着增长潜力的提高和财务信息的公开等，市场也更容易进行评估，这可能带来折价的缩小”。

9.4 私　有　化

上市公司私有化，是资本市场一类特殊的并购操作，它与其他并购操作的最大区别，就是将上市公司的股份全部卖给同一个投资者，或一家上市公司的控股股东把小股东手里的份额全部买回来，目标是将被收购的上市公司摘牌，从而使一家公众公司转变为私人公司。欧洲私募股权和风险资本协会将私有化交易定义为：“一家新公司对一家上市目标公司全部股份的收购交易，上市目标公司随后登记为私人公司。新公司的股东通常包括目标公司的管理层成员和私募股权提供者（Private Equity Providers，PEP）。收购的附加融资通常由其他债务提供者提供。”有债务融资的私有化称作杠杆私有化，即杠杆收购（Leveraged Buy－Out，LBO），几乎所有的私有化都是杠杆私有化。杠杆收购不仅包括针对上市公司的收购，也包括针对未上市公司的收购。

私有化和股票退市有本质不同。股票退市是指上市公司由于未满足交易所的财务等上市标准，而主动或被动终止上市的情形，即由一家上市公司变为非上市公司。而私有化属于主动退市，就是上市公司选择主动退出股票市场，通常是由控股股东提出，以现金或者是有价证券的方式从其他小股东手上购回市场上的所有流通股份，从而使上市公司就此摘牌退市，成为私人公司。

上市公司私有化的原因有：股票价格过低，市值偏低，而公司大股东和管理层却对公司的长期发展看好，从而使得控股股东认为把上市公司变为私有公司更有利于其长期发展；大股东与上市公司存在同业竞争，股权关系相对简单，大股东有绝对控股的地位，实施私有化可为资本运作提供足够的空间。私有化作为企业发展过程中的一个重要决定，并不是孤立存在的，它受到企业战略和制度环境的影响，私有化行为服务于企业战略，制度环境的变化及企业再上市动机也是影响企业私有化决策的重要因素。

私有化交易可由不同的主体发起，既可由控股股东发起，也可由其他主体发起。发起人既可以直接收购，也可通过构建一个或多个特殊目的的实体实施。通常主要采用的是要约收购或吸收合并方式进行私有化。

2007 年，TOM 在线从港交所退市，成为我国第一家私有化的境外上市公司；2011 年 5 月，小肥羊第二大股东百胜集团向其他股东提出收购股权要约，通过私有化退市；2011 年 10 月，盛大接受其创始人陈天桥的私有化建议进而私有化。仅在 2012 年短短一年时间，共有 22 家在美国上市的中国公司宣布或完成私有化退市。上市公司私有化开始进入中国投资者的视野。

奇虎 360 公司私有化并在 A 股上市就是一起成功的私有化及资本运作案例。奇虎 360 先是在美股上市。2015 年 6 月，奇虎 360 宣布接到由公司董事长周鸿祎等人发起的初步非约束性私有化要约。2015 年 12 月，公司与买家联盟达成最终私有化协议，周鸿祎、中信国安、金砖丝路资本、红杉资本中国、泰康人寿、平安保险、阳光保险、New China Capital（新中财富）、华泰瑞联和 Huasheng Capital（华晟资本），及其附属机构以 77 美元/ADS 现金收购其尚未持有的奇虎已发行普通股，私有化交易估值约 93 亿美元。2016 年 1 月，招商银行和另外两家股份制商业银行将作为牵头行为本次交易提供总额为 34 亿美元（超过 220 亿元人民币）的债务融资。这是迄今为止最大规模的中概股私有化交易，同时也是最大的私有化银团贷款项目。2016 年 3 月，奇虎 360 召开特别股东大会，对公司之前达成的私有化协议进行投票表决，协议获得股东批准，奇虎 360 私有化进程迈出了关键一步。2017 年 11 月，A 股上市公司江南嘉捷电梯股份有限公司（601313，江南嘉捷）发布资产重组公告，正式披露了重组上市的方案。方案分为两个部分：一是资产出售及置换，江南嘉捷将现有业务和资产以现金及置换的方式置出；二是发行股份购买资产，江南嘉捷向三六零公司全体股东发行股份购买其持有的三六零公司股权。这场交易作价 504 亿元人民币。2018 年 2 月 28 日，三六零公司正式在上交所敲锣上市，这也标志着历时近三年的运作，三六零公司成功回归国内 A 股。

9.5　并购重组中的市值管理工作

上市公司在并购重组过程中，需要结合并购重组方案做好市值管理的对内管理和对外交流沟通协调工作，包括：市值管理工作与并购重组工作的系统筹划和落地；做好信息披露与价值传播工作等。

在并购重组的整个交易结构设计过程中，市值管理都会起到非常重要的作用，甚至成为承上启下的关键环节。在并购重组中，前期的方向选择和决策、具体并购标的筛选、尽职调查、商务谈判等工作耗时较长，在此过程中，应提前筹划好市场周期研判、盈余管理规划等工作。在选择并购方向和并购标的时，并购方向应符合公司投资逻辑，并购应基于公司的战略规划而展开，市场预期起到验证作用，强化市场对投资成长路径与投资价值的认可。分析公司并购活动的现金流量，要关心两个问题：一是公司通过并购活动进入的业务领域或细分赛道，对其情况进行分析；二是并购规模所带来的扩张程度，以及并购价格是否合理、并购对象未来经营情况的预期判断和分析。要根据相关性原则和安全边际原则，对投资决策及活动采用净现值、内含报酬率和投资回收期等指标进行分析和判断，实际上这些数据往往也需要按照上市公司临时公告模板进行对外披露。

在此期间，市值管理和投资者关系工作的重点是根据上市公司的并购重组议案梳理资本市场，包含监管机构、财经媒体、股东、其他利益相关方等的关注点：并购标的是否存在关联交易，并购资产的质量，对上市公司可持续的业绩贡献，并购资产估值的公允性及合理性，与并购配套的再融资方案的合理性，是否损害了小股东的利益，并购资产与上市公司的匹配程度，发展战略和业务是否存在协同效应等。在此基础上提前做好预案。

二级市场的价值判断和预期受市场波动的影响较大，在并购过程中，价值推广的深度和广度决定了市场如何判断上市企业的并购行为。并购与市值是相互影响、相互制约的。完成对优质资产的并购后，上市企业的市值会得到进一步的提升；而市值被提升后，又给并购提供了新的条件。两者在循环互动中能不断增强上市企业的产业竞争力。上市公司应充分做好信息披露工作，积极引导投资者预期，管理价值解读口径，使得并购重组工作能够服务于上市公司常年市值管理工作的推进。有些上市企业信息披露不充分，使投资者对企业的经营和并购行为产生疑惑，不了解上市企业并购的意义，最终导致投资者难以认同企业的并购行为，这就会导致上市企业承担了并购成本，而其市值反而降低了。

在新媒体时代，舆论传导快、渠道广，上市公司在策划并购重组时切不可自以为是，掉以轻心，实施突击持股，给出激进的业绩对赌，认为并购重组议案只应对监管就万事大吉，等到媒体质疑声起，才想到媒体舆论管理。这样往往事倍功半，甚至引发合规风险。上市公司在策划重大并购重组时就需要把媒体的沟通考虑在内。在公告并购重组议案的同时，主动向主流财经媒体发布解读稿件，将并购重组的逻辑、必要性、合理性和可行性加以公开说明，甚至按照交易所提倡的，召开媒体说明会，解答媒体问题。

因此，上市公司并购重组不仅仅是投行、审计师、律师和评估师的工作，也需要上市公司证券和投关工作人员做大量工作：得到股东们的支持，营造平稳的舆论环境。2016年，格力电器收购珠海银隆，相关议案在特别股东大会上被小股东否决，引发舆情，充分体现了投资者关系工作在并购重组项目上的重要性。这里要强调的是，投关的价值不仅仅是上市公司的传话筒，还是站在上市公司治理的高度，结合法律法规对上市公司并购议案提前进行梳理。在并购重组项目为股东创造价值的前提下，开展有效沟通，帮助上市公司赢得股东的支持，同时营造相对平稳的舆论环境。

第 10 章 市值管理中的公司治理

10.1 公司治理概述

公司治理是基于公司所有权与控制权分离而形成的公司所有者、董事会和高级管理人员及公司利益相关方之间的权力和利益分配与制衡关系的制度安排。利益相关方是指任何可能影响企业目标或被企业目标影响的个人或集团，包括所有者（股东）、董事会、管理层、债权人与债务人、员工、供应商与客户、政府与社会等。从微观企业的角度来看，良好的公司治理一方面能够有效提升企业的经营水平和业绩，另一方面也能较好地监督大股东与管理层，降低公司的经营风险。在所有权和管理权相分离的现代企业制度背景下，公司治理信息对投资人的价值更加凸显。

公司经营的本质是进行价值创造，公司治理的好坏不能仅以是否实现有效制衡作为衡量的标准，而更应看它促进公司价值创造活动的有效性。合理的公司治理要能保证公司对市场的适应性，公司应根据产品、资本、人才、技术等市场的变化，较快地调整公司管理策略和投资策略，使公司在市场竞争中居于有利位置，实现公司价值最大化。资本市场的实践表明，良好的公司治理，意味着公司具有科学的决策机制、恰当的权力制衡机制和良好的利益分配机制，这必然会增强公司对资本的吸引力，给公司带来较高的市值溢价。投行在评估企业的投资价值时，会根据其治理结构、管理水平、分红派现、信息披露以及董事会结构给予溢价评级。券商分析师对上市公司的研报也会涉及公司治理信息的披露。只有那些具有优良公司治理能力，注重股东价值回报的上市公司才会持续获得较高的公司治理溢价。

我国通过《公司法》《证券法》《上市公司治理准则》和其他有关法律法规来规范我国的公司治理。1993 年 12 月通过并最新于 2023 年修订的《公司法》中，对有限责任公司和股份有限公司这两种现代公司类型进行了规范，从此中国进入公司治理研究和实践的历史阶段。经历十几年的实践，A 股上市公司治理存在着诸如股权集中且“一股独大”，内部人控制或大股东控制严重，董事会独立性不强，信息披露不真实、不准确，小股东利益得不到切实保护，利害相关者对公司治理的参与程度低、对公司实施的监控作用小等问题。针对这些问题，以上市公司规范管理为主线的公司治理制度建设一直在不断进行中。2000 年，上海证券交易所率先发布了《上市公司治理指引》，提出“良好的公司治理，是按照所有者和利害相关者的最佳利益运用公司资产的保证，是实现公司价值最大化这一根本性公司目标的前提，是投资者进行投资决策的重要依据，是单个公司和单个国家降低成本、提高它们在资本市场上的竞争力的基础，是增强投资者信心、增强单个国家及全球金融市场稳定性的必要条件。”2001 年 8 月，证监会发布了《关于在上市公司建立独立董事的指导意见》，建立了独立董事制度。2002 年 1 月，证监会发布了《上市公司治理准则》，阐明了上市公司治理的基本原则，规范了上市公司董事、监事、高级管理人员的行为准则和职业道德，成为指导上市公司改善公司治理的纲领性文件。自此，中国上市公司治理逐步走向规范化，并与世界接轨。但随着我国上市公司数量的不断增长、行业类型的逐渐丰富，加上日趋复杂的境内外社会经济形势，上市公司的治理面临很多新问题、新挑战。2018 年 9 月 30 日，证监会正式发布修订后的《上市公司治理准则》(以下简称《准则》)，共十章九十八条，自发布之日起实施。相比 2002 版，《准则》重点修订了以下三个方面的内容：提出“创新、协调、绿色、开发、共享”的发展理念，确立了环境、社会责任和公司治理（ESG）信息披露的基本框架；加强对控股股东的约束，保护中小投资者合法权益，要求上市公司明确利润分配办法，尤其是现金分红政策；鼓励机构投资者依法合规参与公司治理，提出中介机构提供服务时应积极关注上市公司治理状况。

2022 年 11 月，证监会印发《推动提高上市公司质量三年行动方案（2022—2025)》，强调聚焦公司治理深层次问题、完善信息披露制度、健全打击重大违法长效机制等，均与信息披露相关，沪深交易所在随后的行动计划中均提及要提高公司治理内在动力，并重点强调要强化“关键少数”职责，制衡约束控制权。为优化上市公司独立董事制度，证监会 2023 年 8 月发布《上市公司独立董事管理办法》，从明确独立董事职责定位、强化独立董事任职管理到加强独立董事履职保障，并健全独立董事责任约束机制等，对独立董事制度进行全方位、多角度的深入改革。

公司治理包括治理结构和治理机制两部分，其根本目的是提高治理效率。治理结构是从静态考虑，公司治理是有关收益和风险的制度安排，是有关权力分立和制衡的结构安排和组织安排。治理机制是从动态考虑，指公司治理系统中持续互动的管控关系、功能和运行原理，包括监督机制、激励机制和决策机制。

按照机制设计或实施所利用资源的来源，又可以把公司治理区分为外部治理系统与内部治理系统。外部治理系统指的是尽管机制的实施超出了公司资源的计划范围，但仍然可以用于实现公司治理目标的各种公司治理机制的总称。它包括公司治理的法律和政治环境、公司控制权市场、产品和要素市场、代理人市场。其目的在于权力制约和平衡，实现利益相关者利益最大。内部治理系统指的是机制的设计或实施在一家公司的资源计划范围内，是用来实现公司治理目标的各种治理机制的总称。它包括所有权结构、董事会、大股东治理、激励报酬合约等。内部治理系统构成了公司治理的核心。公司内部治理系统包含两层制衡关系：一是公司股东会、董事会、监事会之间的分权结构和内部制衡关系；二是董事会与总经理的经营决策权与执行权的分权结构和内部制衡关系。

硅谷有句谚语，“Good boards don’t create good companies，but a bad board will kill a company every time.”（好的董事会不一定能成就好公司，但一个糟糕的董事会一定能毁掉公司）理论研究和资本市场实践都证明，治理良好的公司可以增强公司对社会资本的吸纳能力，提高投资者对公司的信心和社会资本在公司内部的积聚，从而影响其市值表现。

10.2　公司治理结构

公司治理结构又称法人治理结构、公司治理系统（Corporate Governance System），是一种联系并规范股东（财产所有者）、董事会、高级管理人员权利和义务分配问题的制度框架，包括股权结构、资本结构及治理机构设置等。简单地说，公司治理结构就是如何在公司内部划分权力。良好的公司治理结构，可解决公司各方利益分配问题，对公司能否高效运转、是否具有竞争力起到决定性的作用。公司股权结构是公司治理结构的基础。有什么样的公司股权结构，就会有与之相适应的公司治理结构。美国上市公司所处的是市场主导型证券市场，股权结构高度分散，绝大多数公司的最大股东是机构投资者，其在特定公司中的持股量常常最多只占公司股份的 5%，最大的前 5 名股东持有公众公司股份的比例之和一般低于 20%。但我国上市公司基本上都存在实际控制人。

公司治理结构强调公司股东、董事会、监事会、经理人员之间的职、责、权、利配置及相互制衡。在公司治理中，所有者将自己的资产交由公司董事会托管。公司董事会是公司的决策机构。高级管理人员受雇于董事会，组成在董事会领导下的执行机构，在董事会的授权范围内经营公司。监事会同时也对董事会、管理层进行监督。

公司治理结构保证了一家公司重大决策的合理性和科学性，以及战略和经营政策的一贯性、持续性和稳定性。因此，投资者会注意公司的治理结构，如股权结构是否理想、董事会成员的构成、外部董事能否保持独立性、高管层是否具备胜任能力等。

10.2.1　股权结构与控制权

公司治理事关控制权和利益的分配，是产权明晰的所有者为了确立剩余分配规则、保护自己权利而进行不断博弈的过程。股权结构，说的是谁拥有这家公司。控制权就是股权结构要解决的问题。股权结构决定了上市公司的股东成分，也就决定了上市公司的治理结构、组织结构、管理机构等，同时，这些组织结构和管理层决定了上市公司整体的运转秩序。股东和股本结构会影响资本市场预期进而影响市值，如股权结构中机构投资者与个人投资者的类型和占比会影响资本市场对企业的估值和评价，进而影响企业的市值，因此上市公司做市值管理战略时需要考虑股权结构因素。

对于股权结构，重点要把握股权的若干关键比例，图 10－1 展示了关于持股比例的重要界限。需要说明的是，这些关键比例是根据法律法规整理的关于控制权的基础条件。对于公司控制权，最有效的“武器”有两个：一个是以《公司法》为代表的各种法律法规；另一个更为重要的是以公司章程为代表的股东自治文件。股权控制不是简单的数学题，除了股权比例的数字计算以外，还有隐藏在公司章程、股东协议中的多种可能。同时，由于类别股的相关规定，在计算股权比例和表决权比例时，要考虑类别股的相关影响。由于本书的方向和重点，以下论述和法条引用都是围绕着股份有限公司展开的。

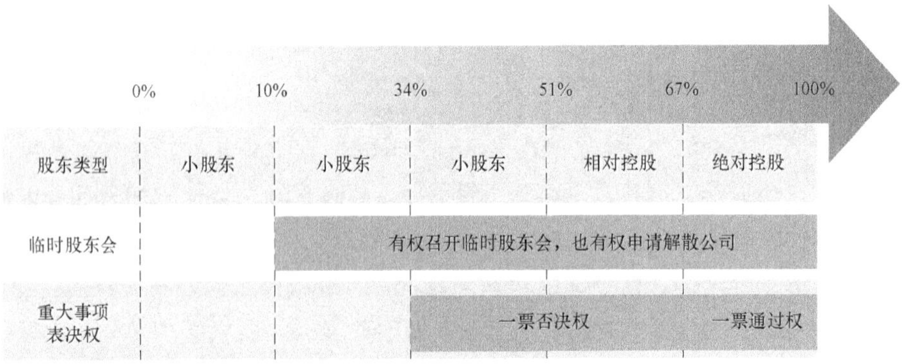

图 10－1　持股比例的重要界限

资料来源：依据法规及相关解读资料综合整理。

1. 持股比例达到 67%（绝对控制权），就有了修改公司章程、公司分立与合并、变更主营项目等重大事项的决策权

股东持股比例超过 2/3，能够通过股东会特别决议，有权修改公司章程、决定增资扩股等重大事项。公司章程是除了民商事法律法规及股东协议外，约束公司股东权利和义务的最重要契约文件，除非公司章程特别约定，持股比例达到 67%，就将掌控公司的绝对控制权。“公司章程另有规定的除外”“由公司章程规定”的表述法律威力巨大，这给公司控制权的设计留下了很大空间。

2016 年的“宝万之争”引发了上市公司的集体恐慌，部分上市公司将公司章程相关条款修订为：特别事项需要出席股东大会的股东所持表决权的 3/4 以上通过。修改稿公告后都被交易所问询：这样的规定是否有利于保护小股东利益。随后许多公司都取消了此项修改。由于股份有限公司和上市公司的股东涉及面更广泛，面临更严格的监督，有限责任公司可以在股东间自由约定的内容，对于股份有限公司和上市公司未必能行得通，所以还需要结合不同的公司特点和法规监管限制设计不同的治理细则。

2. 持股比例达到 51%（相对控制权），能够控制公司

股东持股比例超过 1/2，就能够通过股东会普通决议，对公司重大决策进行表决和控制，比如选举董事、股权激励等。

《公司法》第一百一十六条规定（2023 年 12 月修订后的《公司法》条文，下同）：

“股东会作出决议，应当经出席会议的股东所持表决权过半数通过。股东会作出修改公司章程、增加或者减少注册资本的决议，以及公司合并、分立、解散或者变更公司形式的决议，应当经出席会议的股东所持表决权的三分之二以上通过。”

注意，如果公司章程作了不同的规定，持股超过 67% 或 51% 的股东完全可能既无绝对控制权也无相对控制权。

3. 持股比例达到 34%，就有了重大事项否决权

持股比例大于 1/3，就拥有了对于股东会特别决议的一票否决权。一票否决权的威力在于可以否决特别决议，即针对关乎公司生死存亡的、需 2/3 以上表决权通过才有效的重大事项。但对于过半数即可通过的普通决议，则无法有效阻止通过。与 67% 或 51% 控制权的道理相同，如果公司章程作了不同的规定，则持股 34% 的否决权完全可能不再适用。

4. 持股比例达到 30%，就达到了上市公司要约收购线

如果股东收购上市公司的股份达 30%，如需继续增持，就要进行要约收购，而不能采用程序简单、成本更低的协议收购。对于非上市公司则没有影响。也就是说，当持有一家上市公司的股票达到 30% 的比例时，如果持股人继续进行收购，除经证监会审批同意豁免外，需要向所有股东发出收购要约。而要约收购需经过较多的环节，操作程序比较复杂，收购成本较高。如果不想发起要约收购，购买上市公司的股票就不要超过 30%。

《证券法》第六十五条规定：“通过证券交易所的证券交易，投资者持有或者通过协议、其他安排与他人共同持有一个上市公司已发行的有表决权股份达到百分之三十时，继续进行收购的，应当依法向该上市公司所有股东发出收购上市公司全部或者部分股份的要约”。第七十三条规定：“采取协议收购方式的，收购人收购或者通过协议、其他安排与他人共同收购一个上市公司已发行的有表决权股份达到百分之三十时，继续进行收购的，应当依法向该上市公司所有股东发出收购上市公司全部或者部分股份的要约。但是，按照国务院证券监督管理机构的规定免除发出要约的除外。”

5. 持股比例达到 20%，就达到重大同业竞争警示线和上市公司被控制警示线

对于两家业务存在关联的公司，其中一家通过股权或债权关系，占另一家公司股份达 20% 比例时，就会出现重大同业竞争警示的说法。此时，占股 20% 的企业，将会对另一同行业企业的决策产生重大影响。

《上市公司收购管理办法》第十七条规定：“投资者及其一致行动人拥有权益的股份达到或者超过一个上市公司已发行股份的 20% 但未超过 30% 的，应当编制详式权益变动报告书，除须披露前条规定的信息外，还应当披露以下内容：（一）投资者及其一致行动人的控股股东、实际控制人及其股权控制关系结构图；（二）取得相关股份的价格、所需资金金额，或者其他支付安排；（三）投资者、一致行动人及其控股股东、实际控制人所从事的业务与上市公司的业务是否存在同业竞争或者潜在的同业竞争，是否存在持续关联交易；存在同业竞争或者持续关联交易的，是否已做出相应的安排，确保投资者、一致行动人及其关联方与上市公司之间避免同业竞争以及保持上市公司的独立性；

（四）未来 12 个月内对上市公司资产、业务、人员、组织结构、公司章程等进行调整的后续计划；（五）前 24 个月内投资者及其一致行动人与上市公司之间的重大交易；（六）不存在本办法第六条规定的情形；（七）能够按照本办法第五十条的规定提供相关文件。前述投资者及其一致行动人为上市公司第一大股东或者实际控制人的，还应当聘请财务顾问对上述权益变动报告书所披露的内容出具核查意见，但国有股行政划转或者变更、股份转让在同一实际控制人控制的不同主体之间进行、因继承取得股份的除外。投资者及其一致行动人承诺至少 3 年放弃行使相关股份表决权的，可免于聘请财务顾问和提供前款第（七）项规定的文件。”

此类多项要求与首次上市发行的披露要求相似，要求持股达到20%以上的股东披露更多、更详细的信息，以保护中小投资者的利益。

曾经的“宝万之争”与此规定有很大关系，“宝万之争”后虽有 600 多家上市公司因恐慌而修改公司章程，但并未设置相关的规定。各公司采用“驱鲨剂”“金色降落伞”等条款，并不能从根本上解决问题，而且部分公司的修改在被交易所问询后已撤回或大幅放弃修改。

6. 持股比例达到10%，有了临时会议权，可提出质询，要求调查、起诉、清算、解散公司

持股超过 10% 的股东有权召开临时股东会和临时董事会，可提出质询，要求调查、起诉公司，甚至清算、解散公司，以免公司长期出现治理僵局。

《公司法》第一百一十三条规定，单独或者合计持有公司 10% 以上股份的股东请求时，应当在两个月内召开临时股东会会议。

《公司法》第一百二十三条规定：“代表十分之一以上表决权的股东、三分之一以上董事或者监事会，可以提议召开临时董事会会议。”

7. 持股比例达到 5%，就达到了重大股权变动警示线

针对上市公司持股超过 5% 的股东，当其收购或减持上市公司超过 5% 的股权时，会触发公告披露义务。所以，当持有上市公司股份在 5% 以上时，作为较大股东要按规定履行一系列信息披露义务，因此上市公司股东要注意持股比例带来的相关合规义务。

《证券法》第六十三条规定：“通过证券交易所的证券交易，投资者持有或者通过协议、其他安排与他人共同持有一个上市公司已发行的有表决权股份达到百分之五时，应当在该事实发生之日起三日内，向国务院证券监督管理机构、证券交易所作出书面报告，通知该上市公司，并予公告，在上述期限内不得再行买卖该上市公司的股票，但国务院证券监督管理机构规定的情形除外。投资者持有或者通过协议、其他安排与他人共同持有一个上市公司已发行的有表决权股份达到百分之五后，其所持该上市公司已发行的有表决权股份比例每增加或者减少百分之五，应当依照前款规定进行报告和公告，在该事实发生之日起至公告后三日内，不得再行买卖该上市公司的股票，但国务院证券监督管理机构规定的情形除外。”

《上市公司收购管理办法》第十三条规定："通过证券交易所的证券交易，投资者及其一致行动人拥有权益的股份达到一个上市公司已发行股份的 5% 时，应当在该事实发生之日起 3 日内编制权益变动报告书，向中国证监会、证券交易所提交书面报告，通知该上市公司，并予公告；在上述期限内，不得再行买卖该上市公司的股票，但中国证监会规定的情形除外。前述投资者及其一致行动人拥有权益的股份达到一个上市公司已发行股份的 5% 后，通过证券交易所的证券交易，其拥有权益的股份占该上市公司已发行股份的比例每增加或者减少 5%，应当依照前款规定进行报告和公告。在该事实发生之日起至公告后 3 日内，不得再行买卖该上市公司的股票，但中国证监会规定的情形除外。"

8. 持股比例达到 3%，可以查阅会计账簿和会计凭证

修订后的《公司法》扩大了股东查阅材料的范围，允许有限公司股东、股份公司符合条件的股东（即连续 180 日以上单独或者合计持有公司 3% 以上股份的股东）查阅会计账簿和会计凭证，以及查阅、复制全资子公司相关材料。股东既可亲自查阅，也可委托会计师事务所、律师事务所等中介机构进行。这将有利于保障小股东的权利，同时也会对控股股东及公司管理层形成监督、制约。

《公司法》第一百一十条规定："股东有权查阅、复制公司章程、股东名册、股东会会议记录、董事会会议决议、监事会会议决议、财务会计报告，对公司的经营提出建议或者质询。连续一百八十日以上单独或者合计持有公司百分之三以上股份的股东要求查阅公司的会计账簿、会计凭证的，适用本法第五十七条第二款、第三款、第四款的规定。公司章程对持股比例有较低规定的，从其规定。股东要求查阅、复制公司全资子公司相关材料的，适用前两款的规定。上市公司股东查阅、复制相关材料的，应当遵守《中华人民共和国证券法》等法律、行政法规的规定。"

9. 持股比例达到 1%，就有了临时提案权和提起诉讼的权力

在 2023 年 12 月《公司法》修订之前，临时提案权的持股比例要求是 3%。《公司法》修订后，持股比例超过 1% 的股东，就可以在股东会召开前 10 日就关心的问题提出临时提案。

《公司法》第一百一十五条规定："单独或者合计持有公司百分之一以上股份的股东，可以在股东会会议召开十日前提出临时提案并书面提交董事会。临时提案应当有明确议题和具体决议事项。董事会应当在收到提案后二日内通知其他股东，并将该临时提案提交股东会审议；但临时提案违反法律、行政法规或者公司章程的规定，或者不属于股东会职权范围的除外。公司不得提高提出临时提案股东的持股比例。"

持股比例达到 1% 的股东，还拥有间接的调查权和起诉权，可以提起董事会或监事会调查、起诉，以及代公司起诉。如果公司高级管理人员损害公司利益，可以向公司董事会或监事会提请调查，如果公司董事会或监事会不予处理，可以以股东的名义，代公司提起诉讼。

《公司法》第一百八十九条规定："董事、高级管理人员有前条规定的情形的，有限责任公司的股东、股份有限公司连续一百八十日以上单独或者合计持有公司百分之一以上股份的股东，可以书面请求监事会向人民法院提起诉讼；监事有前条规定的情形的，前述股东可以书面请求董事会向人民法院提起诉讼。监事会或者董事会收到前款规定的股东书面请求后拒绝提起诉讼，或者自收到请求之日起三十日内未提起诉讼，或者情况紧急、不立即提起诉讼将会使公司利益受到难以弥补的损害的，前款规定的股东有权为公司利益以自己的名义直接向人民法院提起诉讼。他人侵犯公司合法权益，给公司造成损失的，本条第一款规定的股东可以依照前两款的规定向人民法院提起诉讼。公司全资子公司的董事、监事、高级管理人员有前条规定情形，或者他人侵犯公司全资子公司合法权益造成损失的，有限责任公司的股东、股份有限公司连续一百八十日以上单独或者合计持有公司百分之一以上股份的股东，可以依照前三款规定书面请求全资子公司的监事会、董事会向人民法院提起诉讼或者以自己的名义直接向人民法院提起诉讼。"

由上述总结可以看到，控制与持股比例相关却不绝对。在公司治理实践中也不乏通过较少持股权控制公司的情况。阿里巴巴集团 2014 年美国上市资料披露，上市前马云持股 8.9%，蔡崇信持股 3.6%，软银持股 34.4%，雅虎持股 22.6%。虽然软银和雅虎分别为阿里巴巴第一和第二大股东，而以马云为首的管理团队持股比例不高，但马云团队用合伙人制度牢牢地掌握着阿里巴巴的控制权，阿里巴巴的治理结构确保了主要由阿里巴巴董事和高管组成的合伙人会议锁定董事会成员的选任，并且无论合伙人未来持有多少股份，选任权都保留在阿里巴巴的合伙人手中。

10.2.2 一致行动协议

一致行动协议常见于上市公司，由于有些公司的股权较分散，任何一方股东都无法实现对公司的控制。几个股东可以通过签订协议，约定各方在某事项上的投票与对方保持一致，以增强对公司的控制权。

如 2017 年 9 月上市的掌阅科技，上市后张凌云持股 30.42%，为第一大股东；成湘均为第二大股东。为了更好地实现对公司的控制，张凌云、成湘均于 2015 年 2 月 28 日签署一致行动协议和补充协议。通过协议，两人合计持有 58.93% 的投票权，占公司投票权总数的绝对多数，为上市公司的实际控制人。

在 A 股上市或新三板挂牌的公司中，通过签署一致行动协议以加强公司控制权的例子还有很多。如"六个核桃"的第一大股东（创始人）与第二大股东（联合创始人持股平台）签署一致行动人协议，温氏股份的温氏家族十一名成员签署一致行动协议，视源股份的六位核心管理层人员及股东签署一致行动协议，绝味鸭脖四家持股平台签署一致行动协议等。

蚂蚁金服是马云系下除阿里巴巴以外另一大业务板块，蚂蚁金服是以"为世界带来更多平等的机会”为使命，致力于通过科技创新能力，搭建一个开放、共享的信用体系和金融服务平台，为全球消费者和小微企业提供安全、便捷的普惠金融服务。蚂蚁金服早期只有马云和谢世煌两个股东，马云任董事长和法定代表人；2013 年后增加员工持股平台为蚂蚁金服的股东。2020 年 7 月，蚂蚁金服运营主体变更企业名称为蚂蚁集团。蚂蚁集团向上海证券交易所和香港联交所提交的招股文件披露，马云用 11% 的收益权所对应的股份，控制着蚂蚁集团 50% 以上的投票权。但蚂蚁集团的股东列表并没有马云的名字。马云的控制权，是通过同样不在股东列表上的杭州云铂实现的。杭州云铂是杭州君瀚及杭州君澳两家有限合伙企业的普通合伙人及执行事务合伙人。在杭州云铂，马云持股 34%。马云行使股东权的依据，除了杭州云铂章程，还有和其他三名股东签署的一致行动协议。依据上述法律文件，杭州云铂对蚂蚁金服行使股东权时，需经过股东所持表决权的 2/3 以上批准，这意味着马云在蚂蚁金服拥有否决权。杭州君瀚和杭州君澳是两家有限合伙企业，持有大部分出资份额的是有限合伙人，杭州云铂是它们的普通合伙人和执行事务合伙人。有限合伙人以出资额为限对合伙企业的债务承担有限责任，同时根据出资多少享有收益权；杭州云铂作为普通合伙人和执行事务合伙人出资很少，对合伙企业的债务承担无限连带责任，同时有权代表杭州君瀚及杭州君澳行使股东权。杭州君瀚及杭州君澳持有相当于蚂蚁集团 50.517 7% 的股份的投票权。故此，马云借杭州云铂控制杭州君瀚及杭州君澳，最终控制蚂蚁集团。2020 年 12 月，中国人民银行等四部门在约谈蚂蚁集团时提出，蚂蚁集团存在“公司治理机制不健全”的问题，要求公司“完善公司治理”。2023 年 1 月 7 日，蚂蚁集团发布公告，涉及的主要内容有：公司股权变更，变更后不再有实际控制人；计划继续引入第五名独立董事；蚂蚁集团相关管理层成员不再担任阿里巴巴合伙人。此次股权变更是基于监管对公司的整改要求，进一步完善公司治理，以实现长期可持续发展。

10.2.3　实控人变动

随着中国经济步入新常态，传统产业等产能过剩、业绩表现不佳，同时，以人工智能、云计算、物联网、大数据等为代表的一批新兴经济领域正迅速崛起。A 股亦深刻经历着新旧经济交替，使得上市公司实际控制人变更较为常见。统计数据显示，实际控制人变更主要发生在机械、基础化工、纺织服装、房地产、电力等传统行业，营业收入增速为负且毛利率在 30% 以下的公司尤其明显。无实际控制人的上市公司最易发生变更，而自然人控股发生变更比例要大幅高于机构及国有控股。实际控制人变更公司的估值呈现高市盈率或为负值的两头分布，其市值主要集中在小于 100 亿元的区间。股权分散时更易发生实际控制人变更，第一大股东持股比例一般小于 30%，且前十大股东持股比例之和一般低于 50%。

实际控制人变更途径可分为股权转让、定增、增资、其他四类。股权转让方式，公司股东将自己的股东权益有偿转让给他人；定增方式，非公开发行股票，以购买资产，或投资项目，或补充流动资金，新实际控制人通过认购新增发股票，获取较高的持股比例，从而获取上市公司控制权；增资方式，为扩大经营规模、拓宽业务、提高公司的资信程度而增加注册资本金；其他方式包括举牌、被动变更、一致行动人关系协议变动、法律认定等。

以股权转让方式变更实际控制人，往往会带来市值的大幅波动。新实际控制人之所以寻求控制权，是出于对标的公司未来发展前景的看好，或者是认为其可通过改善公司的经营管理、治理结构来提高标的公司的业绩。一般以标的公司经营管理、治理结构不佳的情况居多，因为公司的未来发展前景通常会充分反映在股价当中，未来发展前景较好的标的公司估值往往偏高，不易发生控股权变更。股权转让导致实际控制人变更时，资本市场往往形成新实际控制人将采取各类途径来大幅改善公司业绩的预期，引发市值大幅波动。

实际控制人变更经常以友好协商方式进行，但仍存在二级市场强行收购等变更控制人情形。新实际控制人基于对标的公司未来潜在发展前景的看好，从而对其进行收购，资本市场一般对其反应较为积极（看好标的公司未来发展前景，或预期举牌方将进一步增持股票以获得控制权）。

10.2.4 优先股

优先股是股份公司发行的在分配红利和剩余财产时比普通股具有优先权的股份。优先股的特征有二：一是优先股通常预先定明股息收益率；二是优先股的权利范围小，优先股股东一般没有选举权和被选举权，对股份公司的重大经营无投票权。

股东投票基本以"一股一票"为原则，即在法律或公司章程没有特别规定的情况下，股东应按其所持公司的股份数量，而不是股东人数来行使表决权。通常情况下，股东每持有一股股份则对应享有一个表决权。A、B 股，优先股就是"一股一票"原则的例外。A、B 股，即将股票分为 A、B 两个系列，对外部投资者发行的 A 系列普通股每股有 1 票投票权，而管理层持有的 B 系列普通股每股则有多票（通常为 10 票）投票权。许多高科技上市公司就是创始团队有 10 倍于其持股比例的投票权，从而牢牢地掌控着对公司的话语权。这种结构有利于成长型企业在利用股权融资的同时，避免股权被过度稀释，造成创始团队丧失公司话语权。国内多家去美国上市的互联网公司，也通过多重投票权的设计来保护创始人的控制权。2018 年 7 月 9 日，小米集团正式在港交所上市，是首家在香港上市的"同股不同权"公司，其创始人雷军持有小米集团 31.4% 的股份，但持有投票权 57.9%。

国内允许上市公司发行优先股，也可实现投票权的分层设计，以保护部分股东的控制权。2013 年，《国务院关于开展优先股试点的指导意见》对优先股的发行作了相关规定。证监会于 2014 年公布《优先股试点管理办法》，进一步细化和明确优先股的相关规则，规定符合条件的上市公司和非上市公众公司可以发行优先股。为适应不同投资者的投资需求，修订后的《公司法》对已有较多实践的类别股作出规定，包括优先股和劣后股、特殊表决权股、转让受限股等。2023 年 2 月 17 日，证监会为落实全面注册制，修订并发布了《优先股试点管理办法》，共 9 章 71 条，包括总则、优先股股东权利的行使、上市公司发行优先股、非上市公众公司向特定对象发行优先股、交易转让和登记结算、信息披露、回购与并购重组、监管措施和法律责任、附则等内容。对于上市公司而言，上市公司向不特定对象发行优先股，应当符合以下情形之一：（1）其普通股为上证 50 指数成分股；（2）以向不特定对象发行优先股作为支付手段收购或吸收合并其他上市公司；（3）以减少注册资本为目的回购普通股的，可以向不特定对象发行优先股作为支付手段，或者在回购方案实施完毕后，可向不特定对象发行不超过回购减资总额的优先股。上市公司发行优先股，最近三个会计年度实现的年均可分配利润应当不少于优先股一年的股息。上市公司已发行的优先股不得超过公司普通股股份总数的百分之五十，且筹资金额不得超过发行前净资产的百分之五十，已回购、转换的优先股不纳入计算。上市公司不得发行可转换为普通股的优先股。上市公司向特定对象发行优先股仅向符合规定的合格投资者发行，每次发行对象不得超过二百人，且相同条款优先股的发行对象累计不得超过二百人。上市公司发行优先股，可以申请一次注册，分次发行。

10.2.5　治理机构设置

公司治理结构就是如何在公司内部划分权力。良好的公司治理结构，可解决公司各方利益分配问题，对公司能否高效运转、是否具有竞争力，起到决定性的作用。我国公司治理结构采用“三权分立”制度，即决策权、经营管理权、监督权分属于股东大会、董事会或执行董事、监事会。通过权力的制衡，三大机关各司其职，又相互制约，保证公司顺利运行。

股东大会是公司的最高决策机构。董事会是依照有关法律、行政法规和政策规定，按公司或企业章程设立并由全体董事组成的业务执行机关。股份有限公司的董事会，是由股东大会选举产生的董事组成的。董事会是公司的执行机构，贯彻股东大会的决议，对内管理公司事务，对外代表公司。监事会对股东大会负责，对公司的经营管理进行全面的监督。为了保证监事会的独立性，监事不得兼任董事和经理，对内不能参与公司的经营决策与管理，一般情况下无权对外代表公司。A 股上市公司监事不能成为股权激励对象。

10.3　公司内部治理机制

如何有效地设计委托人与代理人之间的契约关系，使代理人行为与委托人目标达成一致，成为公司治理要解决的核心问题。现代公司内部治理机制主要从决策机制、激励机制、监督机制三个方面来解决这个问题，最终促使代理人——经营者努力工作，降低代理成本，避免偷懒、机会主义等道德风险。

10.3.1 决策机制

公司作为市场竞争的主体和具有独立人格的经营实体存在，需要有相应的管理机构来体现和实施其法人意志。决策机制解决的就是公司权力在上述机构中如何科学、合理分配的问题。公司决策机制要关注的是决策权在公司内部之间的分配格局。通常认为公司的决策机制由“决策权力机构”“决策权力内容”“决策程序”三部分构成。它是一种层级制决策：第一层次为股东大会决策，是公司的最高权力决策；第二层次为董事会决策，是公司权力的执行机构，同时又是公司的常设决策机构；第三层次为经理人员经营业务决策，是董事会决策的执行者。

股东大会是公司的最高权力机构，其他层次的公司管理权力，从根本上都是来源于股东大会的授予。可见，股东大会所决策的内容均是事关公司战略发展、股东利益的重大事项。董事会受聘于股东大会并对其负责。在股东大会闭会期间，董事会是公司的最高决策机构。除了股东大会拥有或授予其他机构拥有的权力以外，公司的一切权力由董事会行使或授权行使。董事会的决策方式——董事会会议决议是以投票表决的方式作出的。在公司日常生产经营活动中，需要对具体管理、经营问题作出及时反应，不可能完全依赖董事会或股东大会的决策。公司的经理人员受聘于董事会，主持公司的生产经营活动。表面上经理人员处于公司权力结构体系中的下层，但由于生产经营的专业性、时效性和信息不对称，经理人员又往往被认为是最了解公司也是最容易真正控制公司的人。在决策程序与方式上，管理层由于是公司日常经营活动的组织者与实施者，面临的又是市场环境下生产、经营中需要迅速作出决断的一些事务，因而进行决策的频率也比较高。虽然公司都会制定“经理办公会议事规则”等对管理层决策的程序、内容与方式加以明确，要求总经理应在听取副职意见、建议及在相关调研、可行性研究基础上作出决策，但从根本上来说，还应由总经理就管理层所作出的决策向董事会和股东大会负责，承担相应的责任。

10.3.2 激励机制

评价与激励是公司治理的主要机制，也是公司治理中最重要的制度安排。通过恰当的评价体系，选择最有能力的人；通过报酬设计，鼓励经理人员更多地关注公司长期持续发展，让管理层在追求其个人经济利益的同时，为公司和股东创造财富。

之所以需要建立激励机制，是为了解决委托人和代理人之间关系的动力问题，是为了应对公司经营者的道德风险和管理腐败而提出的措施。管理层对重大事项没有决策权，但管理层的日常经营管理、战略执行等工作在较大程度上会影响企业的业绩和股东的收益。在所有权与经营权分离、股东与管理层不重叠的公司，股东对管理层控制的主要目的是实现更好的业绩和股东回报。为了实现此目的，比较常见的方式是投资人与管理层签订业绩对赌协议或实行有条件的股权激励等，以激励和约束管理层为公司作出更好的业绩。

公司内部激励机制的内容包括物质激励与精神激励两个方面。物质激励的核心内容包括高管人员即期收入和长期收入部分，即期收入有固定薪金、股票、退休金计划等，而长期收入则包括股权激励，如限制性股票、股票期权、在考核基础上授予的延期支付的奖金（股票）等。精神激励方面则是通过授予高管人员相应的荣誉称号等方式来实施。公司高层经营者往往非常注重自己长期职业生涯的声誉。一方面良好的职业荣誉使得经营者获得社会赞誉，另一方面声誉、荣誉及地位等也意味着未来的货币收入。此外，聘用和解雇也是对经营者行为的激励内容，它是通过经理市场竞争来实现的。聘用和解雇对经理人员行为的激励作用通过经理人员自身声誉而实现，经营者对声誉越重视，聘用和解雇作为激励手段的作用就越大。

实现公司内部激励机制的途径包括以下方面：一是要完善公司内部收入分配制度；二是要完善经理人员任免机制；三是要完善和加快职业经理人市场和资本市场的建设，重视市场约束作用。

10.3.3　监督机制

监督机制是指公司的利害相关者针对公司经营者的经营成果、行为或决策所进行的一系列客观而及时的审核、检查与督导的行为。公司治理监督机制的内容包括所有者通过公司内部实施的监督与通过市场和社会即公司外部进行的监督两方面，这两者构成公司内部监督机制和外部监督机制。

股东的监督。股东的监督表现为“用手投票”和“用脚投票”两种形式。用手投票即在股东大会上通过投票否决董事会的提案或其他决议案，或者通过决议替换不称职的或者对现有亏损承担责任的董事会成员，从而促使管理层人员的更换；用脚投票即在预期收益下降时，通过股票市场或其他方式抛售或者转让股票。股东的监督具有明显的局限性：一方面，股东的极端分散性使得众多中小股东的个人投票微不足道，任凭大股东操纵董事会；另一方面，由于众多小股东从证券市场获取信息成本高昂，他们往往对公司经营及财务报告不够关心，“用脚投票”时往往带有很大的盲目性。

股东大会的监督。股东大会不是常设机关，其监督权的行使往往交给专事监督职能的监事会或者部分地交给董事会，仅保留对公司经营结果的审查权和决定权。

董事会的监督表现为董事会对管理层的监督。董事会对管理层的监督表现为一种制衡关系，其通过行使聘任或者解雇管理层人员、制定重大和长期战略来约束管理层人员的行为，以监督其决议是否得到贯彻执行以及经理人员是否称职。

监事会是公司专事监督职能的机构，监事会对股东大会负责，以出资人代表的身份行使监督权。监事会以董事会和管理层人员为监督对象。监事会重在财务监督、经营监督和违法监督，可以进行事前、事中和事后监督。根据修订后的《公司法》，股份有限公司可以由董事会审计委员会行使监事会职权，不设监事会或监事。

10.4 公司治理与公司管理

公司治理和公司管理是两个不同的体系：公司治理是基于公司所有权与控制权分离而形成的股东、董事会和高级管理人员及公司利益相关方之间的权力和利益分配与制衡关系的制度安排，以给企业提供运行的基础和责任体系框架，受到相关法律法规和治理细则的规范。而公司管理是公司内部具体的运营过程、组织设计和责任安排，主要由公司管理制度进行规范和落实。

但二者之间是存在有机联系的，它们有一个共同的目标和出发点：价值创造。价值创造是一切企业的核心目标。衡量一家公司的制度设计及执行是否合理有效的标准，就是该企业能否创造价值，能否持续创造高于资本成本的价值，这是衡量公司管理水平和管理层工作业绩的根本标准。对于上市公司而言，公司治理和公司管理价值创造的目的需要与两条主线结合：明线是社会价值最大化，暗线是股东价值最大化。社会价值最大化的目标可以使企业获得更多的社会资源和政府资源，股东价值最大化的目标将会使企业更具投资价值，在股权融资过程中可以获得更高的估值，进而体现为更高的市值。

2023 年修订后的《公司法》扩充了治理层公司董事会的权限，弱化了股东会对公司经营的决策权，加强了董事会在公司经营管理中的地位。同时，还强化了对公司民主管理的要求，要求公司通过职工代表大会或其他形式实行民主管理。法律法规的相关要求将会通过公司治理细则和管理制度进行落实和细化。

在公司日常运营过程中，公司治理和公司管理融合的作用机理可以参考图 10－2。公司治理系统，包括基于董事会制度的内部治理机制、基于资本市场的外部治理机制、基于股权激励的约束机制等。公司管理系统，包括企业战略目标与决策系统，这是企业管理体系中的关键环节；企业的组织结构与组织管理系统，这是保障战略执行的系统；企业文化的价值观系统，涉及企业的价值观、工作作风、行为规范等，起着黏合剂的作用，将整个公司管理系统黏合成一个整体，有助于公司管理层和员工形成共识。公司治理规定了整个企业运作的基本制度框架，公司股东通过公司治理系统聘任管理层，公司管理在这个限定的框架下制定包括市值管理战略在内的公司发展战略，建立落实战略的业务流程和组织结构，从而将治理层与管理层的战略目标同公司各个部门、各个环节的日常工作联系起来，加以落实。同时，在公司日常经营过程中，公司信息网络可以把日常管理运作中的问题通过公司管理系统和治理系统反馈给管理层、治理层乃至股东，及时围绕创造价值的总目标持续调整优化公司治理系统和管理系统。

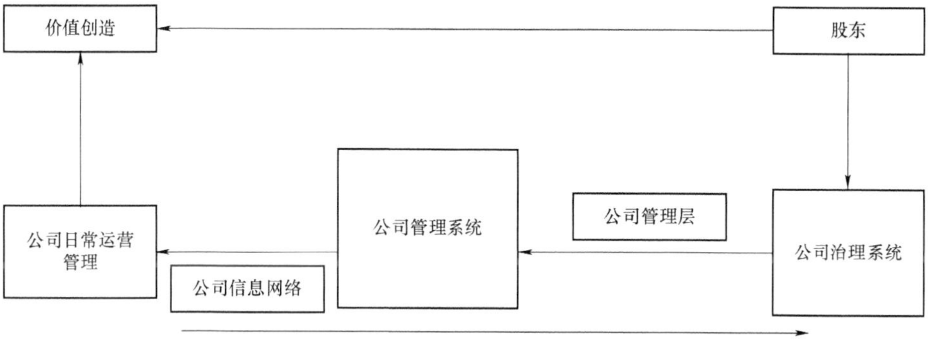

图 10－2　公司治理与公司管理的融合

资料来源：马永斌. 公司治理之道. 北京：清华大学出版社，2023. 有调整。

众多事实和先例表明，为社会和股东创造价值是公司治理层和公司管理层精诚合作的结果，是良好的公司治理实践和公司管理工作的结果。公司治理与公司管理的背离，必然会影响公司的有效运营和管理，影响公司的价值创造和运营，最终影响公司的估值和市值。资本市场不乏公司股东、治理层和管理层利益冲突的先例，在所有者、治理层和管理层对公司控制权的争夺中往往没有最后的赢家，上市公司业绩和市值会发生大幅波动，中小投资者在公司的控制权争夺闹剧中常常遭受巨大的损失。

10.5　公司外部治理机制

随着生产和交易的社会化，公司越来越成为社会化的公司，不仅对客户、供应商、当地社区居民和政府等负有不可推卸的责任，而且在某种程度上这些利益相关者也拥有监督和约束公司的权利，因为公司的运营与他们自身的利益密切相关。其中，股权的投资者或者股东是一个特殊的利益相关者。

10.5.1　证券市场在控制权配置中的作用

资本市场（包括证券市场及并购市场）作为公司治理的外部机制有独特的作用，通过证券市场进行控制权配置是公司外部治理的重要方式之一。这是由于证券市场的价格定位职能为企业控制权配置主体的价值评定奠定了基础，而发达的资本市场使得企业产权流动极其方便，适度的接管压力也是合理的公司治理结构的重要组成部分。

控制权市场是以市场为依托而进行的产权交易，其本身也是一种资本运动，它的运动必须借助于证券市场。在英美等国的证券市场上，上市公司的股权高度分散，人数众多且分散的股东由于缺乏专门的知识和信息，要相互达成一致来监控公司高管，其成本是巨大的。因此，一般股东没有兴趣直接监督和约束公司管理层，而是把兴趣转向关注股票收益率的变化。而股票收益率是与对公司的价值判断联系在一起的，如果股东对公司经营状况不满意而选择卖出公司股票（即股东的“用脚投票”），则将首先拉低公司的股价。为避免和降低这种情形发生的概率，公司管理人员会主动改善经营。另外，由于上市公司的股票具有高流动性的特点（股票在股票市场上不断地被买进与卖出），当公司经营业绩不佳，股东为躲避风险而选择卖出股票时，公司股价的下跌可能将公司置于被收购的境地，一旦公司被并购，现任管理层可能失业。这其中最具威力的就是“敌意收购”的存在。资本市场的并购活动被看成是能够维护广大股东利益的最有效的公司治理机制，对在位的公司经理可以起到威慑作用。资本市场是公司控制权争夺和易手的场所，是对公司管理层施加影响和实现资源配置的重要方式，也是职业经理人市场发挥作用的重要场所。利用资本市场进行控制权配置是公司外部治理的重要方式之一。

10.5.2 机构投资者参与公司治理

机构投资者通常以自身资金实力雄厚、持股数量大的法人股东、基金或个人股东的身份出现。分散的中小股东在通常情况下没有治理的积极性，而大股东则不然。因此，机构投资者越来越多地扮演着“安定股东”的角色，不再只是“用脚投票”：一是持有公司股票的数量增加而使监督经营者的投入产出比大大提高，监督成本下降；二是股票的流动性受到限制，不得不采取积极手段加强监督，帮助企业持续内部改进，创造价值，实现价值。

从公司董事会发展趋势来看，它出现了从“股东大会中心主义”过渡到“董事会中心主义”的特征。近年来又加进了“投资人”因素，机构投资者对公司董事会及管理层的影响越来越大，甚至直接关系到董事与经理的提名、任命。机构投资者对于公司治理的影响，以美国公司治理最为典型。20 世纪 70 年代以后，美国机构投资者在股市的持控股比例不断上升，他们不可能用直接抛售股票的方式来保护其资本的价值，因为所持有的大量股份不可能在不引起股价大跌的情况下抛出。因此，机构投资人转而采取积极干预的办法，迫使董事会对经营不善的公司施加压力，彻底改变公司的根本战略和关键人事，以确保新战略的迅速实施。

资本市场的实践表明，良好的公司治理，意味着公司具有科学的决策机制、恰当的权力制衡机制和良好的利益分配机制，这必然会增强公司对资本的吸引力，给公司带来较高的市值溢价。上市公司关心良好的公司治理评价对上市公司估值的正面影响。麦肯锡曾经对全球超过 200 家机构投资者进行过一项调查，发现 80% 以上的机构投资者愿意为治理良好的公司股票支付更高的价格。在其他因素相同的情况下，这种由于公司治理水平不同而引起的股票价格和收益率的差异被称为公司的治理溢价。公司治理优秀的上市公司股价能够跑赢大盘，良好的公司治理将使公司在未来具有较高的财务安全性、有利于公司盈利能力的提高，投资者愿意为治理状况好的公司支付溢价。上市公司董事长、董事会秘书和投关工作人员需要了解这一趋势，并将上市公司良好的公司治理情况及时传达给资本市场和投资人。

第 11 章 市值管理中的财务管理

财务管理在企业经营中的重要性无需赘言，企业通过合理地管理财务能够让投资者充分认识到企业的价值，并给予对应的估值，继而在二级市场中体现为市值。所以，市值管理的核心内容之一就是财务管理。

11.1　核心估值财务指标

上市公司市值管理的第一步是提出市值战略目标，基于公司业务发展战略、市值管理战略目标、业务增长路径和公司财务情况，进而推出上市公司的财务管理目标。从财务角度，上市公司提高市值有两种基本方法：第一，从产业角度出发，重视公司内在价值创造和价值经营。第二，从资本角度出发，提高企业的估值水平，主要看核心估值财务指标的情况和估值系数的选取。公司估值的方法包括绝对估值法和相对估值法，绝对估值法重在自由现金流，相对估值法重在估值财务指标（如市盈率法下的净利润）和估值系数。以下分别进行讨论。

11.1.1　绝对估值法下核心财务指标的讨论

在传统的战略规划中，财务目标可以分为四类：收入类、利润类、成本费用类及投资回报类。收入类财务目标跟企业的营业收入相关。企业在不同发展阶段关注的收入类财务指标存在差异。当企业处于快速发展期时，应重点关注销售增长率、新产品营业收入占总收入比例、新增客户收入占总收入比例；当企业处于成熟期时，应多关注目标客户市场份额；当企业进入衰退期后，应重点关注无盈利客户的比重。利润类财务目标与企业的净利润相关，与利润类财务目标相关的常见分析指标有销售毛利率和边际贡献率。成本费用类财务目标与企业降低成本费用、提高经营效率相关，常见的财务分析指标是期间费用率，它由销售费用、管理费用、财务费用和研发费用四项费用总和与营业收入的比值计算而来，反映了企业对成本费用的控制能力和经营管理水平。投资回报类财务目标，指的是分析企业的投资回报率等。常见的分析指标有总资产报酬率（ROA）和净资产收益率（ROE）。

站在市值管理的角度，仅有传统的财务目标是不够的。上市公司作为资本市场的重要参与主体会面对两个市场——产业市场和资本市场，上市公司在两个市场中的经营核心逻辑有所不同。在产业中经营的核心逻辑是通过资产经营产生利润，通过各方博弈获得现金流，现金投资产生新资产，新资产经营再产生利润，其中有三个核心要素：一是资产产出利润的能力；二是利润产生现金的能力；三是资金的投资效率。而资本经营的核心逻辑在于上市公司价值是建立在可持续产生现金回报的基础上，上市公司市值的表现是基于现金流推动的资本市场预期。因此，作为上市公司市值管理战略设计的核心枢纽，对上市公司现金流的规划与分析就变得尤为重要。经营性现金流是在真正地“造血”，所以上市公司经营性现金流的情况，特别是经营性现金流净额，是投资者重点关注的信息。上市公司在做现金流规划时还需要考虑其他会影响企业现金流的情况，比如现金分红，这也是真金白银的流出，因此还需关注上市公司的盈余分红率情况。

现金流决定着企业的价值创造能力。企业只有拥有足够的现金，才能从市场上获取各种生产要素，为价值创造提供必要的前提，而衡量企业的价值创造能力正是投资者进行投资的基础。现实中的案例以及金融危机使人们对“现金为王”的道理有了更深的感悟。现金流可以反映企业的盈利质量，是企业存活与持续经营的前提，也是产品和技术更新的基本保障。总之，企业现金流的重要性体现在方方面面。

经营活动现金流是衡量一家公司经营状况好坏的核心指标。无论一家公司的营收增速、利润增速如何，最终都要落到现金流上，这是维持企业持续经营的根本，也是衡量企业净利润质量的根本（参见第二章相关内容）。

巴菲特指出，自由现金流是企业唯一真实的价值。上市公司管理者要有大局观，需要重点关注上市公司现金流的情况，根据公司目前的情况，判断其当前现金流持续情况、资金使用时间周期、融资必要性等，提前做好融资规划和现金管理，做好对应的财务管理。

11.1.2　相对估值法下核心财务指标的讨论

以下以 A 股市场最普遍采用的市盈率估值法讨论相对估值法下的财务管理重点。

按照市盈率指标，市值 = 净利润 × 市盈率 = 净资产 × 净资产收益率 ×市盈率。

公司净资产代表企业的经营规模，通常企业规模越大，市值也越高；净资产收益率（ROE）代表公司给予股东的回报水平，和企业市值正向相关，其背后代表的是企业所在行业的盈利水平及资产质量；净利润是产业经营的结果，其影响因素和形成机制属于产业市场的规则；市盈率（PE）则是二级市场投资者给予公司的估值水平，背后是企业和企业所在行业净利润情况，其影响因素和形成机制属于资本市场的规则。市盈率具体取值区间反映了投资者对企业价值的评估。市值管理既要管理经营利润（产业面），又要管理估值水平（资本面），还要管理二者之间的互动关系，以实现企业价值最大化和可持续发展。

上市公司市盈率的合理区间相对固定，特定行业、特定商业模式的上市公司对应的市盈率区间是明确的。市盈率受到外部环境和特定事件的刺激，或者上市公司发生并购重组事项、股权激励、定向增发或者与公司业务相关的主题事件等，都会造成上市公司市值在短期内快速变化。如果上市公司计划在中长期稳步提升企业的估值水平和市值规模，那么仅靠市盈率提升是远远不够的，也是不大可能的，需要重点提高净利润规模、增速和质量。在中长周期下，尽管市盈率的重要性也不容忽视，但其影响有所削弱。企业可以通过资本动作和制造预期来获得资本市场的关注和认可，但是切忌透支资本市场的预期，而且在中长期内也需要通过净利润的增长来消化估值系数的提升。当然，如果拉到更长周期，净利润和市盈率的影响都将被不同程度地削弱，此时更重要的因素是行业的迭代周期，企业需要及时通过创新和增长开启第二曲线。所以，企业既需要做好内部运营和资本运作，也需要关注所处行业的发展趋势、发展格局，并基于对未来十年宏观经济、产业周期发展趋势的预测，及时作出战略调整和转型升级，才有可能在更长的时间周期内保持良好的市值表现。

盈利是股价之母。市盈率估值法下评判一家上市公司的第一步是看其利润表，此时投资者最关心的便是其每年的利润有多少、增长情况以及利润质量如何。分析和评判一家上市公司的利润质量，可从主业贡献程度、主业成长速度及主业发展质量三个维度入手。

分析一家上市公司的主业贡献程度，需要观察三方面的内容：一是主业净利润贡献度；二是非主业收益情况；三是主营业务构成。主业净利润贡献度通过主业利润占息税前利润的比例来确定。上市公司的非主业收益可分为四大类：金融投资收益、股权投资收益、政府补助收益及其他收益。除了要分析主业贡献程度的比例数值，还需进一步分析其主营业务构成的具体情况。对于上市公司来说，其主营业务构成受公司战略定位及其执行情况的影响。

分析上市公司的主业成长速度可以从企业主业利润增速及倍数差两个维度入手。主业利润是指公司主营业务的毛利润扣掉管理费用、销售费用、财务费用和研发费用后的值。主业利润增速是用来反映公司经营活动增长速度的指标，对其可进行四方面的对比分析：一是与企业增速历史数据进行对比；二是与行业增速均值对比；三是与竞争对手或对标企业增速对比；四是与 GDP 增速对比。倍数差是指以所分析的上市公司的主营业务净利润为基准，计算竞争对手或对标企业主营业务净利润的倍数，用于反映相较于竞争对手的差距及相对变化。除了可以与竞争对手进行对比外，还可以将其与行业均值进行对比，反映出目标上市公司在所处行业的位置及与行业平均水平的差距。通过主业利润增速、倍数差两个维度的分析，可以判断上市公司自身经营活动的绝对增速与相对增速，同时，还要关注上市公司与竞争对手或对标企业、行业估值的倍数差，分析净利润倍数差和估值倍数差二者是否配比，并找到原因。

除发展速度外，还需关注主业发展质量。投资者会关注和分析公司主营利润上升或下滑的主要动因是什么，进而判断公司发展的业绩质量。如果营业收入和毛利增速远高于主业利润增速或与主业利润增速接近，说明公司的利润增长是销售驱动的，增长质量较佳，产品具有较强的市场竞争力；如果收入及毛利增速远低于主业利润增速，则可能是控制费用带来的利润增长。但企业控制费用是有极限的，因此该情况下增长的可持续性不强。

此外，上市公司需注意连续盈利能力对上市公司的重要性，毕竟有部分融资品种会要求上市公司连续三年保持盈利才有资格实施。

在市盈率估值法下，作为核心财务指标的净利润、净资产、净资产收益率等会成为投资者重点关注的对象和内容，其变动趋势、变动幅度、绝对金额和内在质量都需要认真关注和分析，对这些财务指标的披露需要慎重而细致。

11.2 财务管理与信息披露

11.2.1 财务信息的披露

判断上市公司价值的方式很多，判断标准也不同，而财务报表作为一种重要判断基准，也是财务数据的主要载体，并且与上市企业的经营状况紧密相关，为所有的投资者所用。财务报表是上市公司最综合的数字结果，可以反映公司商业环境、行业格局及竞争、公司治理及战略、公司经济活动的效率以及财务会计处理的质量。优秀的企业都是由战略驱动的，而非跟着资本市场、跟着经营数字跑，理解企业战略，用财务报表去验证核心战略，才是价值投资者最应该关心的事。财务报表能够直观反映出上市公司的经营效益和发展优势，为投资者提供认识公司内在价值的途径。财务报表能揭示企业财务状况和经营成果以及现金流量的走向。对于高估值和市场关注的上市公司，投资者不但在长期上看战略是否推进，在中期上还要判断定期报告的业绩变动情况，前者影响确定性，后者影响估值。只要财务报表反映的企业估值核心逻辑不发生剧烈变化，就可以大致维持目前的估值区间。投资者在读财务报表之前，会建立基本的预期，并关注从财务报表中得到的估值信息。企业在进行市值管理时，应密切关注财务报表中的结构因素，包括收入与收入结构、每股收益（EPS）及变动趋势、收入和利润的构成。因为这些数据和企业的估值变动、市值趋势、历史数据的幅度与斜率等因素密切相关。企业在进行市值管理时应注重财务报表的制定、审核、分析和披露工作，避免财务报表不完善、不合理等给公司带来合规风险和市值波动。

财务报表和财务信息的披露。监管要求上市公司每年都要按照季度披露财务报表，所以定期报告分为一季报、半年报（中报）、三季报、年报。公司编制财务报表的根本目的是向企业的利益相关者说明企业的财务状况，因此其不仅是管理的需要，也是披露的需要。投资者和管理者看财务报表时的侧重点有所不同，好的财务报表可以吸引投资者的注意，得到利益相关方的认可，企业进行融资也会相对容易。企业只有明确财务报表中的重要内容，才能够建立完善的财务模型。因此，良好的财务报表能帮助企业提升内在价值和市值。上市公司不仅需要披露财务报表，还需要披露会计数据、经营情况和管理层分析的相关情况。同时，发行境外上市外资股的公司，按不同会计准则计算的净利润和归属于上市公司股东的净资产若存在重大差异，应当列表披露差异情况并说明主要原因。

财务指标的披露。上市公司应采用数据列表方式，提供报告期间及比较期间的主要会计数据和财务指标，包括资产负债表、利润表、现金流量表等重要科目及衡量上市公司偿债能力、营运能力、盈利能力、成长性等方面的关键指标。上市公司财务管理者要关注核心财务指标和涉及估值财务指标的变动情况。此外，在分析财务报表时，每个行业都有本行业特别看中的财务指标，比如建材企业特别看重现金流，因为下游都是高负债的开发商，那么，“收现比”“净现比”就是重要的指标。对于核心财务指标、涉及估值的财务指标、反映本行业业务发展和业绩情况的特定财务指标的披露要慎之又慎，重大变动要充分说明原因。

业绩预告。按照交易所股票上市规则和相关披露要求，当上市公司预计年度经营业绩净利润出现负值，或者涨跌超过 50% 或者实现扭亏为盈，需要在会计年度结束后一个月内进行业绩预告；预计中期和三季度出现此类情况时，可以进行业绩预告。业绩预告类公告对投资者预期和市值有重大影响。上市公司在准备此类公告的全过程都需要非常谨慎认真，仔细判断是否需要披露此公告，如何披露此公告，如果披露公告，如何进行预期管理和投关工作。上市公司披露年度业绩预告时，财务负责人及审计委员会召集人负有特定的职责，应当对公司在预计全年业绩时发现的尚不确定事项予以充分关注，并及时向董事长、总经理汇报，上述负责人应尽快确定相关事项，包括和年审会计师就相关事项的会计处理及其可能对业绩的影响进行充分沟通，并和董事会秘书充分沟通信息披露事宜，确保及时、准确地披露年度业绩预告。多数情况下，从公司业绩预告情况可以看出管理层对公司的控制程度和管理精细度。如果业绩预告给出的预期期间越短，最后公布的实际业绩差距越小，就说明公司管理层对公司的控制能力越强，管理精细度越高。反之，则说明公司的管理层对于实际的业务执行没有一个清晰的认识，公司的实际治理能力和财务管理能力较弱。

11.2.2　关联方和关联交易

法律法规并未禁止关联交易，仅对“利用关联关系损害公司利益”的行为进行规范。但由于关联交易的隐蔽性、复杂性，监管部门对于上市公司关联交易的决策程序和信息披露方面的要求都更加严格。合法有效的关联交易应当同时满足以下三个条件：交易信息披露充分、交易程序合法、交易对价公允。监管对关联交易重点关注交易的必要性、定价的公允性、决策程序的合规性、款项支付等交易安排的商业合理性、披露内容的完整性以及对上市公司的影响等。因此，上市公司及时履行关联交易的审议及披露程序是非常必要的。对于关联交易的处理方式，首先需要根据关联交易的相关定义去判断是否属于关联交易，其次需要判断是否需要履行披露及审议程序，最后看是否可以豁免披露。

上市公司关联交易，是指上市公司或者其控股子公司与上市公司关联人之间发生的转移资源或者义务的事项。关联关系是指公司控股股东、实际控制人、董事、监事、高级管理人员与其直接或者间接控制的企业之间的关系，以及可能导致公司利益转移的其他关系。由于出发点和侧重点不同，在股票上市规则层面、企业会计准则层面、企业所得税法层面、关于关联方的界定方面也有不同。股票上市规则重在决策和事前披露，目的是防止关联交易损害上市公司和中小股东利益，而企业会计准则重在财务核算与事后披露，以便反映完整会计主体的财务信息。在实际操作中，在关联交易发生时，上市公司应按照交易所股票上市规则对该交易进行审议和披露，而在财务报告发出时，应按照企业会计准则所界定的关联方对关联交易进行审议和披露，在缴税时，应按照企业所得税法对关联方和关联交易进行梳理和汇算清缴。

关联交易按照是否与主业相关，可分为经营性关联交易和非经营性关联交易；按照发生的频率，可分为经常性关联交易和偶发性关联交易；按照是否已经披露，可分为显性关联交易和隐性（关联交易非关联化）关联交易。在上市审核过程中，监管机构主要从显性关联交易与隐性关联交易两个方面认定拟上市主体如何进行业绩操纵。显性关联交易主要是通过“交易价格”操纵业绩，包括高于公允价格、低于公允价格或无偿等方式。隐性关联交易，即关联交易非关联化，情况更为复杂，操作方式多样，有时难以准确判断。

与日常经营相关的关联交易可免于审计或者评估。上市公司为关联人提供担保的，不论数额大小，均应当在董事会审议通过后及时披露，并提交股东大会审议。

对于一些特殊的关联交易，因其交易程序公开、交易价格公允，或因交易涉及国家秘密、商业秘密等，上市公司可以豁免披露或者豁免履行相关义务。一类是完全豁免，上市公司可以免于按照关联交易的方式进行审议和披露，需注意的是，如果交易金额达到了“应当披露的交易”的标准，仍需履行相关程序和信息披露义务。另一类是部分豁免，上市公司可以免于按照关联交易的方式进行审议或披露，但仍需履行其他相关程序和信息披露义务。上市公司要甄别不同的豁免情形，避免错用豁免条款。

考虑到关联方和关联交易披露在监管上的敏感性，同时，随着业务的发展和公司组织的日益复杂，上市公司财务部门、证券部门、法务和合规部门对于关联方和关联交易在梳理、认定、披露上务必谨慎，如不确定，应和督导券商、交易所对口信息披露监管员提前沟通确定。

11.2.3　研发支出

判断企业价值，需考量研发投入的持续性和产出并结合研发能力进行定性分析。A 股部分龙头公司持续通过高研发构建护城河，使得部分龙头公司无论是产品线的广度还是深度都远超竞争对手。研发支撑着技术，技术影响着管理，管理决定着价值，价值体现为市值。

近年来，国家政策愈加鼓励加大全社会研发经费投入和投入强度，完善技术创新市场导向机制，强化企业创新主体地位，促进各类创新要素向企业集聚。同时，随着科技的不断发展，企业之间的竞争越来越取决于产品核心技术的较量，企业对研发的重视程度与投入也随之增加，尤其是医药研发类、软件开发类、制造类企业，研发费用占总支出的比重很大。从会计角度而言，对研发支出做费用化处理还是资本化处理，将影响到企业的利润和税收优惠政策的享受，因此受到企业的重点关注。在 IPO 及再融资过程中，募投项目涉及的研发支出是费用化还是资本化，也是证监会及交易所审核时关注和问询的重点。近年来，无论是沪深两市还是北交所、证监会，对企业研发费用愈发关注，相关问询函显著增加。

按照会计学的定义，能被计算在研发费用成本中的项目，包括研发人员工资、劳务费、材料费、试验费、设备折旧费、租赁费、专利申请费以及直接购买技术等。根据《企业会计准则第 6 号——无形资产》第 7 条的规定，企业内部研究开发项目的支出，应当区分研究阶段支出与开发阶段支出。

研发支出费用化和资本化。研发支出费用化和资本化的不同，体现的是一种时间差异。如果企业选择将研发支出作费用化处理，那么在研发当年，企业即可将其实际发生的研发投入作为成本费用计入当期损益，如符合资本化条件的需要进行资本化处理。企业研发费用加计扣除的对象正是费用化的研发支出。值得注意的是，公司的研发支出均作费用化处理，直接计入当期损益，侧面反映公司的利润稳健度较高。如是资本化处理，企业则需在满足一定条件时，将研发支出确认为无形资产，在未来的无形资产使用期间，以摊销的方式计入损益。研发支出费用化是指研发费用发生当时全部作为期间费用计入当期损益。采用这种方法主要着眼于稳健性原则，研究与开发能否成功、能否给企业带来经济利益具有很大的不确定性，作为当期费用使得企业当年就可以收回用于研究与开发的资金，有利于促进企业的技术进步。而且费用化处理具有节税作用，可以减少企业当期的现金流出。研发支出资本化是指将研究与开发费用在发生时予以资本化，等到开发成功取得收益时再进行摊销。因此，资本化率高的公司，通常可以理解为公司认为自己的研发有稳定的变现能力。当然，不排除一些公司为了提高利润水平进行这种操作的可能。

研发费用资本化条件。研究阶段的支出在发生时计入当期损益进行费用化处理，开发阶段考虑到研发项目往往形成成果的可能性较大，因此同时满足下列五项条件时可以予以资本化：（1）完成该无形资产以使其能够使用或出售，在技术上具有可行性。（2）具有完成该无形资产使用或出售的意图。（3）无形资产产生经济利益的方式，包括：能够证明运用该无形资产生产的产品存在市场或无形资产自身存在市场；无形资产将在内部使用的，应当证明其有用性；无形资产是否能够为企业带来经济利益，应当对运用该无形资产生产产品的市场情况进行可靠预计，以证明所生产的产品存在市场并能够带来经济利益，或能够证明市场上存在对该无形资产的需求。（4）有足够的技术、财务资源以及其他资源支持，以完成该无形资产的开发，并有能力使用或出售该无形资产。（5）归属于该无形资产开发阶段的支出能够可靠地计量。

对于正在或即将 IPO 的企业，尤其是拟登陆科创板的公司，研发方面的投入通常较大，在研发支出归集方面也面临更大的挑战。交易所往往针对各个方面对研发费用的真实发生额进行核查。因此，建议拟上市公司和上市公司，建立完整的研发项目跟踪管理系统，从研发项目起始阶段开始，对研发支出进行实时归集和跟踪管理，同时监控和记录研发项目进展情况。企业内部也要明确研发支出的范围与标准，并在核算过程中准确执行相关的管理制度。必要时，上市公司可考虑建立技术团队和财务团队的常态化合作机制，组建专门的研发活动管理小组。另外，研发支出资本化比例需要与公司历年资本化比例和同行业上市公司资本化比例保持基本一致，否则容易引来对会计政策一致性及利润质量的质疑。

11.2.4 资产减值

资产减值是影响上市公司业绩的众多因素中容易被忽略但杀伤力不小的财务事项。根据《企业会计准则第 8 号——资产减值》，资产减值是指资产的可收回金额低于其账面价值。所谓资产，包括单项资产和资产组。资产组是指企业可以认定的最小资产组合，其产生的现金流入应当基本上独立于其他资产或者资产组产生的现金流入。资产减值准备在各资产类会计科目下名字不同，但都是各资产类会计科目的备抵科目，常表述为“计提资产减值准备”，而与资产减值准备相对应的会计科目为资产减值损失或信用减值损失，为损益类科目，常表述为“确认资产减值损失”。应收账款、存货、采用公允价值模式计量的投资性房地产、消耗性生物资产、建造合同形成的资产、递延所得税资产等资产减值分别适用其他相关会计准则。

根据《企业会计准则》的要求，上市公司应当在资产负债表日判断资产是否存在可能发生减值的迹象；因企业合并所形成的商誉和使用寿命不确定的无形资产，无论是否存在减值迹象，每年都应当进行减值测试。上市公司应当严格按照《企业会计准则》的要求及时进行资产减值测试。上市公司在进行减值测试时，需充分考虑影响计提资产减值准备的各种因素，除考虑资产本身之外，还需结合经济、技术、法律等环境以及资产所处的市场在当期或者将在近期发生的重大变化等因素，保证计提减值准备的充分及准确。

资产减值可能直接影响上市公司业绩预告、定期报告的准确性，上市公司在计提资产减值准备时，除应考虑影响计提资产减值准备的各项因素外，还需及时与年审会计师进行沟通，避免出现因资产减值损失不准确导致业绩预告及定期报告相关财务数据不准确的情形。

目前，沪深交易所的规则仅规定了计提资产减值准备的披露标准，未对审议程序作出强制性规定。上市公司需要根据公司章程及内部管理制度的规定履行相应的审批程序。上市公司计提资产减值准备，其影响达到交易所规定的应披露标准，应当及时履行信息披露义务。

根据《企业会计准则》，固定资产、无形资产等会计科目的资产减值损失一经确认，在以后会计期间不得转回，而存货、应收账款、合同资产等流动资产计提的资产减值准备日后可以转回，如在资产负债表日企业应当确定存货的可变现净值。以前减记存货价值的影响因素已经消失的，为了更加公允地反映公司的财务状况、资产价值和经营成果，减记金额应当予以恢复，并在原已计提的存货跌价准备金额内转回，转回的金额计入当期损益。

交易所对资产减值准备转回并无明确的披露和审议要求，但是考虑到资产减值准备的转回同样会对公司业绩产生影响，如果公司发生大额资产减值准备转回事项，除在定期报告中进行披露说明外，建议按照计提的标准进行及时披露。

应收账款减值。关于应收账款减值，企业应注意以下事项。

（1）谨慎计提坏账准备。公司计提坏账准备，应当遵循谨慎性原则，充分反映应收账款回收风险。如果企业增量坏账准备对当期业绩产生重大影响，往往不是坏账准备计提比例问题，有可能是企业的经营出现了问题，比如改变、放宽了销售的信用期，或提前确认收入导致应收账款大幅增加，甚至虚假销售导致应收账款增加等，这种情况将对上市造成实质性障碍。坏账准备计提是否谨慎，一方面，要考虑按照通常比例计提后，企业当期的经营业绩是否符合发行上市条件；另一方面，稳健的坏账准备政策能够给投资者一种信号，使投资者对资产质量状况充满信心。

（2）坏账准备应当对标同行业计提标准。除了充分考虑企业销售客户资信状况、实际回款情况等因素，企业在确定坏账准备政策时，还要横向比较同类企业计提标准。

（3）关联方款项坏账准备计提。是否计提坏账准备，判断标准是款项的可收回性，无论是否为关联方，只要预期会发生损失，都应当计提坏账准备。作为拟上市主体，在上市前通常存在控股股东、实际控制人或其附属企业占用拟上市主体资金的情况，有的占用资金额度巨大。企业在上市申报前必须清理关联方非经营性资金占用，否则将成为上市障碍。

存货减值。在经济大环境形势不稳定，主要原材料价格大幅度波动时，存货减值对企业经营业绩将产生重大影响。在确定存货减值计提时，应当明确如下事项：（1）可变现净值确定是否考虑资产负债表日后信息。（2）非标存货减值的计提。（3）特殊存货资产减值。

权益工具减值。《企业会计准则》规定，可供出售金融资产减值应当考虑其公允价值持续下跌的时间及幅度，同时结合被投资单位所处市场、经济或法律环境等制定明确的计提政策。实务中，部分上市公司对可供出售金融资产计提减值的判断在会计政策中进行了较为具体的描述，有的公司披露了定性的标准，有的公司披露了定量的标准，使投资者对公司计提可供出售金融资产减值的原因和适当性有了更清晰的了解。披露的定性标准包括：发行方经营所处的技术、市场、经济或法律环境等发生重大不利变化，使权益工具投资人可能无法收回投资成本；发行方发生严重财务困难；因发行方发生重大财务困难，该金融资产无法在活跃市场继续交易等。披露的定量标准主要包括公允价值相对于成本的下跌幅度、波动率和下跌的持续时间，如降幅累计超过 60%、公允价值持续低于其成本超过 12 个月等。其中，核心问题是如何判断“严重性”和“非暂时性”等定性描述，实务操作中，财务管理人员需要进行职业判断。

商誉减值。按照企业上市监管规定，非同一控制下合并金额较大，将影响拟上市主体业绩的连续计算，所以拟上市主体在上市前对非同一控制下的并购重组需较为谨慎，以避免触发业绩连续计算监管指标。上市后，不少企业利用超募的资金开展并购活动，产生较多的商誉资产。根据《企业会计准则》及相关规定，企业合并所形成的商誉，至少应当在每年年度终了进行减值测试。商誉应当结合与其相关的资产组或者资产组组合进行减值测试。企业因重组等原因改变了其报告结构，从而影响到已分摊商誉的一个或者若干个资产组或者资产组组合构成的，应当将商誉重新分摊至受影响的资产组或者资产组组合。商誉相关资产组账面价值的确定基础应当与其可收回金额的确定方式相一致，且应按照与资产组或资产组组合内资产和负债一致的基础预测未来现金流量。《企业会计准则》规定了进行商誉减值测试的具体方法。如果不能合理测试、计提商誉减值，将影响企业资产质量。不少企业在进行减值测试时，简单地基于被并购企业当期或近期实现的利润判断是否减值，或者即使被并购企业亏损也试图以各种理由说明将来会实现盈利，从而认为不存在减值。

11.2.5 会计差错更正、会计政策和会计估计变更

会计差错更正、会计政策或会计估计变更对上市公司损益、总资产、净资产等都会有影响，需要按照披露规则及时进行披露。

会计差错更正。存在会计差错表明上市公司前期会计处理不当，原因多为核算问题和判断失误等人为因素，最为严重的是上市公司财务舞弊情形。鉴于上市公司财务信息是投资者决策的关键信息，将极大影响投资者作出正确的决策判断，因此会计差错更正不仅是重大的财务管理问题，也是重大的信息披露失误，上市公司要避免此类事项的出现。如发现此类问题，应及时和审计师及监管进行沟通和解释说明。

会计政策或会计估计变更。法律法规或者国家统一的会计制度要求变更会计政策，

或者上市公司自主进行会计政策变更和会计估计变更，均需要进行信息披露。在规则层面，上市公司会计政策变更分为法定会计政策变更以及自主会计政策变更，其具体披露的时间要求为：法定会计政策变更公告日期不得晚于会计政策变更生效当期的定期报告披露日期；自主会计政策变更应当在董事会或股东会审议之后及时进行临时报告。从案例情况来看，法定会计政策变更的信息披露时间“不得晚于会计政策变更生效当期的定期报告披露日期”可以理解为最晚不得超过年度报告应当披露的日期。但是，考虑到信息披露的及时性，以及大部分公司在中期报告最晚的披露日期之前披露的实操做法，建议公司在法定会计政策变更生效之后尽快进行披露。

在规则层面，如果不及时披露会计政策变更，可能会受到证监会的警告、罚款或者监管措施，或者交易所的监管措施或纪律处分。在实践中，从先例的情况来看，公司未及时披露会计政策的变更一般系受到当地证监局责令改正的监管措施或者被交易所监管问询，公司通常须出具相应的整改报告或者对监管部门的问询进行详细回复。交易所可能会对上市公司会计政策变更，特别是自主会计政策变更的情况进行关注，并在年报问询函中关注上市公司是否作出会计政策变更的问题。

公司应披露独立董事、监事会及会计师事务所对会计差错更正、会计政策变更和会计估计变更事项的结论性意见，包括：上述变更、更正的原因，会计差错更正是否符合《企业会计准则第 28 号——会计政策、会计估计变更和差错更正》及《公开发行证券的公司信息披露编报规则第 19 号——财务信息的更正及相关披露》的相关规定，更正后的财务数据及财务报表能更加客观、公允地反映公司财务状况及经营成果，本次会计差错更正未损害公司及全体股东的合法权益；具体的会计处理；会计政策或会计估计变更是趋向稳健还是激进；如涉及追溯调整的，对以往各年度财务状况和经营成果的影响金额；如涉及更换会计师事务所的，是否就相关事项与前任会计师事务所进行了必要的沟通等。

上市公司进行会计差错更正，属于非常负面的事项，上市公司进行自主会计政策变更和会计估计变更，虽属于上市公司自主决定事项，但也会引发投资者对当年财务业绩的负面预期以及往年财务报告质量的怀疑。上市公司需要在相关信息披露文件和随后的投关工作中做好解释和说明工作。

11.2.6　非标准审计报告

非标准审计报告，是指注册会计师发表非无保留意见或带有解释性说明的无保留意见的审计报告。其中，非无保留意见，是指注册会计师对财务报表发表的保留意见、否定意见或无法表示意见；带有解释性说明的无保留意见，是指对财务报表发表的带有强调事项段、持续经营重大不确定性段落的无保留意见或者其他信息段落中包含其他信息未更正重大错报说明的无保留意见。被出具非无保留审计意见表明上市公司财务报表整体存在重大错报或者审计师根据审计证据无法得出财务报表整体不存在重大错报的结论，即上市公司财务质量存在较大问题。

有数据统计，57 家会计师事务所共为 5 170 家 A 股上市公司出具了 2022 年度财务报表审计报告。从审计报告意见类型看，5 039 家 A 股上市公司被出具了无保留意见审计报告（其中 55 家被出具了带强调事项段的无保留意见，49 家被出具了带持续经营事项段的无保留意见，即 104 家被出具了带有解释性说明的无保留意见），94 家被出具了保留意见审计报告，37 家被出具了无法表示意见审计报告。从非标准审计意见看，235 家 A 股上市公司被出具了非标准审计意见（占比 4.55%），较 2021 年 256 份（占比 5.38%）略有下降。

公司财务报告被注册会计师出具非标准审计意见的，公司需与定期报告同时披露：董事会针对该审计意见涉及事项所做的专项说明和相关决议；监事会对董事会有关说明的意见和相关决议；负责审计的会计师事务所及注册会计师出具的专项说明；交易所和督导券商要求的其他文件。负责审计的会计师事务所和注册会计师出具的专项说明应当至少包括以下内容：出具非标准审计意见的依据和理由；非标准审计意见涉及事项对报告期公司财务状况和经营成果的影响；非标准审计意见涉及事项是否违反企业会计准则及相关信息披露规范性规定。

董事会、监事会及独立董事对会计师事务所本报告期非标准审计报告的说明，会提示企业有无重大经营风险。被出具非无保留审计意见会导致上市公司在资本运作和股权激励等事项上受到严格限制，不仅是重大的财务管理问题，也是重大的信息披露失误，上市公司要极力避免此类事项的出现。

11.2.7 会计师的选聘和变更

我国《证券法》《上市公司章程指引》对会计师的聘用事项和程序作出了明确规定。为规范国有企业、上市公司选聘会计师事务所相关行为，财政部、国资委、证监会于 2023 年 2 月 20 日联合印发了《国有企业、上市公司选聘会计师事务所管理办法》（以下简称《选聘办法》），根据《选聘办法》的要求，国有企业、上市公司选聘会计师事务所应当采用竞争性谈判、公开招标、邀请招标以及其他能够充分了解会计师事务所胜任能力的选聘方式，保障选聘工作公平、公正进行。

上市公司聘用或解聘会计师事务所，应当由董事会审计委员会审议同意后，提交董事会审议，并由股东大会决定。注意：

（1）上市公司更换会计师事务所的，应当在被审计年度第四季度结束前完成选聘工作。

（2）公司解聘或者不再续聘会计师事务所时，应当提前通知会计师事务所，公司股东大会就解聘会计师事务所进行表决时，允许会计师事务所陈述意见。会计师事务所提出辞聘的，应当向股东大会说明公司有无不当情形。

（3）上市公司和受聘会计师事务所对选聘、应聘、评审、受聘文件和相关决策资料应当妥善归档保存，不得伪造、变造、隐匿或销毁。文件资料的保存期限为选聘结束之日起至少 10 年。

会计师为上市公司提供审计服务，如果审计客户属于公众利益实体，会计师事务所任何人员担任项目合伙人/项目质量复核人员/其他属于关键审计合伙人的职务中的一项或多项职务的，累计时间不得超过 5 年。任期结束后，该人员应当遵守冷却期规定和合并计算要求。特殊情况下，担任期限可延长 1 年。

上市公司解聘、变更会计师事务所，特别是长期服务的会计师事务所，属于负面事项，往往引发投资者对当年财务业绩的负面预期，以及往年财务报告质量的怀疑。因此，上市公司需要提前对股东和投资者做好解释和说明工作，做好股东大会的准备工作。

11.3　财务预测和业绩指引

市值管理的重中之重是预期管理，包括结果预期和行为预期。结果预期非常重要，上市公司通过一次次阶段性的正向结果预期的实现，不断增强投资人对上市公司价值的认可，这样投资人才会慢慢形成对上市公司持久发展的信任，增强长期持仓信心。而预期管理的核心是业绩指引。财务预测和业绩指引是展示企业价值的重要手段，也是投关的核心工作之一。由于估值的指引作用，可预期和可兑现的财务预测和业绩指引对于市值管理工作意义重大。

财务预测是根据公司的历史财务资料和实际运营情况，结合市场的数据和趋势，运用一系列假设条件，对公司未来的财务状态进行预计和测算。财务预测是公司制定财务政策、应对市场状况、消除不确定因素、保证公司经营取得成功的前提，也是上市公司提出业绩指引的基础，很难想象一家没有计划、没有预算的公司能够取得成功；同时，财务预测也是公司融资计划的核心内容。

上市公司通过搭建财务模型和场景测试，建立财务预测中的业绩预期，发布业绩指引，引导资本市场投资机构，以加速资本市场对上市公司投资价值的发掘与认知。目前 A 股采取的是先强制、后松散的预测性信息披露制度。所谓的先强制是指在 IPO 首次公开发行时，发行人必须要在招股说明书中披露当年和未来期间的发展规划和业绩预测；上市后，上市公司只需在业绩报告中披露未来发展规划，没有强制性地要求披露盈利预测。但实际上，在日常市值管理和投关交流中，财务预测和业绩指引是交流的重点内容。

建议公司管理者在财务预测中细致地勾勒出业务是怎样运营的：公司如何生产和提供产品，用户及客户如何找到并使用公司的产品，这个过程如何产生收入和成本。通过评估最后的结果，包括运营指标和财务报表，审视业务的潜在情况。通过深入挖掘和分析关键的主导因素，验证一系列假设条件，生成多个审视角度，帮助公司制定关键产品设计、市场营销、组织结构、财务预算和战略决策。财务预测是理解公司业务模式、面临的问题以及关键决策的好办法。产品或服务是企业价值实现的载体，是盈利预测的起点。企业有产品、有服务才有可能有收入。对于一家产品已经成熟的企业来说，销售规模的上限取决于产能，销售增长的动力来自产品本身的竞争力、销售策略及市场需求的增长。如果企业有多个产品，就需要针对各个产品来进行预测。在既定的产能范围内，对各个产品收入的预测可以基于已有的订单，结合企业业绩历史增长速度、企业布局和行业增长速度，给出一个合理的增长率。

成熟企业的财务预测方法以销售百分比法为主。销售百分比法需要公司有比较稳定、规律的历史财务数据作为财务预测的支持。这种方法假设公司的利润表项目（成本、费用等）和资产负债表项目（固定资产、现金、应收账款、负债等）与销售收入存在稳定的百分比关系。也就是说，要做成多大的收入，就需要有相对应的成本、费用支出，还需要有相对应的固定资产、流动资产、现金等作为支持，业务中也会产生相应比例的应收账款和预付账款等。很显然，这种财务形式通常适用于传统的、业务稳定的、发展平稳的公司，大多数上市公司的财务预测可以运用这种方法。

财务预测的主要步骤如下。

（1）根据公司历史财务报表，计算财务报表中主要科目与销售收入之间的百分比关系，比如成本占销售收入的比例为40%等。如果有 3 至 5 年的历史数据，可以对不同年份的百分比数据取平均值或者用其他方式处理。

（2）进行销售收入预测，首先要确定收入的主要驱动要素，最重要的有两类：产品或服务的单价；客户数量、交易量等。根据销售收入的历史增长趋势、市场情况以及公司发展态势等方面的综合情况，预测公司下一年的销售收入。要想把收入预测做得更加完善，还需要考虑业务变动因素，并对数据进行对应调整。

（3）根据销售收入预测，以及各财务报表科目与销售收入的比例关系，确定产品或服务的成本驱动因素，计算出成本、费用、总资产、流动资产、负债等财务指标。做费用预测时，要与市场同类可比公司和行业平均水平做比较，看看预测是否合理。另外，费用预测还要与产品和服务推出时间、公司重大事件（如新开分公司、产品上市等）、增长率等因素配合。对于人力资本密集型企业，如软件企业，还要做人员及人员费用预测。

（4）根据预计资产总量，减去已有资金来源、负债的自发增长和内部提供的资金来源，确定外部融资需求。

（5）根据财务指标之间的勾稽关系，计算和确定三张报表中核心项目的数据。

合理的未来三年盈利预测需要财务管理人员有专业的行业背景、吃透业务，根据技术研发进度、生产线建设进度、销售渠道开拓进度、资金使用情况、团队能力建设进度和售后服务能力等各种因素，进行相对保守的合理收入预测和利润预测。在实践中，其研发是否如期完成、产能是否跟得上、产品是否适销对路，都会影响团队既有财务预测的可信度。

虽然管理层做了精心准备，但对于一家公司来讲，进行准确预测是非常困难的，不但要求对历史资料进行正确分析，还要求有一定的经验和判断力，以准确把握企业的未来前景。如确有难度，可以多做场景测算，一方面测算未来的各种极限情况和各场景数据，另一方面看哪些数据范围出现频次最高，可能就是概率最大的预测情况。

基于财务预测，企业可以计算自身未来的现金流量、收入规模和预期业绩。在建立盈利预测模型时，企业要注意企业所属行业和企业战略，要在对这两个方面进行深入分析的基础上构建模型。通过构建盈利预测模型，企业还能对企业与业务的内在价值进行估值，从而确立各种交易的定价，或为企业的投资、战略提供正确意见。在牛市环境下，投资者比较容易接受上市公司的估值逻辑并将其兑现在市值里；在熊市环境下，投资者会关注上市公司的每股收益，并逐个季度核查披露的定期报告财务数据，以确定合理的估值水平。

市值管理中最怕的并不是上市公司缺乏预期管理的技术和方法，而是投资人没有预期。因此，上市公司，特别是中小微市值公司更应该明确并利用各种媒体传播公司的长期愿景，基于外部市场机遇和公司资源能力制定公司可实现的短、中、长期目标规划，在定期报告中不断检阅公司的中、长期战略目标并披露进展，主动及时准确地披露与中、长期目标实现紧密相关的里程碑和重大事件。利用长期的愿景以及不断落地和可验证的预期，调动投资者的兴趣，这样投资者即使不买至少也会纳入可观察范围。

资本市场本质上是预期管理，预期管理的核心是财务预测下的业绩指引，业绩指引要可预期和可兑现。企业家对于自己创办和经营的企业，往往像父母对于自己的孩子一样充满梦想，以至于常常向市场释放有强烈个人意愿倾向的业绩指引信息，而不是基于财务预测的业绩指引，如果公开的指引无法兑现，其对于上市公司的市值管理和投关工作毫无正面意义。

第12章 市值管理中的股权管理

12.1 股 权 结 构

12.1.1 股权结构的披露

上市公司做市值战略规划和市值管理时，需要重点关注股权结构。股权结构本身也需要进行披露，它是投资者重点关注和分析的信息。

按照信息披露规则，上市公司应当披露本年度期初、期末的股本结构，以及报告期内股份限售解除情况，以及股东总数、前十名股东、持股数量及占总股本比例、报告期内持股变动情况、本年度末持有的无限售股份数量，并对前十名股东相互间关系及持股变动情况进行说明。如所持股份中包括无限售条件股份、有限售条件股份、质押或司法冻结股份，应当分别披露其持有数量。发行优先股的，应当披露优先股的总股本，包括计入权益的优先股及计入负债的优先股情况。

公司如存在控股股东，应对控股股东进行介绍。如不存在控股股东，公司应当就认定依据予以特别说明。公司应当比照控股股东披露要求披露公司实际控制人的情况，并以方框图及文字的形式披露公司与实际控制人之间的产权和控制关系。实际控制人应当披露到自然人、国有资产管理部门，或者股东之间达成某种协议或安排的其他机构或自然人，包括以信托或其他资产管理方式形成实际控制的情况。如不存在实际控制人，公司应当就认定依据予以特别说明。

控股股东的股权质押情况和质押解除情况也是需要单独披露发布临时公告的信息。控股股东的股份质押占比，在一定程度上可以反映出上市公司股权结构的稳定性和经营风险。

12.1.2 机构持仓

企业在进行市值管理时，需要关注公司股权结构中机构投资者与个人投资者的类型与占比。该因素会影响资本市场对企业的估值和评价，进而造成市值波动。比如，同一行业上市企业，如果 A 公司有社保基金、养老金、大型公募基金这类中长期机构投资者大量持股，而 B 公司的股权结构中都是个人投资者，那么可以推测一般情况下资本市场会大概率看好 A 公司。

机构投资者是上市公司需要持续吸引和重点交流沟通的投资对象，公司证券和投资者关系工作人员需要了解掌握不同类型机构投资者的投资策略、选股逻辑、业绩考核标准、持股周期等，以及资管（机构投资）行业的发展趋势，这样才能有效地针对上市公司自身的特点和发展阶段，选择匹配适合上市公司、可以体现上市公司估值的投资者群体。在海外成熟资本市场，投关工作的重中之重就是筛选并吸引目标机构投资者。

知名投资机构的持续建仓与长期持仓有助于上市公司的市值上涨和市值稳定，机构投资者持仓比例和变化情况代表了资本市场主流资金对公司价值的主流研判。与此同时，机构持仓是个人投资者关注的重要指标之一，知名机构的持仓将吸引个人投资者买入，因此机构持股是上市公司需要关注的重要指标之一。企业需要重点分析的数据和信息包括：

- 机构股东的数量占比、持股总数比例。
- 机构股东的类型（公募、私募、保险、银行等）。
- 各机构股东持股时长。
- 各机构股东在各定期报告期间的增减持分析。

股东中有较多的机构投资者有助于稳定股价。知名大机构的进入有助于增强市场对公司股价上涨的信心。如果前 100 名股东中机构股东数量很少或持股数很少，则说明该公司不太被机构投资者看好，市值稳定性差。如果能改变机构投资者对公司的判断，未来市值会有明显的提升空间。

在此基础上，还要分析持股者的类型。公募、保险资金希望有较稳定的投资回报，而对投资回报率及回收期的要求不高，属于风险厌恶型。该类型机构的大比例持股，会显著增强投资者的信心和持股周期；私募基金风格多样，整体上追求高投资回报率和绝对收益，持股稳定性弱于公募和保险资金，但其中产业资本拥有较强的行业属性，知名产业基金的进入将显著增强投资者的信心。

基于公司市值管理战略的需要，上市公司要对关键机构投资者进行分析并制定对应的交流策略。关键机构投资者，指前十大流通股东及一些知名投资机构。对这些机构的分析主要包括机构背景、投资风格、投资思路、持股时长及历次增减持情况，以确定这些机构投资者对公司的看好程度及自身操作风格。比如，关键机构持股普遍在 2 年以上，说明在资本市场上有一些机构长期看好公司发展；如果有部分机构频繁进行增减持的操作，则说明该机构投资风格偏中短期，可能会对公司未来市值走势造成一定的影响。

上市公司要根据战略考虑引入长期战略机构投资者，优化股东结构。同时，也要有意识地调整公司投关和市场宣传策略，建立投资机构数据库，找到市场或行业中既有影响力和话语权，又有投资本公司意愿和能力的机构投资者。机构投资者参与数量是上市公司价值高低的一个测量器，同时长期机构投资者是市值的助推器和减震器，外资持股比例较高的个股长期来看明显跑赢市场。上市公司既要吸引明星机构投资者，也要尽量避免让机构投资者一家独大，要根据机构投资者的风格和偏好，有选择地对接机构投资者。引入市场知名的机构投资者可以对资本市场产生引导和示范作用，为公司的成长性和价值作出公开背书。大型机构入股持有期长、影响大、变动少，有利于公司市值的稳定和维护。在做好全面充分的信息披露的基础上，上市公司要全面重视机构投资者，特别是知名机构投资者。

上市公司针对机构投资者开展投资者关系工作时，需要注意机构投资者的需要和诉求。充足的信息是机构投资者进行投资决策的前提。建立在自愿性信息披露与互动沟通基础上的投资者关系管理，通过提高信息透明度与公司可见度吸引了机构股东持股，为其参与公司治理提供了路径和条件，而合理的组织部门和专业的人员配置是投资者关系管理作用发挥的必要保障。在投资者关系管理中，信息披露、互动（现场）沟通与组织保障均对机构股东持股产生重要的吸引力。投资者关系管理水平的提高可以在吸引机构股东持股的同时，增强其对公司价值的提升效应。

机构股东现场调研是机构投资者参与公司治理的重要方式，也是投资者关系管理在机构投资者视角的全方位体现。机构投资者的现场实地调研活动具有价值创造功能，与企业绩效改善正相关，有核心管理层参与的机构调研活动更是如此，因此，需要针对机构投资者交流诉求提前做好准备和人员协调。

12.1.3　战略投资者和财务投资者

战略投资者是指根据国家法律法规的要求，与上市公司形成合作关系或合作意愿，并愿意按照上市公司提出的具体要求与上市公司签订投资配售协议的投资者。根据上海和深圳两大证券交易所各自发布的《首次公开发行证券发行与承销业务实施细则》，战略投资者主要包含以下类型：（1）与发行人经营业务具有战略合作关系或长期合作愿景的大型企业或其下属企业；（2）具有长期投资意愿的大型保险公司或其下属企业、国家级大型投资基金或其下属企业；（3）以公开募集方式设立，主要投资策略包括投资战略配售证券，且以封闭方式运作的证券投资基金；（4）参与跟投的保荐人相关子公司；（5）发行人的高级管理人员与核心员工参与本次战略配售设立的专项资产管理计划；（6）符合法律法规、业务规则规定的其他投资者。产业资本出身的战略投资者通常和拟投资企业属于同一行业或相近产业，或处于同一产业链的不同环节。除了获取财务回报这个投资目的以外，战略投资者也看重战略目的，更看重与目标公司在上下游业务协同、资源整合方面的联系，财务回报则可能是第二位的。战略投资者往往已经是相关产业领域的领军企业，在投资标的选择上会偏好和本企业所属行业相关的企业。很多战略投资者寻找目标企业的目的就是与母公司主营业务协同，为母公司发掘产业扩张的机遇，实现外延式增长。战略投资者不仅能帮助被投企业提高资信度和行业地位，还能帮助被投企业获得技术、产品、上下游业务（如上游核心部件供应、客户订单等）或其他方面的互补，通过高价值的增值服务来提高企业的盈利水平和盈利增长能力。

财务投资者的目的是获得投资收益。独立运营的私募股权基金投资就属于财务投资。这类投资者以获利为目的，通过投资获得经济回报，并在恰当的时机套现。专业的财务投资者掌握融资的“融、投、管、退”全流程知识和经验，良好的市场分析判断和管理能力往往能推动企业项目快速运转，还能提供大机构的品牌背书，提升被投企业的资本市场形象。

财务投资者注重资本回报，不会长期深入进行投后管理，需要及时通过退出获得回报。财务投资者往往更关心企业短期财务状况，注重企业的运营能力，看重短期财务收益。

战略投资者和财务投资者的角色有时也会互相转化，这和公司的发展阶段以及资金方对公司的认知有关系。企业如果希望在获取资金支持的同时，还能获得投资者在企业管理、业务拓展或技术研发方面的支持，通常会更愿意和战略投资者深度合作。这有利于提高企业的行业地位、盈利能力和发展能力。企业该如何选择适合的战略投资者呢？核心是要选择三观契合、能够长期同行的战略投资者。合适的战略投资者不仅要能带来大量资金，在企业价值观和企业文化上也最好能够契合和互相理解与认同。通过获得战略投资者的直接投资，企业走向资本与实业相结合的道路，从中获得支撑融资企业未来发展的新产业支柱，且能保持股权结构的长期稳定。在战略投资者的选择上，有资金、有技术、有经验、有渠道，能够提高企业竞争力和创新能力的战略投资者都是优秀的战略投资者。当然，战略投资者也要有较雄厚的资金和较强的融资能力，为企业带来有力的资金支持和丰富的经验指导。

企业选择有理念、有资金、有技术、有市场的战略投资者有助于自身进一步发展壮大，企业要根据自己所处的发展阶段和现状来寻找最合适的战略投资者，通过获得战略投资者各方面的支持，努力实现引进战略投资者和全体股东利益的最大化。

12.2 增减持和回购

市值维护是市值管理最基本的要求，也是为了实现市值管理的目标——修正市场估值的偏差，保持市值平稳，减少市值的大幅度剧烈波动，但决不能为了短期利益加大市场波动，透支资本市场的信任，影响公司长期市值管理战略。具体的做法包括股份回购、控股股东和实控人的增持和减持。其中，股份回购、增持又可以配合公司股权激励和员工持股计划的相关需要进行，增减持往往通过大宗交易进行。需要注意的是，无论是股份回购还是增减持，都需要满足相关信息披露的要求。

12.2.1　增持

股份增持的主体是上市公司实控人、大股东、治理层和管理层，用于增持的资金是实控人、大股东、治理层和管理层的自有资金或自身募集的资金。上市公司的实控人、大股东、治理层和管理层对上市公司是非常熟悉的。如果他们在公司股价明显被低估的时候用自有资金进行股份增持，无疑会极大地增强投资者的信心。

股份增持的方式主要有二级市场购买、大宗交易、协议转让等。对于大股东增持，相关法律法规的约束是比较多的。在制订增持计划时，要考虑大股东的持股比例，尤其是达到特定持股比例会触发对应的披露义务和法定责任。

12.2.2　减持

股份减持一般发生在公司股价被显著高估之时或减持方有明确的资金需求时。股份减持的方式包括二级市场直接减持、大宗交易和协议转让等。根据流通性质，可将上市公司股份分为有限售条件的流通股（以下简称“限售流通股”）及无限售条件的流通股（以下简称“流通股”）。限售流通股指交易或转让受特定条件（如期限、数量等）限制的上市公司股份，它包括 IPO 前存在的限售流通股、股权激励形成的限售流通股、重大资产重组形成的限售股、董监高限售股、非公开发行形成的限售流通股、IPO 网下配售形成的限售流通股、北交所转板形成的限售股及其他情况。要注意不同股份来源的限售规定和限售期间。限售流通股在满足解除限售条件后，可向交易所和中国证券登记结算有限责任公司申请解除限售上市流通，其股份性质由限售股变为流通股。

一般情况下，限售股解禁会使股价短期承压，但更多是情绪上的扰动，市场能够快速消化，但从科创板经验来看，集中的大额解禁对个股和板块会形成较大的压力。

2017 年，证监会发布《上市公司股东、董监高减持股份的若干规定》（简称《减持规则》），主要对三类主体的减持行为作出了规范，分别是上市公司大股东、特定股东以及董监高。其后，各交易所也细化了有关减持的相关规定，对董监高主体有了更全面的要求。2023 年 8 月，证监会有关部门负责人就上市公司股东离婚分割公司股份有关事宜答记者问时指出，股份减持是股东享有的基本权利，但上市公司大股东（即控股股东、持股 5% 以上股东）、董监高作为“关键少数”，在公司经营发展、治理运行中负有专门义务和特殊责任，应当切实维护上市公司和中小股东利益，自觉规范减持行为，不得以离婚、解散清算、分立等任何方式规避减持限制。大股东、董监高因离婚、法人（或非法人组织）终止、公司分立等形式分配股份的，各方应当持续共同遵守《上市公司股东、董监高减持股份的若干规定》《上市公司董事、监事和高级管理人员所持本公司股份及其变动管理规则》及交易所相关业务规则中关于股份减持的有关规定。因此，由于减持对于股价和中小投资者的影响，控股股东、大股东和董监高的减持属于监管重点关注行为，减持一定要注意合法合规，特别要按照相关规则做好事前、事中和事后的信息披露，同时积极向中小股东和投资者做好解释工作。2023 年 8 月 27 日，证监会就进一步规范相关方减持行为作出以下要求：上市公司存在破发、破净情形，或者最近三年未进行现金分红、累计现金分红金额低于最近三年年均净利润 30% 的，控股股东、实际控制人不得通过二级市场减持本公司股份。控股股东、实际控制人的一致行动人比照上述要求执行；上市公司披露为无控股股东、实际控制人的，第一大股东及其实际控制人比照上述要求执行。同时，从严控制其他上市公司股东减持总量，引导其根据市场形势合理安排减持节奏；鼓励控股股东、实际控制人及其他股东承诺不减持股份或者延长股份锁定期。证监会正在抓紧修订《上市公司股东、董监高减持股份的若干规定》，提升规则效力层级，细化相关责任条款，加大对违规减持行为的打击力度。

12.2.3 回购

对上市公司来说，利用盈余所得后的积累资金或债务融资，以一定价格购回公司本身已经发行在外的普通股，将其作为库藏股或进行注销，这一系列的行为就是股份回购。股份回购的主体是上市公司，用于回购的资金是上市公司自有资金或募集的债务资金。

从战略管理的角度看，上市公司进行股份回购的主要作用有：一是提高资金使用效率。当上市公司使用可支配的自由现金流来进行股份回购时，可以提高每股收益和净资产收益率，回购利好股价的核心逻辑就在于是否增加每股收益，不论是回购注销也好，变成库存股也罢，都可以增加每股收益，同时由于自由现金流的减少还可以降低管理层的代理成本。二是通过股份回购减少在外流通股的数量，潜在的收购人在市场上购买的股份减少，从而降低公司被恶意收购的风险。三是调节股权结构，如果用回购来的股份进行股权激励，既可以满足股权激励需求，又不会稀释原有股东的权益。

从实务上看，上市公司股份回购的目的有五个方面：股权激励未解锁股份注销、实施股权激励、市值管理、盈利补偿及其他。将回购的股票注销是上市公司资本的收缩，除了向外界传递公司认为股价被低估的信号之外，也是公司进行股本管理的重要手段，在海外资本市场很常见。注销回购的股票，减少了权益资本，提高了每股盈利水平，调整和优化了股本结构，从而提高了股票的内在价值，而且可以降低未来权益资本的融资成本，有利于公司后续通过配股等持续融资行为进行股本扩张。当上市公司股价被低估时，进行股份回购可以以较低的成本达到减资或调整股本的目的，同时，通过股份回购可以向外界传递公司股价被严重低估的信号，增强投资者对公司未来发展的信心，从而刺激股价上涨，将公司的市值维持在合理水平。

在市值管理中，股份回购一般在公司股价被明显低估的情况下进行。公司股价被低估可能出现两种情况：一是市场处于慢牛市或牛市，但由于公司自身原因股价被低估。该种情况不应采用股份回购，而应从价值挖掘和传播环节发力，推动价值实现，让资本市场认可公司的内在价值。二是资本市场整体进入下行趋势，大盘和行业板块估值持续下降。在第二种情况下，公司可以利用自有资金或债务融资回购公司股票，显示上市公司对公司价值、业绩和股价的信心。从历史经验来看，A 股市场出现股票回购潮后，市场底部也往往随之出现。

在海外资本市场，特别是美股市场，上市公司回购以进行市值管理非常普遍。2022 年，美股市场随着机构投资者和个人投资者大举抛售股票，美国大公司纷纷宣布回购计划，据预计，美股各公司 2023 年的整体回购规模可能超过 1 万亿美元。美国头部上市公司，如苹果公司，会持续进行股票回购以进行市值管理。苹果公司的持续股票回购源自 2009 年，截至 2018 年 3 月底，苹果公司累计股票回购金额达到 1 962 亿美元，在这九年零三个月的时间里，苹果公司股价涨幅达 14.4 倍，市值增长超过 10.2 倍。资本市场将苹果公司骄人的二级市场表现归功于苹果公司的业绩增长。殊不知，自 2015 年以来，苹果公司的业绩增速大大放缓，现有产品矩阵市场占有率相对饱和，新的商业模式及产品矩阵的推出不需要大量资金的投入，而苹果公司营运现金流强劲。如何有效地回报股东，提升资本市场估值？苹果公司摸索出一条独特的市值管理路径，持续在公开市场回购股票。2015—2019 年的五年间，苹果公司在净利润几乎无增长的情况下（2015 年收入 2 310 亿美元，净利润 533 亿美元；2019 年收入 2 580 亿美元，净利润 538 亿美元），通过每个季度拿出 60 亿～200 亿美元的真金白银，持续地在公开市场回购股票，累计共回购注销了 12 亿股股票，占总股数的 20.7%。这一举动使得苹果公司的每股收益从 2015 年的 9.22 美元提升到 2019 年的 11.51 美元，增幅为 25%；而相比之下，苹果公司的估值却翻番，从 2015 年的不到 15 倍提升到 2019 年的接近 30 倍。短短几年间，苹果市值不断被突破，2018 年，苹果公司市值迈入万亿美元大关，成为第一家市值达到 1 万亿美元的美国上市公司，2023 年苹果公司市值超过谷歌母公司 Alphabet 和亚马逊的市值总和。持续的股票回购即注销，为苹果公司的股东创造了远远高于每股收益增长的估值溢价，被华尔街投资人传为佳话。

上市公司股票回购向市场发出了一个强有力的信号，即在内部人看来，公司的价值被严重低估了，但要想通过股票回购来有效提升估值是需要先决条件的。首先，股票回购是个长期工程。几次的股票回购治标不治本，无法达到预期，必须做到持续大额股票回购，回购的股票即予以注销，通过持续股票回购有效地提升每股净利润。其次，上市公司需要进入成熟的发展阶段，收入和利润相对稳定，现金流强，不需要持续的大规模再投入，股票还需要有足够的流通盘，才能持续回购并注销，以有效提升每股收益。

需要注意的是，目前美股回购后的股票多数都被核销了，而 A 股多数上市公司回购股票都被用于对高管或者特定员工的股权激励。核销降低了市场上流通的股票，抬高了老股东手中股票的权益。而为了股权激励回购的股权只是存放为“库存股”的时候能够短时间不参与收益和分红，一旦奖励给员工就会重新计算收益和分红，当锁定期过后，奖励给员工的股票又会重新流通，还需要考虑公司支付回购股票的财务成本。

因此，对 A 股上市公司来说，股票回购只能作为市值管理提升股价、估值的短期辅助手段，不能替代长期市值管理工作，绝非是提振公司股价乃至估值的救命稻草。上市公司启动股票回购，投关更需有效传导潜力市值。要想提升被低估了的股价和估值，除了公司的基本面和造血能力外，市值管理破局能力才是关键，借力股票回购使上市公司的潜力市值被资本市场尽早认可，并反映在提升了的股价上。

上市公司回购股份，应当遵守《公司法》、《上市公司股份回购管理规则》、《上海证券交易所上市公司回购股份实施细则》、《深圳证券交易所上市公司回购股份实施细则》（以下简称《回购细则》）相关回购规定中关于回购情形、决策程序、数量上限和持有期限等的规定。《公司法》《回购细则》赋予上市公司更多自主权，拓宽了回购股份适用情形，上市公司回购股份应当充分关注公司的债务履行能力和持续经营能力，审慎制定、实施回购股份方案，回购股份的规模、价格等应当与公司的实际财务状况相匹配。

根据会计准则，公司回购的股份在注销或转让前，作为库存股管理，按照回购股份的全部支出计入库存股成本。公司转让库存股时，实际收到的金额高于库存股成本的，其差额计入资本公积；实际收到的金额低于库存股成本的，其差额应依次冲减资本公积、盈余公积、未分配利润。因此，上市公司回购、持有和出售自身股份，均不会对当期利润产生影响，公司无法通过回购和出售自身股份调节利润。上市公司回购、持有和出售自身股份，均不会对当期利润产生影响。

2018 年以来，A 股上市公司股票回购的实施规模明显扩大。分析上市公司回购行为，有以下特点：第一，回购活跃度和公司股价一般负相关，股价下行容易刺激回购的活跃度。第二，高质押、低估值或者现金流充裕是公司回购的必要条件。高质押的公司更愿意做回购，因为在持续下跌中爆仓风险显著加大；估值相对较低的公司愿意做回购，因为有足够的估值安全边际。

12.3 权 益 分 派

权益分派是上市公司试图增强自身股票吸引力，进行市值管理的常用工具。在实际操作中，无论是送红股还是资本公积金转增股本，对提升上市公司市值及股价都有正面的影响。

权益分派类型包括现金分红、送红股、资本公积金转增股本。其中，送红股和资本公积金转增股本（以下简称“送转股”）涉及公司总股本的变动，现金分红不涉及公司总股本的变动。上市公司原则上应通过中国证券登记结算有限责任公司进行权益分派，确有特殊理由的，可以自行派发现金红利。派发方式包括：送转股为全部代派，现金分红分为全部代派、部分代派、全部自派。需注意的是，A 股权益分派规则要求实施业务办理的前提是经股东大会审议通过的利润分配方案，利润分配方案应当以母公司报表中可供分配利润为依据作出。为避免出现超分配的情况，深主板、创业板和北交所还规定上市公司应当以合并报表、母公司报表中可供分配利润孰低的原则来确定具体的利润分配总额和比例。如果不满足上述条件，则可能出现在利润分配方案中现金分红金额大于公司可供分配利润金额的情形，导致该分配方案无法实施。上市公司的利润分配方案与投资者回报及自身权益息息相关。公司在制订利润分配方案时应当结合自身经营模式、盈利水平及资金需求等因素审慎、合理地对外披露，并严格在规则规定的期限内实施。根据现行上海、深圳、北京交易所证券监管规则的要求，年度权益分派方案应在上市公司股东大会审议通过后两个月内实施完毕。上市公司无论是否进行利润分配，均属于与投资者利益息息相关的重要经营决策，因此即便是上市公司决定当年度不进行利润分配，也需要将相关议案提交董事会、股东大会审议。

资本公积是指企业在经营过程中由于接受捐赠、股本溢价以及法定财产重估增值等原因所形成的公积金。大部分情况下资本公积都是在股东出资时股本溢价所产生的。资本公积可以用来转增股本。“高送转”中的“转”就是指用资本公积来转增股本。但是，资本公积不可以用来进行分红。如果可以分红，那么就会成为把资本公积当作利润来分配、老股东吃新股东的资本传销了。上市公司用盈余公积或未分配利润送红股，就是指“高送转”中的“送”。虽然看起来送股和转增股票一样，都是给股东分配股票，但是在税务监管机关看来，这两者是有差别的。用资本公积转增股本时并不是对利润进行分配，只是把股东投入的资金在不同科目间进行调整，所以在用资本公积转增股本时不需要扣税。而用盈余公积或未分配利润送红股，被视为一种利润分配行为，需要股东支付所得税。另外，送股和增股还有一个区别，那就是：送红股的前提是公司有盈利，而且要保证送股后，盈余公积不得低于注册资本的25%；而企业用资本公积转增股本，就不需要考虑是否有利润。

所谓的“高送转”，是指上市公司大幅送红股或者转增股票的一种行为。“高送转”的数量要达到“10 送/转 5”及以上。“高送转”对于上市公司而言，一方面表明公司对业绩的持续增长充满信心，公司正处于快速成长期，“高送转”有助于保持良好的市场形象；另一方面，一些股价高、股票流动性较差的公司，也可以通过“高送转”降低股价，增强公司股票的流动性。监管层一直强调打击那些没有条件实施“高送转”，却坚持推出“高送转”方案的行为，并对上市公司发布“高送转”的权益分派方案有明确的披露和后续管理要求。因此，“高送转”必须合理掌握好送股的“度”，控制好送股的节奏，避免脱离实际地推出“高送转”方案，并要注意证监会和交易所的相关合规要求。

上市公司现金分红是实现投资者投资回报的重要形式，对于培育资本市场的长期投资理念、增强资本市场的吸引力和活力有非常重要的作用。股票投资的盈利来源是资本利得和分红。分红能让小股东有实实在在的收益，因此分红易受到中小投资者的欢迎。多年以来，监管层一直在持续鼓励上市公司现金分红。最新修订的《证券法》在“投资者保护”专章新增了关于完善上市公司现金分红制度的规定，从立法层面体现了对上市公司现金分红的重视。2013 年 11 月 30 日，证监会发布《上市公司监管指引第 3 号——

上市公司现金分红》，并在 2022 年 1 月 5 日进行修订。该文件规定，上市公司应当在章程中明确现金分红相对于股票股利在利润分配方式中的优先顺序。具备现金分红条件的，应当采用现金分红进行利润分配。采用股票股利进行利润分配的，应当具有公司成长性、每股净资产的摊薄等真实合理因素。上市公司董事会应当综合考虑所处行业特点、发展阶段、自身经营模式、盈利水平以及是否有重大资金支出安排等因素，区分不同情形，按照公司章程规定的程序，提出差异化的现金分红政策，即：公司发展阶段属成熟期且无重大资金支出安排的，在进行利润分配时，现金分红在本次利润分配中所占比例最低应达到 80%；公司发展阶段属成熟期且有重大资金支出安排的，在进行利润分配时，现金分红在本次利润分配中所占比例最低应达到 40%；公司发展阶段属成长期且有重大资金支出安排的，进行利润分配时，现金分红在本次利润分配中所占比例最低应达到 20%。上市公司应当采取有效措施鼓励广大中小投资者以及机构投资者主动参与上市公司利润分配事项的决策。除了证监会的规定外，交易所也有一系列文件鼓励上市公司现金分红。

2022 年，A 股公司派现额再创新纪录。据中国上市公司协会 2023 年 7 月 25 日公布的数据，2022 年各个季度已经派发的分红，加上 2022 年年报分红预案派现额，派现总额超过 2.1 万亿元，首次突破 2 万亿元大关。

需要说明的是，过度分红不符合公司及其股东的长远利益，还可能会损害债权人利益。对于上市公司的过度分红，监管机构也有一些限制措施。例如，《深圳证券交易所上市公司自律监管指引第 1 号——主板上市公司规范运作》和《深圳证券交易所上市公司自律监管指引第 2 号——创业板上市公司规范运作》规定，如果利润分配方案中现金分红的金额达到或者超过当期归属于上市公司股东的净利润的 100%，且达到或者超过当期末可供分配利润的 50% 的，公司应当同时披露该现金分红方案的提议人、公司确定该现金分红方案的理由、方案是否将造成公司流动资金短缺、公司在过去 12 个月内是否使用过募集资金补充流动资金以及在未来 12 个月内是否计划使用募集资金补充流动资金等内容。

上市公司进行分红需要满足以下三个条件：

- 公司能够实现盈利，有可供分配的利润。
- 公司的利润能够变成真金白银流入企业。因为公司分红分的是现金而不是会计报表上的数字，且合理的分红现金来源应该是经营活动的造血能力。
- 根据公司未来投资计划等资金安排，公司选择进行分红。

以上三个条件分别体现了上市公司的盈利能力、变现能力、投资发展决策及资金管理情况。分析上市公司的盈余分红率，可看两个指标：利润分红率和现金分红率。

证监会的分红指引允许上市公司通过在公开市场回购股票的方式进行分红。分红与回购都是公司回馈股东的方式，分红是公司将利润直接以现金方式分配给股东，而回购则是用公司利润注销流通股，变相提高现存股东的持股价值。总体来说，分红与回购的共性在于减少公司持有的现金，并将其回馈给全体股东，而这种分配行为能够减少公司治理问题，包括管理层与股东、大股东与小股东之间的治理问题。

从历史统计数据来看，股息率高的上市公司，受机构的欢迎程度也比较高。近几年每年年报披露前后，有高送转、高分红、高股息率的上市公司，容易受到投资者的认可，股价也会有异动。历史回测显示，高分红低市盈率组合，以及稳定分红组合相对其他组合有更好的市场表现。对于价值投资者来说，长期潜在收益率是用股票买入价格和未来现金分红计算得出的内部收益率，而非股价涨跌带来的净值波动。低利率环境下，高分红股票防御性突出，行业稳健性较高。估值处于较低水平而股利分红率较高的股票在低利率环境下能够获得一定的稳定收益。高分红股票可以作为抵御通货膨胀的防御性策略。随着时间的推移，分红往往与通货膨胀保持同步。在低利率环境下，债券类投资收益较低，此时更能凸显高分红股票的价值。提升分红比例能够在增厚投资回报率方面增强吸引力。高分红股票背后持续的现金流重新投资于其业务，能够改善创收，提升资金周转率水平。而资金周转率的提升不仅能够在行业内取得比较优势，也能为业务提供面对意外冲击的缓冲。此外，分红水平较高的公司往往进入成熟期，表明其财务业绩稳定。股息支付波动往往小于股票价格的波动，能够形成稳定的现金流，为那些寻求最小化风险的投资者提供保证。高分红股票同时具备长期增长的潜力，存在复利效应，是长期资金获利的重要来源。股息再投资可以增加投资者持有的股票数量，带来长期复合增长。随着所持股票数量的增加，未来支付股息的潜力也会增加，未来回报率也相应提升。

据日本经济新闻 2023 年 6 月的报道，日本上市企业 2023 财年的预期分红额合计为 15.2 万亿日元（约合人民币 7 774 亿元），预计连续 3 年刷新最高纪录，企业股票回购计划的公布也呈现接近历史新高的水平。随着日本上市企业分红和回购的持续创新高，日经指数创下近 30 年新高。

需要注意的是，送红股要达到提升股价和估值的效果，需要特定的时点和条件。红股是上市公司用来回报股东除现金分红外的另一种方式，资本市场对分派红股的上市公司不会排斥；但是要想达到提升股价，甚至提升交易量及估值的效果，也是需要特定时点和条件的。因此，上市公司的市值管理者需要时时关注监管政策和最新的市场动向，深入了解这两种工具。

12.4　股 权 激 励

12.4.1　股权激励概述

股权激励是公司治理的重要工具，也是股权结构调整的重要策略，还涉及大量的信息披露，股权激励草案中规定的业绩目标又是投资者关系和预期管理的重要内容，因此股权激励也是市值管理的重要内容。

《上市公司股权激励管理办法》规定，股权激励是指上市公司以本公司股票为标的，对其董事、高级管理人员及其他员工进行的长期性激励。“股权激励计划”这一概念源于美国，并在美国不断得到发展，随着新兴产业不断崛起和行业竞争加剧，越来越多的上市公司通过实施股权激励激发员工的积极性，从而努力实现更好的业绩指标。这是因为股权激励能留住人才、激励人才、提升企业业绩，无论是对上市企业还是非上市企业来说，股权激励计划都很重要。

作为企业人才激励的利器，股权激励在 A 股上市公司中发挥着重要的作用。2005 年末，证监会发布了《上市公司股权激励管理办法（试行）》，规定了上市公司实施股权激励计划的基本要求、实施程序和信息披露等内容。2016 年，证监会发布《上市公司股权激励管理办法》，以信息披露为中心，落实“宽进严管”理念，放松管制、加强监管，公司自主决定的、市场约束有效的上市公司股权激励制度逐步形成。2023 年 6 月 8 日，证监会主席易会满在第十四届陆家嘴论坛的主题演讲中提出，“持续完善上市公司股权激励、员工持股等制度机制，促进创新链产业链资金链人才链深度融合”。此前，据证监会网站 4 月 14 日消息，2023 年度立法工作计划中，修订《上市公司股权激励管理办法》成为“需要抓紧研究、择机出台的项目”之一。2023 年上半年，A 股上市公司推出 306 份股权激励计划和 103 份员工持股计划。

A 股上市公司常用的股权激励工具包括限制性股票、股票期权、员工持股计划、股票增值权。数据显示，采用限制性股票的上市公司占总体实施股权激励上市公司的一半以上。

限制性股票。限制性股票包括第一类限制性股票和第二类限制性股票。第一类限制性股票指激励对象按照股权激励计划规定的条件获得的转让等部分权利受到限制的本公司股票；第二类限制性股票指符合股权激励计划授予条件的激励对象，在满足相应获益条件后分次获得并登记的本公司股票。不管是第一类还是第二类，本质上都是上市公司授予激励对象的股票，附加了一些限制条件。第一类限制性股票“一次/分次授予，分次解锁”；第二类限制性股票“一次/分次授予，分次归属，可不限售”（归属时才需支付对价，获益条件中有任职 12 个月的可不再设置限售期）。相比第一类，第二类最核心的优势在于授予的时候无须出资，待考核条件都达标，归属条件满足之后才需要出资，大大提高了实操的便利性。第二类限制性股票既有限制性股票本身具备的折扣价格优势，又有股票期权行权时出资的优势，目前第二类限制性股票在创业板和科创板上市公司中被广泛运用。

股票期权。股票期权代表未来可以选择以现在“约定的股价”（行权价）购买公司的股权，它与限制性股票拥有出售时“完整的股票价值”不同。从员工的角度考虑，如果被授予同等价值的限制性股票或股票期权，到底应该选择哪一种，取决于员工对企业的未来到底是看涨还是看跌。期权的预期收益较高，风险也高。硅谷创业企业薪酬结构的一大特征就是“低固薪、没奖金、高期权”。

员工持股计划。员工持股计划指上市公司根据员工意愿，通过合法方式使员工获得本公司股票并长期持有，股份权益按约定分配给员工的制度安排。员工持股计划的参加对象为公司员工，包括管理层人员。上市公司实施员工持股计划，应当符合法律法规和《上市公司员工持股计划管理暂行办法》（以下简称《暂行办法》）的规定。全面注册制下的员工持股计划更偏向于成为一个独立的治理工具。

股票增值权。根据《财政部、国家税务总局关于股票增值权所得和限制性股票所得征收个人所得税有关问题的通知》，股票增值权是指上市公司授予公司员工在未来一定时期和约定条件下，获得规定数量的股票价格上升所带来收益的权利。被授权人在约定条件下行权，上市公司按照行权日与授权日二级市场的股票差价乘以授权股票数量，发放给被授权人现金，类似于虚拟股票的概念。股权激励对象不拥有股票所有权，也不拥有股东表决权、配股权。股票增值权不得转让，不得用于担保或偿还债务。公司采取股票增值权激励方式，在满足一定的行权条件后由公司以现金形式兑付股票市价与行权价格之间的差价收益。若员工努力提升公司业绩，公司股价攀升，也将有更多的收益回馈给员工。相较于直接发放奖金来说，股票增值权更有利于将公司与员工利益绑定，提高员工的主人翁意识，与公司目标一致，共同发展。目前，A 股市场上已有超过 30 家公司推出了股票增值权激励方案，在近年推出的股票增值权激励方案中，绝大多数的激励对象为公司外籍核心员工，近 5 年推出的 12 期增值权方案中，有 11 期激励对象只包含外籍员工。除外籍员工参与增值权激励外，股票增值权的授权对象主要以少数高级管理人员、核心管理人员为主。

近年来，随着股权激励监管政策的不断完善、注册制改革的推进、行业市场竞争的加剧、更多人力密集型企业的上市，股权激励受到了越来越多 A 股上市公司企业管理者的重视，A 股上市公司股权激励市场实践进入了更高层级的发展期。根据 Wind 数据库数据，截至 2022 年底，A 股上市公司累计已有 2 585 家公告了 4 400 份股权激励计划，公告家数占全市场上市公司家数比例达到 51.70%。从 A 股股权激励的行业分布来看，以半导体、软件开发为首的科技类行业股权激励相对较多。2022 年一年 A 股上市公司发布的 762 个股权激励计划公告中，多期股权激励计划公告占比稳步提高，从 2021 年的 47.12% 提高到 2022 年的 52.49%。近十年来，进行股权激励的 A 股上市公司数目如图 12－1 所示。

对于上市公司，股权激励相关法律法规完备，规则相对清晰。对于非上市企业，目前还没有统一的股权激励规则，所以可以灵活地设计股权激励方案。对于一些没有上市或产融结合计划的非上市公司，实施股权激励的目的就是对经理人进行长期利益的捆绑，打造利益共同体，在上市前可以配合股改对管理层和核心骨干员工实施股权激励。

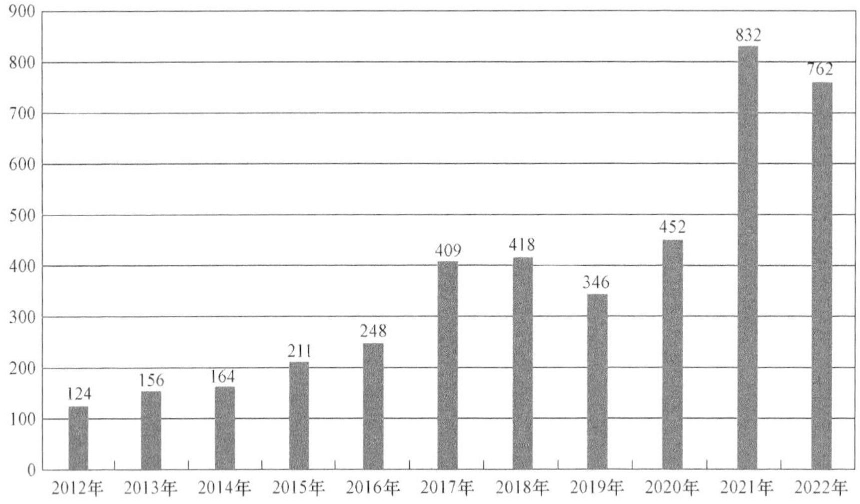

图 12－1　2012—2022 年进行股权激励的 A 股上市企业数目变动

资料来源：上海荣正集团，从 A 股上市公司股权激励看"共同富裕"实践，2023－01－17,https://mp.weixin.qq.com/s/－ABWMXnuDaAh_oOeN44w5Q。

12.4.2　股权激励的设计和实施

从根本上讲，实施股权激励最重要的原因是人才在现代商业活动和企业经营中的作用越来越重要。股权激励，特别是上市前的股权激励，本质上是一次重大的利益分配。因此，如何进行股权激励是企业需要关心的首要问题。企业在设计股权激励计划时，除了要针对不同人群设定相应规则之外，还要根据企业的发展阶段、规模和面临的问题等进行调整。企业在从市值管理的角度设计股权激励计划时，需要考虑以下内容：

（1）要有科学、合理的业绩考核。查理·芒格曾经明确表示反对给管理层予以股权激励，因为这会助长管理层做假账或者为了短期利益损害公司的长期利益。这正说明股权激励要有科学合理的业绩考核，覆盖长、中、短期。同时，外部资本市场并不在意上市公司给经营者支付了多少报酬，他们在意的是业绩。因此，股权激励计划中业绩基础和业绩指标要科学、合理，并且应能准确测量出经营者作出的努力和贡献。在设计计划时，企业可以将历史业绩或同行业业绩当作对照依据，业绩指标包括净资产收益率、每股收益等能反映股东收益和企业价值的综合性指标，以及净利润增长率等能反映企业盈利能力和市场价值的成长性指标。股权激励披露的业绩目标是释放给资本市场的业绩预期的重要内容，是市值管理的重要和敏感信息。

（2）要从激励机制和薪酬制度的角度综合考虑股权激励计划。相对而言，被激励者都属于风险厌恶型，承担风险的能力较弱。而在股权激励计划设计中，企业要求被激励者拿出资金入股的目的是让被激励者承担企业未来将面临的企业经营等风险和资本市场的不确定性风险，这个风险不能过大，否则股权激励计划有可能会失败。股权激励一定要体现出激励计划的递延性报酬特征。目前，上市公司在实行股权激励时大多采用“一次授予，多次加速行权”的方式。

（3）股权激励方案还要未雨绸缪，考虑到各种情况。对于股权激励计划的变更、终止，上市公司与激励对象之间相关纠纷或争端解决机制，股权激励计划的解释权限和制度安排，都需要做好规划。

（4）上市公司进行股权激励时要严格按照股权激励管理办法和相关规定进行，注意股权激励的合规性，同时证监会和交易所规定了股权激励计划从审议到执行各阶段的信息披露义务，上市公司要注意应当真实、准确、完整、及时、公平地披露或者提供信息，不得有虚假记载、误导性陈述或者重大遗漏。

（5）上市公司进行股权激励时要注意税务筹划事项。税务筹划的重要性比较容易被忽略，等到企业意识到税务问题时，公司估值往往已经很高，进行筹划的难度已经很大。当员工发现，自己需缴纳大额税款，而公司对于税务筹划无动于衷、无可奈何，激励效果也会大打折扣。股权激励税务筹划采用的方法，会根据企业的具体情况、融资的不同时点、创始人以及高管的身份（是否外籍），有不同的架构设计和筹划空间。有的是以时间换空间，有的则是以空间换时间，并且通过期权、限制性股票、持股架构、法律条款设计、融资安排等组合工具和方法的使用，在合规的前提下达到最优的节税效果。

（6）股权激励会产生股权支付费用。拟上市公司进行股权激励时，一定要考虑股份支付对净利润的影响，以及是否会影响到未来的上市审核。国内不同证券板块对净利润都存在一定要求，IPO 企业都被要求对股份支付进行会计处理，如果因股份支付计提过多费用，导致公司利润严重下降甚至为负的，就会影响企业申报上市的数据，进而可能影响申报结果。

股权激励可以参照以下步骤进行：

第一步，定股。

确定股权激励模式的组成要素、授予股权形式、来源形式、授予对象等，主要指的是确定激励股份的来源和购股资金来源问题。需要指出的是，没有最好的模式，只有适合或不适合的模式，最优模式一定是在适用的法规下，根据企业实际情况和需求创新出来的模式。激励股份来源的设计直接影响原有股东的权益、公司控制权、公司现金流压力等；而资金来源的设计也直接影响经理人能否买得起限制性股票、行得起权。因此，激励股份来源与购股资金来源的设计是否合理直接关系到股权激励计划的成效。要想做好股权激励，就要缜密地制备股权激励文件，设计好科学的法律条款，安排好各项制度。

第二步，定人。

公司根据对自身未来发展的重要程度、贡献大小，确定股权激励对象。我国证监会对上市公司股权激励对象的要求是“激励对象可以包括上市公司的董事、高级管理人员、核心技术人员或者核心业务人员，以及公司认为应当激励的对公司经营业绩和未来发展有直接影响的其他员工，但不应当包括独立董事和监事。外籍员工任职上市公司董事、高级管理人员、核心技术人员或者核心业务人员的，可以成为激励对象”。核心技术人员或者核心业务人员的确定是比较宽泛的，他们的职位可能只是一般管理者，甚至没有管理职位，但是他的能力、经验、资源等对企业而言是重要的，甚至是不可或缺的，可以通过培养周期、工龄、可替代性、业绩等综合得分来确定。公司要注意各个交易所板块对于激励对象的限制性条件和例外规定，如对于“单独或合计持有上市公司5%以上股份的股东或实际控制人及其配偶、父母、子女”这类群体，按照《上市公司股权激励管理办法（2018年修正）》规定，不得成为激励对象。但创业板、科创板有例外规定，即：前述人员以及上市公司外籍员工，在上市公司担任董事、高级管理人员、核心技术人员或者核心业务人员的，可以成为激励对象。上市公司应当充分说明前述人员成为激励对象的必要性、合理性。

第三步，定时。

股权激励计划对时间的确定包含两个方面：一是选择一个合适的股权激励授予时机；二是合理地安排授予时间表。

公司实施股权激励，是为了对经理人进行长期激励，因此就需要科学选择合适的授予时机，以便充分发挥股权激励在约束和激励两方面的最大效果。在选择具体的授予时机时，可以从公司和激励对象两个角度综合考虑。股权激励不是为了分钱，而是为了对经理人进行激励和约束，促进公司战略实现，创造更大的价值。因此，实施股权激励计划时，一定要结合以下的一些时机：股权融资；并购重组；商业模式创新；新的战略计划推出等。

公司的股权激励计划要列明时间表。一般情况下，股权激励不能在授予后马上执行，需要在等待期结束之后才能解锁或行权。股权激励授予时间表有几个关键概念：有效期、授予日、限售期、可行权日、行权有效期、窗口期、禁售期、授权日、可行权日等等。建议企业按照法律法规的规定，结合企业实施股权激励的情况和资本市场情况，慎重考虑确定时间表。

第四步，定量。

定量就是要确定股权激励计划的授予总量和每一位激励对象所获得的股权激励数量。如果是多次授予计划，还要根据公司战略和未来业绩目标确认公司预留的股权激励数量。股权激励数量的确定直接涉及激励力度和控制权安排的问题。如果股权激励数量过少，经理人持股比例过小，就起不到激励的作用；但如果股权激励的授予数量太高，必然影响公司控制权的安排，从而影响公司后续的资本运作。因此，股权激励数量是否科学合理决定着股权激励计划的成败。

不同的公司在确定股权激励总量的时候可以综合考虑以下因素：公司的资本战略；同行业最主要竞争对手的情况；人力资本在公司业绩和发展中的重要性；控制权安排的考虑；公司的资产规模；公司其他的福利待遇。上市公司在推出股权激励计划时，预留比例不得超过本次股权激励计划拟授予权益数量的20%。

股权激励最终都要落实到个人身上，因此必须考虑到个人获得股权数量的决定方法。在具体确定个人获授股权激励数量的时候，主要考虑以下因素：公司业绩对激励对象的依赖程度；竞争企业同类人才授予数量；业绩表现及工作的重要性；预期的收益与其他员工之间的差距；其他因素。

第五步，定价。

价格和数量是直接决定股权激励力度的两个要素，在具体确定过程中没有先后之分，要一起考虑。价格是否合理关系到整个股权激励计划的成败。

企业在确定行权价格时应考虑以下因素：要对授予股票期权的人员形成激励与约束；可操作性；对原股东权益的影响。

我国《上市公司股权激励管理办法》对采用限制性股票和股票期权的方式进行股权激励时的授予价格、行权价格作了如下规定：限制性股票，授予价格不得低于股票票面金额，且原则上不得低于下列价格较高者：（1）股权激励计划草案公布前 1 个交易日的公司股票交易均价的 50%；（2）股权激励计划草案公布前 20 个交易日、60 个交易日或者 120 个交易日的公司股票交易均价之一的 50%。上市公司采用其他方法确定限制性股票授予价格的，应当在股权激励计划中对定价依据及定价方式作出说明。股票期权，行权价格不得低于股票票面金额，且原则上不得低于下列价格较高者：（1）股权激励计划草案公布前 1 个交易日的公司股票交易均价；（2）股权激励计划草案公布前 20 个交易日、60 个交易日或者 120 个交易日的公司股票交易均价之一。上市公司采用其他方法确定行权价格的，应当在股权激励计划中对定价依据及定价方式作出说明。

股权激励对象在认购限制性股票或行权时，资金压力会很大，建议提前做好相关统筹，特别注意一些限制性规定。上市公司不得为激励对象依股权激励计划获取有关权益提供贷款以及其他任何形式的财务资助，包括为其贷款提供担保。

第六，定业绩目标。

科学合理的业绩目标设定是股权激励能够有效的前提，也是公司长期健康发展的需要。绩效考核指标应当包括公司业绩指标和激励对象个人绩效指标。相关指标应当客观公开、清晰透明，符合公司的实际情况，有利于促进公司竞争力的提升。当股权激励计划中业绩基础和业绩指标的选择是科学合理的，也就是能准确测量出管理层和股权激励对象的努力程度和贡献程度时，投资人就不会担心管理层和股权激励对象拿高额的报酬。

为了实现健康发展，公司所选定的业绩指标应该激励管理层和股权激励对象在多个方面作出努力和贡献：不仅要看到眼前利益，还要顾及长远；不仅要青睐市场份额，还要重视企业利润；不仅要为客户着想，还要为股东谋利；不仅要关注会计指标，还要关心股价的表现。公司可以将公司历史业绩或同行业可比公司相关指标作为公司业绩指标对照依据，公司选取的业绩指标可以包括净资产收益率、每股收益、每股分红等能够反映股东回报和公司价值创造的综合性指标，以及净利润增长率、主营业务收入增长率等能够反映公司盈利能力和市场价值的成长性指标。以同行业可比公司相关指标作为对照依据的，选取的对照公司不少于 3 家。激励对象个人绩效指标由上市公司自行确定。股权激励的目标要体现公司战略规划的引领，也要给资本市场以极强的心理预期。

一个最优的股权激励计划一定是最适合企业自身情况的。不同行业有不同的特点和行业发展周期，处于不同赛道的公司需要有针对性地设计业绩激励计划和股权激励计划，切不可简单照抄，生搬硬套，要力求达到最佳的激励效果。这个计划既要实现因地制宜的激励和约束，又要跟随外部市场环境和内部公司状况进行动态调整，同时还能为股东创造更多的价值，让资本市场和投资者认可。

12.4.3 股权激励与市值管理

在 A 股市场，股权激励是市值管理的一把利器。因为在股权激励计划的公告中，往往需要披露激励对应的上市公司业绩指标，而且这些业绩指标往往是对上市公司未来业绩和资产回报的预测，相当于上市公司披露了未来 3～5 年的业绩成长预测，因此投关工作人员可以借此传播上市公司价值。股权激励在多数情况下是投关可以利用的“上市公司股价和估值的利好素材”，因为在实践中，上市公司在设计股权激励的业绩、资产回报指标时一般比较务实，甚至趋向保守，否则无法起到激励高管及骨干的作用。然而这也就造成了站在非内幕知情人股东的立场，股权激励计划的业绩目标及其合理性成为高度敏感的信息。如果股权激励的业绩指标被视为过于容易，会被质疑是对高管和骨干的变相股份支付，包括限制性股票和股票期权，侵占了股东们的利益；股权激励这把市值管理利器弄不好会引发负面舆情，变成危机事项。

2019 年 8 月 5 日，某上市公司公布了股权激励计划草案，拟将已回购的 1.83 亿股用作股权激励，授予价格为 15.46 元/股，比公告发布当日的收盘价低了 50%。当日收市公司股价大跌，争议来源于投资者认为股权激励的权利和义务不对等。草案中，成长性指标以 2018 年净利润为基数设定 2019—2023 年度净利润增长率为 8%、18%、28%、38%、48%，即年复合增长率为 8.2%；盈利性指标，即 ROE 设定 2019—2023 年度净资产收益率为 15%。股权激励计划草案发布之前的 5 年，该公司净利润年均复合增速为 15.1%，平均净资产收益率历史数值要远高于公司股权激励的设定目标。2019 年 9 月 6 日，该公司披露了调整后的股票激励计划草案。与上一版方案相比，新方案将激励对象由 474 名增加至 484 名；股权激励摊薄，由 3%下调至 2.5%。新激励方案针对行权条件也做了调整。在原方案的基础上，新方案将净资产收益率的考核指标从“不低于 15%”上调至“不低于 20%”，并新增了每年现金分红比例不低于 70% 的指标，保证给予所有股东分红的实惠；净利润指标不变。

因此，在披露股权激励计划时，公司证券和投关工作人员需要做好监管和投资者沟通交流工作，审时度势，把握股权激励计划可能的争议点和潜在可能的媒体舆论和股东非议，以免披露的股权激励方案引发争议和负面舆情。公司证券和投关工作人员要利用好股权激励方案中的激励业绩目标，作为上市公司进行预期管理和业绩指引的重要方式。

第13章 市值管理中的信息披露

信息披露制度是证券市场建立与运作的基础。证券价值的实现依赖于公司的良性运营与发展，但上市公司的股权较为分散、股东与公司管理层之间空间距离的存在，导致股东与公司管理层之间的信息不对称和代理冲突。出于对管理层行为的监管要求，股东对企业信息披露存在内在需求。

国内外证券市场的发展实践表明，信息披露制度要解决的关键问题是在考虑成本的情形下，上市公司如何进行信息披露才能使投资者获得作出投资判断的充分信息，从而有利于证券市场的持续发展。中国证券市场已经形成上市公司信息披露基本规范，上市公司从申报上市到上市后都要注意履行信息披露的义务，但上市公司要认识到，信息披露不仅是合规义务，也是市值管理和价值实现的重要一环。为了实现高质量发展的市值管理目标，上市公司需要强固合规有效的信息披露基石，主动精准地维护投资者关系，同时搭建好高效现代的公司治理体系，最终辅以有利于产融结合的资本运作，而信息披露将贯穿公司运营、公司治理和市值管理的全过程。

13.1 信息披露概述

证券市场是一个基于信息的信用市场。公司价值的对外体现、宣传和披露，对于非上市公司主要是通过业务和市场传播实现，对于上市公司，主要是通过信息披露实现。信息披露既是公司治理的重要制度，同时也是市值管理中价值实现的关键。信息披露的目的就是尽量减少投资者和公司之间的信息不对称，保护投资者的知情权，使得投资者能够了解更多的有关公司的真实信息，从而作出正确的投资决策。对于上市公司而言，信息披露的重中之重在于合规，同时，信息披露作为市值管理和投资者关系工作的基础工具，上市公司也应该充分利用好。

13.1.1 信息披露的重要意义

作为证券市场的基本制度，信息披露是建立在“有效市场”（Efficient Market）的理论基础上的。该理论认为，在一个证券市场上，如果价格完全反映了所有可获得的信息，每一种证券的价格都永远等于其投资价值，那么就称这样的市场为有效市场。有效市场理论的核心是价格和信息之间的关系，如果价格能够快速、充分地反映信息，那么市场效率就高，反之，市场效率就低。因此，只要一切与证券及其发行者有关的重大信息得到充分、及时和准确的披露，市场自身就可以吸纳和处理这些信息，并反映在证券价格上，从而使投资者作出正确的投资决定，监管者要督促公司进行充分披露。如今，大数据和自媒体时代弱化了信息主体之间的信息不对称，但上市公司的信息披露仍然被看作上市公司信息最权威的来源。

因此，上市公司建立信息披露制度，有着十分重要的意义。

（1）从投资者的角度看，股东和潜在投资者需要得到足够详细的信息，以便对股票的价值、持有和处置作出有根据的决策，并能对经理层的工作作出评价。健全、及时、全面的信息披露制度有利于减少投资人获取上市公司信息的成本，提高获取信息的效率。成熟资本市场的经验表明：强有力的信息披露制度有助于吸引资金，维持资本市场的信心；信息短缺会影响市场运作能力，导致资源配置不当。

（2）从上市公司角度看，信息披露可以降低投资者与上市公司之间的信息非对称程度，提高股票流动性，降低资本成本，提高公司价值。实践证明，信息披露制度的完善与否直接关系到公司治理的成败和市值能否稳定增长。上市公司作为公众公司，其股权的开放性和公司的资合性决定了股东高度分散且股权流动性强。只有治理层和管理层按信息披露各项制度的要求进行披露才能使股东与董事会、经理层之间建立起良好的互信关系，切实改善公司治理，提高透明度，防止证券欺诈等不法行为的发生，也有利于上市公司在投资者的影响下不断改善自身的经营管理，促使公司的经营管理规范化。

（3）信息披露不仅影响着投资者的价值判断和决策，同时也会影响到债权人等利益相关者。这是由于上市公司的信息披露是面向社会公众的，而信息披露无疑为债权人提供了一条公开、透明的渠道，也有利于债权人在必要情况下提前采取有力措施保全自己的债权，有利于利益相关者作出相关的决策。

一位千亿市值公司的资深董事会秘书曾经告诉笔者，不会写公告的投关工作者是不可能真正做好投关工作的，而不了解投资者所思所想的证券事务代表（简称“证代”）也写不好公告。

13.1.2 信息披露内容概述

信息披露是指上市公司和公众公司为保障投资者利益、接受社会公众监督，按照规定程序将自身经营状况、财务数据等信息，在法定的信息披露平台向投资者及社会公众揭示的行为。

信息披露可划分为强制性信息披露和自愿性信息披露。强制性信息披露是指由《公司法》、《证券法》、《企业会计准则》和监管部门条例等法律法规、部门规章所明确规定的上市公司必须对外披露的信息；而上市公司基于公司形象、投资者关系、回避诉讼风险等动机主动对外披露的各类信息，则属于自愿性信息披露。强制性信息披露主要集中在对公司概况及主营业务、基本财务信息、重大关联交易信息、审计意见、股东及董事人员信息等方面的介绍。自愿性信息披露主要集中于将管理者对公司长期战略及竞争优势的评价、环境保护和社区责任、公司实际运作信息、前瞻性预测信息、公司治理效果等向社会公众披露。就我国上市公司的信息披露制度来看，基本上是以强制性披露为主、自愿性披露为辅。结合法规要求和监管实践，可以将信息披露应当遵循的基本原则概括为“真实、准确、完整、及时、公平、简明通俗”。

信息披露是公司的持续责任，公司应当忠实诚信履行持续信息披露义务。根据相关法律法规与监管要求，上市公司需要建立公司治理、信息披露等相关制度。信息披露管理制度由公司董事会负责实施，公司董事长为信息披露第一责任人，上市公司应当设立董事会秘书，作为公司与证券交易所之间的指定联络人。董事会秘书作为实施信息披露事务管理制度的直接责任人负责具体协调。公司监事会负责监督信息披露事务管理制度的规范性。公司应当设立由董事会秘书负责管理的信息披露事务部门。

目前，上市公司信息披露业务已实现全程电子化，交易所还出台了信息披露直通车制度。上市公司按照交易所业务规则的规定，将除涉及停复牌、权益分派等类别外应该对外披露的信息公告通过交易所技术平台直接提交给指定披露媒体，交易所进行事后审核。该制度安排可以实现过程全自动化、无任何人工干预、披露效率提高、成本降低。交易所可根据上市公司信息披露质量、规范运作程度、违规处分等情形，对适用直通车业务的信息披露主体进行调整。在信息披露直通车制度推行后，上市公司的合规运作环境发生了较大变化，同时也对上市公司信息披露管理工作提出了更高的要求。上市公司在交易所的信息披露相关准备工作始于发行期间，各上市公司应当按照各交易所信息披露手册要求，熟悉业务系统的基本操作方法和重点公告的披露要求，定期报告披露和临时公告披露都大量采用 XBRL 技术和模板，交易所也会常常进行模板和版本的更新。上市公司证券事务和信息披露工作人员对于交易所的信息披露要求和信息披露实务必须非常熟悉。

13.1.3　信息披露规则体系

我国证券市场目前形成了以《证券法》《公司法》等法律、行政法规为主体，以《公开发行证券的公司信息披露编报规则》《公开发行证券的公司信息披露内容与格式准则》《公开发行证券的公司信息披露规范问答》《公开发行证券的公司信息披露解释性公告》等相关部门规章、规范性文件为配套，以及以交易所业务规则和业务指南等自律性规则为实操指引的上市公司信息披露基本规范，上市公司还需注意证监会和各交易所关于信息披露的各项具体要求和规定。这些规范涵盖了强制性信息披露的基本要求和环节。

2019 年 12 月 28 日，第十三届全国人大常委会第十五次会议审议通过了修订后的《中华人民共和国证券法》，并于 2020 年 3 月 1 日起施行。本部证券法进一步强化信息披露要求，设专章规定信息披露制度，包括：扩大信息披露义务人的范围；完善信息披露的内容；强调应当充分披露投资者作出价值判断和投资决策所必需的信息；规范信息披露义务人的自愿披露行为；确立发行人及其控股股东、实际控制人、董事、监事、高级管理人员公开承诺的信息披露制度等。

2022 年 1 月，《最高人民法院关于审理证券市场虚假陈述侵权民事赔偿案件的若干规定》正式颁布实施，资本市场证券虚假陈述诉讼进入全新时代。随着前置程序取消以及代表人诉讼等司法制度创新，投资者通过证券虚假陈述索赔的门槛大幅降低，上市公司信息披露违法将面临更高的违法成本。但因为虚假陈述民事赔偿案件的违法行为专业性强，复杂程度高，投资者将面临较大的举证困难，监管部门在行政处罚中查实的违法事实，仍将是法院审理虚假陈述案件的主要依据。伴随全面实施注册制，资本市场强监管制度将不断完善，执法和司法协同打击信息披露违法力度将进一步加强。

中国证监会颁布的《上市公司信息披露管理办法》对信息披露义务人提出了真实、准确、完整、及时披露信息的要求。《上市公司治理准则》“信息披露与透明度”一章规定：“鼓励上市公司除依照强制性规定披露信息外，自愿披露可能对股东和其他利益相关者决策产生影响的信息。”其他相关规则还包括《公开发行证券公司信息披露内容与格式准则》《公开发行证券公司信息披露编报规则》《公开发行证券公司信息披露规范解答》。

各个交易所也发布了大量涉及信息披露的具体规定和公告模板，上市公司证券实务工作人员需要熟悉和了解信息披露实务，主动参加交易所组织的各类培训，并加入相关学习和交流群。

13.1.4 信息披露工作考核

自 2001 年深交所发布《上市公司信息披露工作考核办法》迄今，沪深两市上市公司信息披露考评机制日趋成熟，两大交易所现行信息披露考评办法业经数轮修订，考评侧重点折射出监管层对上市公司信息披露工作的关注，根据资本市场的发展变化而与时俱进，推动上市公司提升规范运作水平和合规意识，提高信息披露质量，有效地发挥了信息披露考核的正向引导作用。

从上交所《上市公司自律监管指引第 9 号——信息披露工作评价》和深交所《上市公司自律监管指引第 11 号——信息披露工作考核》（以下统称“考核评价指引”）来看，目前各交易所的考评原则基本相同，具体考核标准以信息披露的真实性、准确性、完整性、及时性、公平性、有效性为轴心而展开。随着越来越多的上市公司开始关注如何实现企业高质量发展，如何在以“信息披露为中心”的注册制改革浪潮中加快创建优质头部公司，信息披露考核体系愈发强调投资者权益的保护，其中向投资者分享收益、与投资者保持紧密沟通的要求甚为突出，故此，上市公司应将如何利用信息披露改善和提高市值管理和投资者关系工作提到工作议事日程上来。

为充分贯彻落实中国证监会《推动提高上市公司质量三年行动方案(2022—2025)》，以及全面注册制以信息披露为核心的理念，进一步优化信息披露考评机制，提升上市公司信息披露质量，沪深两家交易所于2023年8月发布了各自修订后的信息披露考核评价指引文件，《上海证券交易所上市公司自律监管指引第9号——信息披露工作评价》和《深圳证券交易所上市公司自律监管指引第11号——信息披露工作评价》，在保持原有框架基本稳定的基础上，本次从优化考核机制及内容、调整加减分标准、强化负面清单、强化结果应用等四个方面进行针对性修订。

在规范性方面，此次修订专设条款强化信息披露的业务操作规范性要求，并细化相关标准，这对于上市公司信息披露内部管理机制的有效运行提出了更高的标准；在有效性方面，此次修订鼓励和引导上市公司的信息披露以投资者需求为导向，在以信息披露为核心的全面注册制背景下，上市公司需不断提升信息披露质量，利用好信息披露渠道，方能获得投资者的认可与青睐。

信息披露考核指标体系的加减分项目是衡量信息披露质量的重要依据，内容包括信息披露规范性、信息披露有效性、投资者关系管理、履行社会责任的披露、被处罚处分及采取监管措施情况、上市公司支持交易所工作等方面。与注册制下相关审核机制衔接，信息披露考核评价指引进一步加大对考核结果为A类公司的服务力度，同时进一步强化合规督导，规定考核结果为D类的公司原则上不开通信息披露直通车，这意味着此类上市公司披露的任何公告都需要经过交易所审核后才能向投资者披露。在事前审核方式下，此类公司的信息披露时效性降低了，而且交易类事项的风险也可能被放大，因而不利于公司的日常运作。交易所也会在信息披露自律监管中进行重点关注，面向公司控股股东、实际控制人、董事长、董事会秘书等开展合规培训，督促公司完善信息披露内部管理流程，提升执行效果等。

对连续三年信息披露考评为“优秀”或“不合格”的上市公司的基本特征进行深入分析，可以看到，连续三年被评为“优秀”的公司均是内外兼修的优质上市公司，具有如下共性特质：保持与投资者充分有效的沟通、规范运作与基本面的良好业绩并存。而连续三年被评为“不合格”的公司也往往具有如下共性问题：补充更正公告较多、信息披露不严谨不规范、异常波动公告频率高、会计差错更正较多、被出具非无保留审计意见和被采取自律监管措施、纪律处分或行政处罚的上市公司占比高等。

从资本运作上看，上交所在职责范围内对上市公司再融资、并购重组等事项出具持续监管意见时，将参考上市公司的评价结果，对于最近一年信息披露工作评价结果为A的上市公司，在上市公司发行股份购买资产、向特定对象发行证券等申请符合交易所相关规定的情况下，依法依规给予相应支持。相应的，深交所在职责范围内对上市公司再融资、并购重组等事项出具持续监管意见时，将上市公司最近一年的考核结果一并报送中国证监会。可见，上市公司信息考评结果将在一定程度上影响公司在资本市场的再融资、并购重组等重大资本运作。

信息披露考评结果相当于交易所为上市公司在资本市场“印制”的名片，信息披露结果为“优秀”将为上市公司的品牌形象、资本运作、投资者关系管理等方面带来显著的正向作用。在以信息披露为核心的全面注册制背景下，上市公司需要做到“内外兼修”，以规范运作为基石，以投资者需求为导向，合规利用信息披露，主动向资本市场披露自己的资本战略和传递自己的资本价值，不断提升信息披露的有效性。

13.1.5 信息披露处罚

目前，以信息披露为核心的监管要求体系已经形成，上市公司需要做好信息披露工作，响应监管机构的要求，守住合规底线。

信息披露义务的责任主体就是信息披露义务人，即公司及董事、监事、高级管理人员、董事会秘书、持有公司5%以上股份的股东或者潜在股东、公司的实际控制人为信息披露义务人。公司董事长为信息披露第一责任人，董事会秘书是信息披露直接责任人。但上市公司信息披露工作绝非董事会秘书一人之责，各相关责任人需要各司其职，共同保障公司信息披露合规，运作规范。实务中，各业务、管理部门及下属子公司需要向董事会秘书报送应披露的重大交易和事项。公司董事长作为信息披露第一责任人，对信息披露负有直接领导责任，上市公司信息披露质量高低和运作规范与否，在很大程度上取决于董事长、总经理对信息披露事务的重视程度。董事长、总经理日常的主要精力集中于公司战略方向和经营管理方面，但需要对信息披露的基本原则、基本理念、基本要求以及基本形式等予以整体把握。信息披露是一项专业性、实务性、操作性很强的工作，公司董事长应牵头组织建立好信息披露团队，重视并支持董事会秘书日常工作，保证公司信息披露合法合规。如果上市公司在信息披露和规范运作等方面出现违规行为，公司董事、监事、高级管理人员根据其各自职责分工承担相应违规责任，例如违规行为涉及日常生产经营和管理，总经理负有相应责任；涉及财务、关联交易等，财务总监负有相应责任；涉及信息披露的组织协调和具体操作，董事会秘书负有相应责任；涉及重大决策或者重大违规，董事长应负直接领导责任等。

修订后的《证券法》第一百九十七条规定：“信息披露义务人未按照本法规定报送有关报告或者履行信息披露义务的，责令改正，给予警告，并处以五十万元以上五百万元以下的罚款；对直接负责的主管人员和其他直接责任人员给予警告，并处以二十万元以上二百万元以下的罚款。……信息披露义务人报送的报告或者披露的信息有虚假记载、误导性陈述或者重大遗漏的，责令改正，给予警告，并处以一百万元以上一千万元以下的罚款；对直接负责的主管人员和其他直接责任人员给予警告，并处以五十万元以上五百万元以下的罚款。”与修订前的《证券法》相比，罚款标准有所提高。

违反信息披露制度所应承担的责任类型可分为民事、行政和刑事三种，《证券法》和《刑法》有相关具体条款规定。《信息披露违法行为行政责任认定规则》第十五条规定，发生信息披露违法行为的，依照法律、行政法规、规章规定，对负有保证信息披露真实、准确、完整、及时和公平义务的董事、监事、高级管理人员，应当视情形认定其为直接负责的主管人员或者其他直接责任人员承担行政责任，但其能够证明已尽忠实、勤勉义务，没有过错的除外。上市公司董秘应当依法在定期报告上签署书面确认意见，保证其真实、准确、完整。董秘一旦在定期报告上签字，很难免责。

目前，我国上市公司在信息披露中主要因为以下问题违法而受到处罚：

（1）在信息披露中存在着财务造假行为，主要表现在一些公司为了满足上市的需求，或者是为了满足投资者的预期，或者是为了达到激励的要求对公司的财务数据进行造假。

（2）未对关联关系及关联交易进行披露，关联方和关联交易的管理属于财务管理制度和信息披露管理制度的重点内容。

（3）未对股东权益的变动情况进行披露。上市公司的控股股东股权情况发生变动或者是控股股东变更时往往会对公司股价产生较大影响，为了避免产生较大的不良影响，部分公司对股权的重大变动信息进行了隐瞒。

（4）对于一些重大事项未进行披露。

（5）公司披露的信息中存在误导性陈述。

据统计，在 2016 年至 2018 年期间，我国上市公司因信息披露违规而受到处罚的案件达到了 170 件，罚款金额 20 161 万元，市场禁入人数总计 80 人次，追责对象涉及董事、监事、高级管理人员、大股东、实际控制人，共计 1 200 余人次，共有 113 名责任人员被处以顶格罚款处罚。2023 年前 4 个月证监会及各地证监局已经开出逾百张罚单（包括行政处罚决定书和监管措施），对上市公司及其相关责任人合计罚没金额近 8 000 万元。整体来看，信息披露违法违规仍是上市公司违规的“重灾区”。据统计，上述逾百张罚单中，有超过八成罚单的处罚缘由为信息披露违法违规。

随着以信息披露为核心的全面注册制改革全面落地，强化上市公司信息披露质量被提到了前所未有的高度，同时，上市公司管理层和证券工作人员也要改变和提升认知，信息披露不仅是合规义务，也是市值管理和价值实现的重要一环。

13.2　信息披露实务

上市公司信息披露的范围主要包括初始信息披露与持续性信息披露。初始信息披露主要指证券发行阶段的信息披露，要求发行人在首次公开发行时公开包括自身财务状况、拟发行证券及交易情况等在内的信息，初始信息披露主要通过招股说明书、募集说明书与上市公告书进行。持续性信息披露是指证券交易阶段的信息披露，主要包括定期报告与临时报告。定期报告包括每年的年度报告和中期报告（半年度报告）、季度报告；临时报告（临时公告）则指在发生重大事项时应向投资者披露的信息，包括董事会决议、股东大会决议、收购或出售资产、关联交易、业绩预增预减等披露种类。

13.2.1 上市申报中的信息披露

从拟上市公司递交申报材料开始，拟上市公司（发行人）及其控股股东、实际控制人、董事、监事和高级管理人员应当依法履行信息披露义务，保荐人、证券服务机构应当依法对发行人的信息披露进行核查把关。

发行人应当诚实守信，依法充分披露投资者作出价值判断和投资决策所必需的信息，充分揭示当前及未来可能对发行人构成重大不利影响的直接和间接风险，保证发行上市申请文件和信息披露的真实、准确、完整，简明清晰、通俗易懂，不得有虚假记载、误导性陈述或者重大遗漏。

发行人的控股股东、实际控制人、董事、监事、高级管理人员等相关主体应当诚实守信，保证发行上市申请文件和信息披露的真实、准确、完整，依法作出并履行相关承诺，不得损害投资者合法权益。

保荐人及其保荐代表人应当诚实守信、勤勉尽责，保证招股说明书以及其出具的发行保荐书、上市保荐书等文件的真实、准确、完整。会计师事务所、律师事务所等证券服务机构及相关人员应当诚实守信、勤勉尽责，保证所出具文件的真实性、准确性和完整性，招股说明书不因引用其所出具的专业意见而出现虚假记载、误导性陈述或者重大遗漏。

13.2.2 上市公司持续信息披露

上市公司信息披露文件分为定期报告和临时报告（临时公告），相关报告分类如图 13－1 所示。

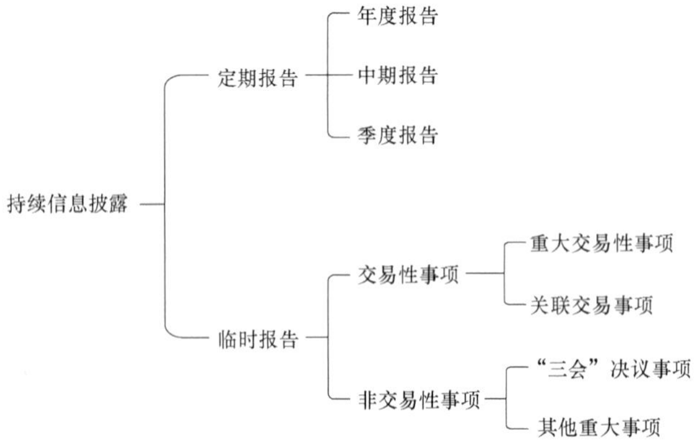

图 13－1 持续信息披露

在满足法定披露要求的前提下，上市公司可以自愿披露与投资者作出价值判断和投资决策有关的信息。具体要把握好如下几点监管要求：

（1）自愿披露信息不得与已披露信息相冲突，不得误导投资者；

（2）应当保持信息披露的持续性和一致性，避免选择性披露，不得利用自愿披露信息不当影响公司股票及其他证券品种交易价格；

（3）自愿披露具有一定预测性质信息的，应当明确预测的依据，并提示可能出现的不确定性和风险。

信息披露义务人拟披露的信息如果属于国家秘密、商业秘密等情形，按信息披露规则披露或者履行相关义务可能导致其违反国家有关保密的法律法规或损害上市公司及投资者利益的，可以豁免披露，但应当在相关定期报告、临时报告中说明未按照规定进行披露的原因，如涉及军工类业务的上市公司，在国家保密法规要求下，对于敏感信息可以不予披露。

交易所制定和发布了很多行业信息披露指引，涵盖房地产、电力、煤炭、零售、汽车制造、医药制造、石油和天然气开采、钢铁、建筑、光伏、服装、酒制造、广播电视传输服务、环保服务、水的生产与供应、化工、航空运输、农林牧渔等行业，鼓励相关行业上市公司做行业特色披露，强化特定行业上市公司重大项目披露要求，适应性调整特定行业定期报告披露口径。对特定行业也会细化其重大环境污染事故信息披露要求或重大安全事故披露要求，上市公司需熟悉此类行业信息披露指引。

当资本市场从上市公司的卖方市场转变为买方市场时，信息对称的诉求对于上市公司而言更为重要。上市公司为了吸引投资者，需要尽可能多地披露完全、真实、及时和有效的信息。因为能够以低成本的方式获取信息，投资者就可以在事前进行合理的判断，事后可以进行良好的监督，可以选择合适的投资或融资项目，而上市公司也可以得到它们所需的资金。因此，此时上市公司的信息披露已经不再是单纯地披露信息，而是一个整合营销的过程。因此，上市公司要在合规基础上充分利用好信息披露制度，做好动态的市值管理。

13.2.2.1 定期报告的披露

上市公司应当披露的定期报告包括年度报告、中期报告、季度报告。定期报告不仅是信息披露的大事，也是公司治理的大事，还是投关活动的大事。

定期报告披露的程序规定。公司应当在规定的期限内编制并披露定期报告：应当在每个会计年度结束之日起四个月内编制并披露年度报告；在每个会计年度的上半年结束之日起两个月内编制并披露中期报告也就是半年度报告；应当在每个会计年度前三个月、九个月结束后的一个月内编制并披露季度报告，第一季度报告的披露时间不得早于上一年的年度报告。

公司在年度报告披露前，预计上一会计年度净利润发生重大变化的，应当及时进行业绩预告；预计半年度和季度净利润发生重大变化的，可以进行业绩预告。公司定期报告披露前出现业绩泄露，或者出现业绩传闻且公司股票及其他证券品种交易出现异常波动的，应当及时披露业绩快报。公司预计不能在会计年度结束之日起两个月内披露年度报告的，应当在该会计年度结束之日起两个月内披露业绩快报。

上市公司披露年度报告和中期报告应在规定时限内通过交易所预约披露时间。

定期报告披露的主要内容。上市公司应当在年报中披露会计数据、经营情况和管理层分析的相关情况，会计数据和财务信息的披露请参见第十一章相关内容的阐述。

就定期报告中的经营情况与管理层分析，上市公司应回顾分析报告期内的主要经营情况，尤其应着重分析导致公司财务状况、经营成果、现金流量发生重大变化的事项或原因。分析内容包括但不限于：报告期内业务、产品或服务有关经营计划的实现情况；报告期内行业发展、周期波动等情况。上市公司对财务报表中的主要财务数据进行讨论、分析时，可以采用逐年比较、数据列表或其他方式。对与上一年度相比变动达到或超过30%的重要财务数据或指标，公司应充分解释导致变动的原因，以便于投资者充分了解其财务状况、经营成果、现金流量及未来变化情况。上市公司应当在年报和半年报中披露的重大事件包括但不限于重大诉讼与仲裁、对外担保、资金占用、关联交易、收购、出售资产、对外投资、股权激励、承诺履行等事项。

在定期报告和重大信息披露文件的信息披露中，要着重打磨“业、财、人、事”四个方面。

业，指公司业务的发展和变动原因、行业状况、行业变化和行业发展，公司管理层对此的应对和风险提示。

财，指对资产负债表、利润表、现金流量表和股东权益变动表以及相关附注，包括变动幅度较大的财务指标的解释说明。对于影响到估值的核心财务指标的信息披露内容要慎之又慎。

人，需要披露上市公司的实控人、控股股东、董事长、高级管理层、独立董事、员工总数及构成、前十大股东、股东户数和会计师事务所的相关情况。

事，指的是重大事项。它包括重大担保或关联交易、法律纠纷，有没有被监管机构处罚，有没有股权质押、股票期权或限制性的股票激励等。对于这些重大事项，上市公司要写清楚对应临时公告的详细刊登时间。

对于“业、财、人、事”的表述，要在实事求是的基础上，从市值管理战略和目标出发，精心组织内容，核心内容比如管理层陈述，要逐字打磨。

上市公司定期报告的相关更正，历来是上市公司更正公告的重灾区，因为定期报告历来是信息披露工作，包括财务工作的重点与难点。大量的定期报告更正不仅涉及财务数据错误，还包括内容表述上的错漏。可见，定期报告的编制，除了财务部分之外，信息披露部分也需要下功夫。小到公司的注册地址、联系电话，甚至是表格与数据的单位、小数点等，这些细节问题对上市公司的信息披露工作都提出了更高要求。上市公司定期报告披露必须慎之又慎。

年报期间，A 股 5 000 多家的上市公司要在至迟 1 月底前考虑是否需根据情况发布业绩预告，至迟 2 月底考虑是否需要发布业绩快报，至迟 4 月底前公布年报和一季报，且相关信息需按照交易所的公告格式公布，并最迟在 6 月 30 日召开年度股东大会。因此，定期公告，特别是年报，是日常信息披露和投资者关系的重中之重，是价值实现工作中的核心事项，其不只是为了交易所的信息披露合规，也是公司治理的重大活动和市值管理的关键时点，年度业绩以及年报发布是上市公司一年当中最重要的资本市场信息披露及传播事件。

13.2.2.2 临时报告的披露

为充分保障投资者知情权，引导上市公司规范履行信息披露义务，各交易所和全国股转公司在各自的信息披露规则明确列举了常见、多发的交易事项，并提出了详细的披露要求和规定。

公司在履行重大事件首次披露义务时，应当按照信息披露相关规则披露重大事件的起因、目前的状态和可能产生的法律后果等。编制公告时相关事实尚未发生的，公司应当客观公告既有事实，待相关事实发生后，再按照相关要求披露重大事件的进展情况。公司已披露的重大事件出现可能对上市公司股票及其他证券品种交易价格或投资者决策产生较大影响的，应当及时披露进展或者变化情况，包括协议执行发生重大变化、被有关部门批准或否决、无法交付过户等。对于重大事项停牌进展等事项，不论是否发生重大变化或者取得重大进展，信息披露义务主体应当定期披露重大事项的进展情况。

当公司同时满足如下条件，可以暂缓披露：筹划的重大事项存在较大不确定性；立即披露可能会损害公司利益或者误导投资者；有关内幕信息知情人已书面承诺保密。

值得关注的是，公司最迟应当在该重大事项形成最终决议、签署最终协议、交易确定能够达成时对外披露。如相关信息确实难以保密、已经泄露或者出现市场传闻，导致公司股票及其他证券品种交易价格发生大幅波动的，公司应当立即披露相关筹划和进展情况。这里的一个核心判断是价格的大幅波动，在自媒体泛滥的时代，及时利用好信息披露的渠道，是稳定市值的重要工具。

“业、财、人、事”四个方面的临时公告，都是有可能影响市值波动或投资者持股情绪、意愿的事项，因此在信息披露时要做好解释工作。比如，关键岗位高管人员的更换，如财务总监和董事会秘书、会计师事务所的更换等，大股东或者高管人员不断减持公司的股票，频繁的资产重组和剥离、股权转让，都是投资者关注的信息，要提前做好解释。如果遇到上述事项而没有合理的解释，遇到资本市场动荡时期，谨慎的投资者往往不会等待新一期财务报告对业务的反映，就先减持甚至清仓再观察，那市值的波动就不可避免。

13.2.2.3 自愿披露

良好的信息披露有利于降低投融资双方的信息不对称和资金成本，提高资本在整个资本市场的配置效率，进而促进资本市场的快速发展。除依法需要披露的信息之外，信息披露义务人可以自愿披露与投资者作出价值判断和投资决策有关的信息。自愿披露的信息应当真实、准确、完整、公平，保持信息披露的持续性和一致性。

根据《证券法》的规定，除依法需要披露的信息之外，信息披露义务人可以自愿披露与投资者作出价值判断和投资决策有关的信息，但不得与依法披露的信息相冲突，不得误导投资者。我国证券监管部门和交易所对待上市公司自愿性信息披露的基本态度是，审慎对待预测性的信息披露，适时披露公司重大风险及潜在风险，在公司处于困难或逆境的时候，加强与投资者的沟通。科创板鼓励科创公司依照《上海证券交易所科创板上市公司自律监管指引第 2 号——自愿信息披露》的规定，自愿披露与研发进展、科研实力有关的事项。

对于投资者而言，仅有强制性信息披露远不足以准确把握公司的内在价值以作出正确决策。这也是机构投资者的分析师和研究员大量到上市公司进行现场调研的原因。实际上，一切影响企业风险和价值驱动因素的信息，都需要在信息披露的范围内进行把握和披露。尤其是自愿性披露，它已成为与财务信息同等重要的企业价值驱动因素。强制性信息披露以财务报告为主，自愿性信息披露以公司业务活动、公司治理结构、人力资本结构等管理信息为主。自愿性信息披露是对强制性信息披露的深化、扩展和补充，通过进一步披露公司的管理和业务信息，向投资者展示公司的核心竞争力和未来的盈利能力，减少公司与外部投资者间的信息不对称，使投资者作出正确的投资决策。如果具有长期成长性的中小市值公司能够做好公司预期管理，善用主动性信息披露，增加公司透明度，将会极大增强公司股东持股信心，进而增强公司股价稳定性。

自愿披露公告包括各类非法定必须披露、公司自愿选择披露的公告，比如月度销售报告、收购固定资产、签署战略合作协议、项目完工或暂停营业、对社会事件和媒体报道的回应、行业研究报告及其他消息等。

在实践中，自愿性信息披露也成为部分公司追逐市场炒作热点、进行伪市值管理的重要手段，严重误导投资者。上市公司自愿性披露的事项不是随意披露，不能“报喜不报忧”，上市公司需要遵守公平原则，明确信息披露的标准，对信息披露的持续性、一致性负责，对同一类事项按照同一披露标准去执行。信息披露义务人在开展自愿信息披露事项时需明确自愿性信息披露的具体要求、披露内容和注意事项，要符合法律规则的要求。不得与依法披露的信息相冲突，不得误导投资者，不得进行选择性披露，不得利用自愿性信息披露从事市场操纵、内幕交易或者其他违法违规行为。自愿披露预测性信息时，需要以明确的警示文字，具体列明相关的风险因素，提示可能出现的不确定性和风险。监管机构在信息披露义务人进行自愿性信息披露事项时开展持续监管，对投资者负责，对信息披露义务人可能存在选择性披露，不遵守一致性、完整性的原则等行为进行问询、关注或依法处置。

从市值管理的角度出发，自愿披露是市值管理的利器，上市公司要在合规基础上善于使用自愿披露。需要说明的是，如果公司相关信息的重要性尚不构成信息披露标准，可以考虑多在公司网站、微信公众号、自媒体官方账号上更新和发布公司动态，善用媒体关系和自媒体工具。如果公司主动进行信息披露，通过法定和其他合规途径披露和更新公司的战略实现情况和经营情况，投资者对公司发展的了解实时更新，他们会更加放心，最终受益的还是上市公司。

13.2.2.4　利空信息的披露

上市公司往往需要面对利空消息的强制性披露，例如实际控制人或高级管理人员面临重大诉讼、董高监离职、实控人/战略股东减持、商誉减值等利空信息。纸包不住火，这些利空信息的披露应该在什么时点、如何披露，信息披露法规和实操有明确的规定和步骤，而披露的节奏和表述是什么，需要上市公司给以足够的重视和平衡。如果处理不当，上市公司的资本市场形象将会蒙受损失，媒体和舆论可能会群起而攻之，市值大幅波动，甚至引发进一步的合规风险。上市公司既不可压制利空信息，因为如果被自媒体爆料将引发更大的危机，又要最大限度地控制利空信息对企业资本市场形象和股价的负面影响，这是每个董事会秘书极为头痛的事项之一，也是区分优秀董事会秘书和一般董事会秘书之所在。相关事项的进一步讨论，可以参看本书第十五章的相关内容。

利空信息披露需要实操经验，不仅要对法律法规、信息披露规则、会计准则相当熟悉，还要对监管态度、媒体传播、资本市场情绪偏好有着良好的把控，扎实的文字功底和表达能力更是基础能力，需要有经验的董事会秘书与投关工作人员在公司股东、管理层甚至其他专业机构的多方配合下才能达到预期的效果。

13.2.2.5　证券简称变更

证券简称变更是一种特殊的证券业务，往往是公司实际业务变更、业务转型、借壳上市等的需要。证券简称虽然仅涉及三四个汉字，但在业务转型的情况下进行简称变更，往往可以彰显公司业务转型的方向和决心，可以说是一字千金。

上市公司变更证券简称的，变更后的证券简称应与公司主营业务相匹配，不得利用变更证券简称误导投资者，并避免使用过于概括、与公司实际情况不符的区域性、行业性通用名词。变更后的证券简称原则上从公司名称中选取，不得超过八个字符（单字节字符，即不超过四个汉字），应避免与境内交易所和全国股转系统已挂牌或上市证券的证券简称重复。

需要注意的是，如涉及炒作，而非实际业务变更、业务转型，不要说变更证券简称，即使仅仅变更子公司名称也可能受到问询。2023 年，由于某主题概念持续受到机构的关注，相关公司纷纷成为机构调研的主要标的，7 月 5 日晚，某上市公司披露，变更全资子公司的名称，加入该主题概念表述，而经营范围未发生变化。公司当晚即收到来自交易所的问询函，要求其说明变更公司名称的原因及依据，是否存在利用市场关注热点炒作公司股价的情形。

13.2.3 信息披露的其他注意事项

信息披露是上市公司极易违规的事项之一，因此需要上市公司给予足够的重视。实践中特别需要注意以下几点：

（1）上市公司公开披露的信息应当于第一时间在信息披露指定报纸和指定网站公布。各交易所和全国股转公司（全称为“全国中小企业股份转让系统有限责任公司”）对于法定信息披露平台都有相关规定，上市公司在其他媒体披露信息的时间不得早于规定披露平台的披露时间。

（2）上市公司不得以新闻发布或答记者问等形式代替公司的正式公告。对于重大的尚未公开信息，上市公司应避免以媒体采访及其他新闻报道的形式披露相关信息。在未进行正式披露之前，应避免向某家新闻媒体提供相关信息或细节。公司也不能以短信、微信、邮件等形式替代在规定披露平台的信息披露；公司通过微信、微博等社交媒体进行宣传或者进行路演、投资者沟通等活动的，均不得提前披露、透露或者泄露未在规定披露平台披露的信息，特别是财务信息。

（3）公司应明确区分宣传广告与媒体的报道，不应以宣传广告材料以及有偿手段影响媒体的客观独立报道。如属于上市公司本身提供（包括公司本身或委托他人完成）并付出费用的宣传资料和文字，应在刊登时予以明确说明和标识。同时，公司还应及时关注媒体的宣传报道，必要时可适当回应。

（4）防止出现选择性披露现象。所谓“选择性披露”，就是将重大的未公开信息仅向与公司有接触的基金经理、分析师或参与一对一沟通的投资人等披露，而不是向市场上所有投资者披露，它将直接造成信息获得不平等，并易于导致利用内幕信息交易。公司同时有证券在境外证券交易所上市的，其在境外证券交易所披露的信息应当在规定信息披露平台同时披露；在其他证券交易场所上市的母公司或子公司所披露的信息对公司股价或投资者决策产生重大影响的，公司应当在规定信息披露平台同时披露。

（5）证券实务工作人员必须熟练掌握交易所信息披露事务操作和技术，把握好信息披露的实操和实务经验，保证信息披露合规，这是利用信息披露进行市值管理的基础。在实务中，上市公司还需要注意各交易所对披露事项对应的临时公告有模板，信息披露工作人员要注意使用最新的模板准备信息披露文件。

13.3 通过信息披露做好市值管理工作

积极的市值管理需要主动引导投资者，利用好信息披露，将上市公司价值、估值和市值相关信息传达给投资者。上市公司在信息披露时要主动考虑到资本市场投资人和流通股股东的诉求，主动披露能使资本市场更加精准地把握上市公司经营状态的数据，向投资人更新公司最新发展、重大项目最新进展、公司规划和成长想象空间。

从估值方面来说，投资者需要理解上市公司业务情况和资本动作背后的目的和意图。比如，企业开始进行融资、定向增发，目的是加强研发、生产还是营销？或者企业进行并购，其目的是报表扩张还是战略布局、整合产业链？动作背后不同的目的和意图会影响最后的结果，即公司的财务指标表现，即判断公司的销售收入、净利润是否提高，是只能带来短期业绩的提高，还是能够通过构建更稳固的竞争壁垒，从而保持长期的良性可持续发展。这一系列的意图判断和最终的财务表现，又将体现为企业的市值表现，即公司的股价、市值。因此，上市公司应做好信息披露工作，同时还应注意形式的多元化。上市公司的信息披露应做到真实、及时、充分，避免虚假信息披露、延迟信息披露、模糊性信息披露。公司的战略规划、财务预测、人力资源、社会责任等信息也需要合理进行自愿性披露。

资本市场是典型的信息不对称市场。投资者尤其是公众投资者不可能完全、准确、及时地了解上市公司运营环境、经营业绩和发展前景，导致企业创造的投资价值往往不能被充分发现。研究表明，这与处于不同发展阶段的资本市场、不同类型的投资人在做投资决策时对信息披露的需求有极大的关系。因此，最大限度地减少信息不对称，消除价格偏差，争取投资者对公司价值的认知和认同，是上市公司应尽的义务和责任。上市公司有义务和责任向市场揭示公司价值，最大限度地消除信息不对称，争取投资者对公司价值的认知和认同。

年报中的董事长、总裁致辞或致投资者信，是市值管理和投资者关系工作的重要手段，起到高瞻远瞩、画龙点睛、优化企业在资本市场上形象的作用。公司治理层和管理层可以借此从外部商业环境、行业趋势上谈企业发展战略，并明确企业战略如何具体到实现目标和执行路径上，传递出公司治理层和管理层的思路和决心，展现公司的市值潜力，坚定投资者长期持有的信心。

定期报告披露后，上市公司可以选择进行多维度、多方式的传播，比如在业绩快报新闻稿、年报新闻稿和年报董事长致辞与经营讨论中以不同的角度展示年度业务亮点、市值逻辑亮点和公司预期差，以便让市场对上市公司业绩市值和潜力市值具有充分的认知。除了新闻稿和年报内容输出外，还可以根据需要及时组织年报、半年报、季报等业绩披露后的说明会，主动传播公司的估值逻辑。

由于信息披露内容是投资者了解上市公司的重要渠道，因此在重要临时公告发布后，上市公司可以组织媒体宣传稿，以及相关信息的解读电话会和其他交流方式，向重点投资人、分析师做专项解释，使资本市场能够及时跟进公司发展的最新情况。

第14章 市值管理中的投资者关系管理

14.1 投资者关系管理工作概述

14.1.1 定义及其发展历程

市值管理是在平衡各方利益的前提下，构建一种综合的长效机制，使企业价值最大化，然后通过投资者关系（简称“投关”）工作在资本市场上体现企业的价值，并最终实现股东利益最大化。投资者关系管理（IRM）和信息披露一样，是公司价值实现的重要环节。投资者关系管理的对象是投资者与潜在投资者、监管机构及新闻媒体。证监会发布的《上市公司投资者关系管理工作指引》（2022）中提出，投资者关系管理是指上市公司通过便利股东权利行使、信息披露、互动交流和诉求处理等工作，加强与投资者及潜在投资者之间的沟通，增进投资者对上市公司的了解和认同，以提升上市公司治理水平和企业整体价值，实现尊重投资者、回报投资者、保护投资者目的的相关活动。

早在1953年，美国通用电气公司主席拉尔夫·科迪纳（Ralph Cordiner）从公司公共关系部门（PR）中独立出一个新的用于规范公司与投资者关系的部门，由此就产生了“投资者关系管理”的术语。1969年7月，美国投资者关系学会（National Investor Relationship Institute，NIRI）诞生。2003年3月，NIRI董事会将投资者关系管理定义为“公司的战略管理职责，它运用金融、沟通和市场营销学、证券法合规的方法来管理公司与金融机构及其他投资者之间的信息交流，以实现企业价值最大化”，并指出IRM是立足于财务与沟通功能的战略管理活动，其最终目标是提高企业公允价值，之后各国对于IRM的界定都以NIRI的定义为出发点并结合自身实际情况予以补充和说明。1990年，各国会员代表联合起来在伦敦成立了国际投资者关系联合会（International Investor Relations Federation，IIRF）。IIRF的成立标志着投资者关系管理得到了世界范围的广泛关注和重视。该组织在2008年被全球投资者关系网络（Global Investor Relations Network，GIRN）替代。GIRN的目标之一就是鼓励所有证券业活跃的国家成立全国性的投资者关系组织。世界范围内知名上市企业均在公司内建立了规范的投资者关系管理机制。

21 世纪以来，伴随着我国证券市场市场化改革的逐渐深入，投资者关系逐渐引起了上市公司和监管机构的注意。投资者关系概念首次在国内媒体出现是 2000 年 6 月，《中国证券报》发表了一篇题为“我们所理解的投资者关系”文章。2005 年 7 月 11 日，为进一步加强上市公司与投资者之间的信息沟通，完善公司治理结构，切实保护投资者特别是社会公众投资者的合法权益，证监会发布《上市公司与投资者关系工作指引》。2022 年 5 月 15 日，修订后的《上市公司投资者关系管理工作指引》正式颁布施行，标志着上市公司投资者关系管理工作跨入一个崭新的阶段。文件对投资者关系工作的基本原则进行了全新的阐述，要求上市公司合规、平等、主动、诚实守信地开展投关工作，通过建立多渠道、多平台、多方式的投资者沟通交流机制，增进投资者对公司的了解，实现尊重投资者、回报投资者、保护投资者的目的。指引共计三十二条，第一章总则进一步明确投资者关系管理的定义、适用范围和原则，确立合规性、平等性、主动性和诚实守信四条基本原则。第二章规定了投资者关系管理的内容和方式，进一步增加和丰富投资者关系管理的内容及方式，同时对近年来实践中的良好做法予以肯定和明确。适应互联网、新媒体等新时代发展形势，在电话、传真等投资者关系管理传统沟通渠道基础上，新增网站、新媒体平台、投资者教育基地等渠道。对投资者说明会的召开情形和要求作出专条规定，提升投资者说明会质量和效果，使其真正成为公司传递价值、投资者发现价值的桥梁。落实新发展理念的要求，在沟通内容中增加上市公司的环境、社会和治理（ESG）信息。明确上市公司承担诉求处理的首要责任，明确上市公司建立健全投资者关系管理档案保管和利用机制。第三章规定了投资者关系管理的组织与实施，同时强化对上市公司的约束。在操作层面，进一步明确上市公司投资者关系管理的制度制定、部门设置、责任主体、人员配备、培训学习等内容。强化上市公司“关键少数”的主体责任，除董事会秘书、专门人员外，对上市公司控股股东、实际控制人、董事、监事、高级管理人员等也提出要求，明确他们在投资者关系管理中的禁止情形。倡导投资者提升股东意识，依法行权维权，形成理性成熟的投资文化。明确中国证监会及其派出机构依法对上市公司投资者关系管理进行监督管理。明确证券交易所、上市公司协会等自律组织，制定自律规则进行自律管理。明确监管部门、自律组织和投资者保护机构可以对上市公司投资者关系管理状况进行评估评价，发布良好实践案例和经验，促进上市公司不断提升投资者关系管理水平。第四章是附则，主要说明指引的施行日期。

上市公司市值管理，价值创造是基础，价值经营是过程，价值实现是关键，良好的价值实现要求上市公司必须注重企业内在价值与市值反应之间的互动机制。投资者关系就是其中核心和关键的环节。在资本市场中，由于投资者的非理性和资本市场效率低下的制约，上市公司的市值高估或低估乃至大幅波动的现象经常出现，同样内在价值的企业市值或股价差别很大的例子在资本市场比比皆是。投资者关系管理的实质就是通过各种手段减少投资者与上市公司之间的信息不完全对称，尽量使投资者充分了解公司，从而影响投资者行为，使市值充分反映内在价值。上市公司进行投资者关系管理活动，增加投资者对公司的了解，一方面，可以降低投资者信息搜集成本，降低外部投资者与内部管理层的信息不对称程度，使投资者能够有效监督管理层，减少管理层自利行为；另一方面，投资者关系管理活动的对象是市场中所有的投资者，无论持股多少，投资者拥有同等的获取公司信息的机会，减少了大股东的信息优势，约束了大股东对中小股东资金的侵占行为。

14.1.2　投资者关系工作是价值实现的关键环节

投资者关系主要是上市公司与债券及股权投资者、新闻媒体、外部分析员或其他利益相关方的沟通互动。上市公司需通过专业规范的投资者关系管理，多渠道、多层次地与投资者进行交流，按规范及时披露重要信息，维护公司在资本市场上的良好形象，投资者关系管理要协助公司按需扩大融资规模并优化融资成本，同时通过全面及时地获取、传递外部市场反馈与评价，为公司重大决策提供依据。投资者关系管理算是公共关系管理的一个分支，主要还是服务于资本市场，帮助企业和众多的投资者以及投资机构进行专业沟通，从而实现提升企业价值的目标。

投资者关系的核心在于深入理解企业如何创造价值，企业价值与资本市场市值及估值的逻辑关系，影响企业资本市场估值的各类因素——人为的和非人为的、相对可控的和不可控的，其工作成果体现为公司市值。投资者关系工作的核心价值是尽量减少从上市公司到投资者的信息损耗，使上市公司的内在价值信息得以完整展现和披露，上市公司的动态价值（业绩市值＋潜力市值）被资本市场充分理解和认可，并及时反映在其估值中；这样上市公司才可以充分“用好”股票工具，发展壮大，为利益相关方持续创造价值。市场关注度的提高意味着公司可以向市场传递更充分的信息，有助于减少投资者和公司之间的信息不对称，缓释投资者对公司前景预期的不确定性，会显著增强股票的流动性。投资者关系的价值体现于资本市场给予上市公司的估值，以及股本扩张有效再增发、再融资或股本消减提升每股收益。在上市公司与同行业可比上市公司基本面相当的情况下，投资者关系价值的直接体现就是资本市场给予上市公司的动态估值变动情况：与自身及同行业可比上市公司比较，同期的股价变动幅度、市值表现。

就算是同一家上市公司，其进行投资者关系管理活动的动机与功能在不同的阶段也有不同的侧重点。比如，在上市前和上市后，公司投资者关系管理活动并不完全一致。在上市前和 IPO 阶段，投资者关系管理主要在于吸引资本与融资，金融推介、传递价值是其重要的功能；而在公司 IPO 后，与投资者之间的沟通，吸引机构股东长期持股，做好供公司再融资的准备和推动公司再融资顺利完成是投资者关系管理的主要工作。

许多管理者认为和投资者沟通或宣传就是为了提升股价，但市场沟通的真正目标是在中长期的时间框架内，使其股价和市值合理反映企业的内在价值。如企业的市值远大于其内在价值，最终其市值一定会大幅下跌以靠拢其价值和估值中枢。当股票大幅下跌后，企业商誉会受影响，员工斗志会受打击，核心骨干会因为股权激励不达预期而蒙受损失，管理层会受到董事会的质疑，而损失最大的将是全体股东，特别是广大中小投资者。而股价太高也会使管理者为了维持高股价而不断采取一些短期行为，比如寻找没有协同效应的高商誉并购项目等，而这最终会损害企业的长期价值创造。因此，投资者关系的根本在于发掘传播上市公司价值，防范危机，将企业的商业模式成长驱动说明白，减少外界认知偏差和信息错位，并尽早获得资本市场的认可，反映在企业的资本市场估值与市值中，就是使上市公司的市值持续最优化；同时，通过日常投关工作，确保企业在资本市场持续被认可，尽可能地减少不必要的市值波动。

14.1.3 A股上市公司投资者关系工作管理情况

成熟资本市场投资者关系工作的核心内容是：

价值实现/价值反应：收集资本市场参与者的反馈，并及时沟通，使得上市公司的价值反映到资本市场给予的估值/股价中。

价值发掘：将上市公司的商业模式、业绩成长、发展潜力和估值逻辑说明白，反映到信息披露和投关材料中。

价值传播：将上市公司的信息及时透明、对称地传播给资本市场的核心参与者，特别是专业投资机构及分析师。

价值维护：及时排查、处理影响上市公司市值的各类负面事件。

随着注册制在A股市场的全面落地，国内上市公司正在从“监管驱动与市值维护”向“市场驱动和市值管理”迈进。国内上市公司投资者关系管理工作需要专业化的预期管理等最佳实践分享，需要主动去让资本市场充分了解上市公司的经营发展战略，需要发掘潜在投资价值系统的市值管理方法与阳光透明可落地的市值管理实践。

投资者关系管理模式有多种，如企业证券事务部门同时负责投资者关系、企业设立专门的投资者关系管理部门、将投资者关系管理事项进行外包以及混合模式。从人力、物力的投入可以看出，国内上市公司还没有意识到投关工作的任重道远。根据深交所的调查报告，国内上市公司投关团队平均为2人，目前主流还处于“董秘+证代”的模式。《A股上市公司董秘工作团队白皮书》中关于董秘团队分工的调研可以发现，72%以上上市公司的董秘团队是分工不清晰的，经常要一人身兼多职。可见，上市公司的投资者关系组织内部管理面临的共性问题，就是要明确证券投关部门在日常工作中到底有哪些职责，并做好职责体系构建，将这些职责有机串联到一起。

上市公司需要按照公司发展战略和市值管理战略确定证券投关部门的组织职责和人员配置，将职责体系全面、客观、独立、前瞻地进行归纳总结，并在此基础上打造职责体系矩阵，拆分信息披露、投关等的工作流程，并配合相应的流程管理工具予以固定；在职责管理、流程拆分的基础上确定投关团队的岗位和组织架构，来搭建动态授权的投关组织管理工作体系，做好人才培养和培训，着手人才的梯队搭建，并开展团队继任管理，实现人岗匹配，形成一套完整的证券投关部门内部管理体系。

我们所处的时代环境、资本市场以及上市公司自身无时无刻不经历着变化，快速发展变化的资本市场和具有高度挑战性的投关工作对从业人员也有较高的要求。投关从业人员不仅需要掌握《公司法》、《证券法》、会计准则、交易所的各类规则和指引等法律法规及规范规则，股票市场投融资、会计、传媒、管理咨询等专业知识，还需要有相当的人脉与实操经验，以及较高的职业操守，才能有效开展投关工作。同时，还需具备的技能有：专业写作技能，小到新闻稿、董事长及高管讲稿，大到策划方案，都能上手起草；金融建模技能，能够读懂上市公司财务报表，根据上市公司的商业模式、业务板块，搭建上市公司的财务模型；演讲沟通技能，具备清晰的逻辑辩论、演讲说服能力。证券和投关工作的领域属于知识快速迭代的领域，要求相关从业人员保持终身学习的习惯。投关从业人员还需要善于广交朋友，对事物保持永远的好奇心和学习心态，从而开放包容的心态，从而充分发挥投关的战略性价值，做到善于沟通，帮助上市公司解决影响市值的各类问题，协助上市公司用好权益工具，实现双引擎发展，持续为股东创造价值。

14.2　投资者关系工作策略

投资者关系工作策略是上市公司市值管理战略的细化和落地，其意义在于投资者关系工作能为企业培育和发展可持续的竞争优势，而这正是企业战略的核心。投资者关系工作策略贯穿企业发展的各个阶段，创业企业和拟上市公司同样要有自己的投资者关系工作策略。企业在制定市值管理方面的战略时，应以设立远景目标为前提，对企业的发展进行总体性的指导，并通过投资者关系工作策略进行细化。

上市公司优良的基本面反映到公司估值和市值上，不是水到渠成、自然而然的，需要有效的预期管理和耐心细致的投关工作，持之以恒才能突破估值瓶颈。业绩好是良好估值的先决条件，但不是必然条件。如果只是针对上市公司定期的业绩披露进行传播，往往无法达到提升上市公司估值的效果。另外，还需要做好危机公关、企业形象维护、估值修复、反做空等市值维护工作。

上市公司在制定投资者关系工作策略时要注意：

（1）投关工作策略要符合企业总体发展战略和市值管理战略，并随着二者和监管动向、整体资本市场、外界宏观环境的变化进行调整和更新；

（2）上市公司管理层、市值管理者和投关工作人员要深入和及时研究市场的最新动态和变化；

（3）对企业所在的行业以及企业自身的经营、财务、公司治理状况进行分析；

（4）明确企业投资者关系工作的现状和改进方向。

同时，上市公司投关工作人员要关注机构投资者和中小投资者对于本上市公司的理解、印象和交流诉求；保持与重要财经媒体的沟通，及时搜集媒体报道，确定媒体对企业的关注程度，并进行比较，特别要关注负面舆情的相关情况；关注和分析上市公司在二级市场的月度、季度成交量，估值和市值变动幅度与趋势，投资者持股比例和构成变化；统计分析分析师对企业的研究和调研次数，研报内容和主要研究结论。

企业在制定投资者关系工作策略时，需要遵循实事求是的原则，不要过分追求热点，以免让投资者误认为企业不抓业务炒股票，产生负面情绪。

基于公司的市值管理战略和投关工作策略，结合所在的具体环境和情况，上市公司可以采取积极的投关工作策略提升市值或者采取稳健的投关工作策略维护市值。当上市公司处于被“资本市场价值发现”阶段的，投关的核心工作是“引导”资本市场专业的卖方分析师用最适合上市公司商业模式未来发展的方法，作出尽可能准确的财务模型来预测未来的业绩成长性，给予匹配的估值系数；一旦企业价值已经被资本市场发现，逐步反映在上市公司的股价、市值中，投关的工作重点就要转移到管理资本市场对企业未来业绩的预期、维护上市公司指示上，防止市值暴涨暴跌。

14.3 投资者关系工作的开展

14.3.1 投资者关系工作的开展步骤

开展投关工作的第一步是正确认识上市公司，认识公司在资本市场的现状以及投资者对上市公司的认知情况，并以此为基础，制定和调整投关策略，以落实市值管理战略。投关工作人员需要进行上市公司数据及资料收集与分析，并据此建立估值模型，同时需要和上市公司股东、投资人以及利益相关方交流沟通，了解该上市公司在资本市场的形象。

第二步，制定有说服力的资本市场投资逻辑并就此准备投关材料。针对资本市场目标价值传播对象，投关工作人员需要制定出展示上市公司投资价值的有说服力的投资定位及佐证，即投资逻辑；核心是要站在资本市场的角度，而非上市公司的角度，针对公司市值和内在价值差异，制定出有说服力的投资定位及具有可信度和事实支持的佐证。制定有说服力的投资估值逻辑，既要非常了解上市公司的成长动力和发展预期，切合上市公司和所处行业特点，也要非常了解所在资本市场的投资偏好和投资方向，核心是要对资本市场有说服力，一个简单的办法就是寻找知名的对标公司。投资估值的逻辑需要反映在所有投关资料中，不仅仅是和投资者的沟通材料，还要体现在上市公司的信息披露中，包括定期报告和临时公告，其目的就是使上市公司成为具有吸引力的投资标的，受到资本市场和目标投资人的关注。投资逻辑需要贯穿上市公司的所有投关资料和投关活动，并通过事实进展披露和业绩兑现形成闭环。

现实中，大量的上市公司无法明确公司的价值主张与目标是什么、发展预期怎样及如何保证落地。一个可行的方法是关注主流券商和行业咨询公司的相关研判结论和预期，抓住资本市场的偏好与痛点，发掘市场现有和未来主题，关注行业大的业务发展机会和技术进展，并结合企业的发展战略和业绩预测情况进行综合阐述。上市公司需要有逻辑自洽且可实现的价值创造主线，通过清晰、简洁的提炼与描述获得资本市场对其投资价值的关注与认可。

投关交流的重心在于公司业务和商业模式的清晰阐述，而不在于估值。公司投关工作人员应首先是公司业务的专家。投资者的投资目的是使财富增值，所以他会格外关注产品的商业模式。好的商业模式的投资逻辑基本要点是有刚需、有产品的逻辑。商业模式并不是简单的盈利模式，它包括产品模式、用户模式、推广模式和盈利模式。在投关材料中要把上述问题说清楚。

投关材料中的信息要重在运营和业务数据，包括细化的运营数据、财务数据及发展规划。这些数据结合起来就形成了企业运营的整体，为投资者提供了了解企业经济实力的途径。如果展示的数据有较大幅度的变动，企业就要解释清楚，以消除投资者的疑虑，以免留下不可信任的印象。如果现阶段新业务没有充分的或有优势的数据，企业可以把新项目运营数据理解为发展现状和发展里程碑，向投资者展示企业新业务重大进展与项目执行情况。企业在展示数据的表现形式时最好使用图表，简单明了地将数字展示出来，而不要罗列堆砌文字。任何商业活动和项目的最终结果一定都会被反映在财务数据上，投资者在作出投资决策时，一定会要求知道企业现在的资金流向、未来的财务规划，以及可以产生什么样的价值、收入、利润等。在展示业务和财务数据时要保证数据具有真实性，不要夸大或缩减，注意和已披露信息的勾稽一致。

在投关工作中，行业分析和比较分析是一件非常重要且必须要做的事情。它能够帮助企业评估自身的发展趋势，分析现有或潜在竞争对手的能力及动向，为企业提供强有力的支持，促使企业形成面向未来的核心竞争优势，创造自己的价值。但要注意，此类比较没有必要展示给投资者，更多的是作为自己准备材料的工作底稿。

上市公司实控人、治理层和管理层是支撑上市公司发展的关键因素，所以投资者十分重视上市公司管理团队，团队不好，再好的业务和战略也无法实现，投关材料可以介绍这方面的情况。

第三步，开展针对性的投关工作。这一步的核心是筛选确定传播对象。第一批传播对象的确定非常重要，需要包括能够相对迅速覆盖上市公司的有影响力的卖方分析师和能够相对迅速建仓股票的买方机构投资人。之后可以通过小规模路演或一对一交流积极和投资人建立联系和沟通。上市公司资本市场的投资定位和估值逻辑，往往通过公司介绍材料的形式进行展示沟通；另配上上市公司的财务预测数据。建议引导传播对象自行设定预测模型和估值模型的核心参数，得出上市公司的未来业绩，每股净利润、每股派息等股东回报预测指标以及市值预期。不建议上市公司投关工作人员在沟通中强调和主动介绍对公司估值的理解和预测，投关的交流应该放在公司基本面、特别业务的交流上而非估值上。交流之后投关工作人员可以积极跟进，了解对方的反馈，解释交流中的问题和疑惑。跟进工作非常重要，起到及时收集反馈、进一步沟通说服的作用，以促进卖方分析师出具公司调研报告，买方机构建仓股票。

投关就是搞定人，其前提是了解各类人的表达方式，要把公司的信息和公司想传达的信息以资本市场接受的方式进行表达和传播。

第四步，投关工作人员要及时总结来自重要投资人、分析师和利益相关方的重要观点和反馈，提交给公司实控人、治理层和管理层，以便公司改进自己的战略和经营管理，推进上市公司做好产融结合。投关工作人员也要根据公司基本面和业务的发展、外界情况的变化以及投资人的反馈及时更新估值逻辑和投关材料，形成良好的市值管理和投关工作循环。

14.3.2 合规是投资者关系工作的基石

投关工作是上市公司通过信息披露与交流，加强与投资者及潜在投资者之间的沟通，增进投资者对公司的了解和认同，提升公司治理水平，以实现公司整体利益最大化和保护投资者合法权益的重要工作，投关工作的基础是合规，决不能触犯监管红线。

在与投资者的交流中，对于投资者的提问，上市公司应当及时予以回复，但绝对不能知无不言、言无不尽，对于一些敏感问题，上市公司应该注意提问信息的广度和回复信息的程度，注意公平披露原则。

提问信息的广度。投资者关系活动是为了帮助更多投资者及时全面地了解公司已公开的重大信息，交流内容不应涉及未公开披露的重大信息；投资者提问涉及公司未公开重大信息或者可以推理出未公开重大信息的，公司应当不做回答。

回复信息的程度。上市公司应避免透露未公开重大信息；公司可以对已披露信息的提问进行充分、深入、详细的分析、说明和答复；上市公司投关工作应当体现公平、公正、公开原则，客观、真实、准确、完整地介绍和反映公司的实际状况，避免过度宣传可能给投资者决策造成的误导。

投关工作中的公平披露至少需要做到两点：一是对于同样的问题要保持口径的统一；二是杜绝披露尚未公开但可能对公司股价造成较大影响的信息。至于哪些信息可能对股价造成较大波动或引发市场关注，则涉及动态的尺度把握，考验的是投关工作人员对于市场热点和监管导向的敏感度。

公司如果在投资者关系活动中出现未公开重大信息被泄露的情况，应当立即通过指定信息披露媒体发布正式公告，并采取其他必要措施（如申请对公司股票的停牌）。

上市公司可以通过以下措施提升投资者关系活动合规性：

（1）建立和完善投资者关系管理机制，规范公司投资者关系管理。

（2）董事会秘书充分履职。董事会秘书作为投资者关系管理的负责人，应当统一协调安排董事、监事和其他高级管理人员的投资者关系管理工作，做好采访或调研的准备。

（3）加强培训，提升沟通能力。上市公司应当对董监高及相关员工进行投资者关系管理的系统培训，增强其对相关法律法规的理解与认识，提高其与特定对象进行沟通的能力。

（4）事先确认可回答范围和回答口径。上市公司在投资者关系活动开始前，应当事先确定提问的可回答范围，避免涉及重大敏感信息。

（5）上市公司接待投资者调研和组织举办相关投资者交流活动，要注意对应交易所要求的信息披露和合规要求，按照要求及时履行临时公告信息披露或备案要求。

无论如何，上市公司投关工作人员在与资本市场交流的过程中，公平、合规一定是首要的，不仅是为了保护投资者，也是为了保护上市公司。

14.3.3　预期管理

资本市场会超额计提市场当前的恐慌，再超额计提市场未来的乐观，由此可能产生股价和市值的大幅波动。市值管理的核心工作之一就是管理好资本市场投资人对公司的业绩预期，特别是当公司执行积极的市值管理和投关策略，上市公司的资本市场关注度、分析师研报覆盖率得到提升，公司市值明显增长时。上市公司要注意披露材料的勾稽一致，也就是研报、信息披露材料、投关材料、披露财务报表、新闻报道及公司运营管理事项之间的信息传递是否一致；投关工作人员需要持续观察市值与估值的波动，评估与披露材料之间的关系，这是资本市场对企业价值是否认可或评价是否一致的反映。市值管理和投关工作如果有效，势必会在资本市场上建立起对上市公司的业绩预期；上市公司和分析师会向资本市场投资人传递公司业绩预测，业绩预测支撑投资人的预期，并体现在资本市场的市值与估值中。业绩预测的背后是投资人对于上市公司未来持续产生良好现金流的预期。因此，预期管理是维护支撑估值和市值管理的重中之重。

如果我们拉长一家上市公司的股价走势，会很清晰地看到周期性。这一周期由多种变量交织而成，从宏观到微观的诸多因素都在影响其走势。周期势必带来波动，但最终是震荡向上还是震荡向下，本质看的是企业商业模式、战略、管理与执行能力。因此，任何一家企业的业绩都无法一直直线上升，只能是螺旋式发展。预期管理可以有效规避上市公司因正常业绩波动带来的资本市场形象压力。

美国头部上市公司的最佳投关实践，是在公布本期业绩时，主动披露收入和利润等下一期核心指标的业绩指引范围区间，以此来引导资本市场的预期。一方面体现上市公司业绩和业务的成熟性和管理能力；另一方面避免业绩预测的不合规披露，违反交易所信息披露对称的法规，同时避免资本市场分析师对上市公司的业绩预测和评级出现偏差，引发投资者误解，带来不必要的市值波动。

预期管理的核心是可信度管理。在业绩表现相同的情况下，资本市场会给予可信度良好、持续兑现预期的上市公司以相对较高的估值。因此，投资者关系管理的工作重点就是在资本市场广泛建立上市公司可信度口碑，而可信度的建立来自：投关及可获得数据和信息披露保持勾稽一致；高度透明的信息披露；精准的资本市场定位；有效的预期管理；持续的业绩预期兑现。

资本市场的预期管理又隐含着两类预期：结果预期和行为预期。

结果预期就是以行为事实已经达成的结果或者是指标数据确定的结果产生的预期。比如基于历史财务表现的预期，上市公司如果每次都能兑现业绩承诺，产生可观稳定的现金流和收益，就会不断增强投资者对上市公司的信任和认可，甚至产生无条件的正向预期。结果预期主要是指业绩预期，核心是当期和未来若干期间的业绩情况及复合增速，重点是涉及公司估值的核心变量的变动幅度要符合预期。

行为预期指不会立刻或者必然引发资本市场表现，但会激发上市公司资本市场想象力行为的预期，比如对更换董秘的预期属于行为预期。理论上，更换董秘与更换销售总监不同，不会对公司的业绩产生直接影响，但会影响资本市场的想象空间。资深的董秘经验丰富，可以通过一系列资本运作和市值管理促进战略的实现，达成企业目标，或者改变企业与资本市场交流和互动的方式及频率，影响价值传递的准确性和有效性，进而提升价值管理水平，实现产融互动。

所以，市值成长优异的公司，会关注基于核心估值指标的预期管理。上市公司通过历史业绩、战略选择、商业模式、业务机会、在手订单、人员激励等让市场相信其未来能实现其核心估值指标。投资者在相信后开始买入，带动估值和市值先于业绩提升。之后公司业绩披露兑现预期，使得越来越多的投资者产生信任，进而股价继续提升，一致预期形成，随着公司业绩与预期的兑现，公司估值和市值稳步上升，达成市值管理战略，上市公司择机配合发展战略采取对应的资本运作动作。

当然，没有一家公司可以永远跑赢投资人的期望。当公司的业绩优于期望值时，期望就会增加，促使公司必须表现得更好以便跟上期望，扎实的投关工作有助于平滑预期，确保公司市值的稳定。每家上市公司都会遇到业绩不达预期的情况，做好预期管理非常重要，不仅仅影响上市公司的估值与市值，还会直接影响上市公司的资本市场口碑和评价，考验上市公司的市值管理和投关工作的能力和水平。

上市公司市值管理者和投关工作人员需树立预期管理的意识。大部分上市公司都没有预期管理的意识，无论是实际控制人、治理层还是管理层，往往只关注股价上涨，市值提升，避讳负面信息，避讳负面信息的管理。因此，没有预期管理的意识，就做不好预期管理，甚至完全不做预期管理，只宣传好的业绩和好消息，对于不好的业绩和坏消息"缄默无声"，甚至加以掩盖和单方面夸大业绩增长情况，而不考虑后期兑现倾向，消费上市公司的品牌、口碑和可信度。上市公司可信度如果口碑不佳，要想再次得到资本市场的认可，可谓难上加难。

因此，日常投关工作的重要内容包括负面信息的披露和对应管理。上市公司往往倾向于将坏消息压着不报，报喜不报忧。殊不知，在自媒体时代，投资人、分析师和媒体可以通过多种渠道掌握企业的消息，一旦这些坏消息被资本市场从其他渠道获取而引爆，而企业自身没有主动披露，企业资本市场品牌形象将大大受损，之前费尽周折建立起来的与资本市场的信任将荡然无存！接下来，即使企业公布利好消息，资本市场的反映热度也会大大降低，因为公司和投关工作人员的可信度被大大削弱了。直接公开透明地披露“坏消息”并主动提供相关情况和解释，比故意隐瞒更有效。精准地了解和掌握预期颇为不易——市场预期在不断变动，并且不会实时清晰地自我显现，实事求是和真诚的沟通是尊重投资者、维护信任关系的体现。

14.3.4　组织多样的投资者活动

投资者活动包括路演与反向路演、业绩说明会、分析师会议、现场参观、一对一沟通以及媒体说明会等。在网络快速发展的今天，上市企业与投资者沟通的方式呈多样化，企业与投资者之间可以通过电话、邮件及实地来访等方式进行沟通，此外，多元化网络媒体的发展使现在的沟通渠道越来越多样化，因此在保证沟通效果的前提下优化沟通渠道、合理配置时间就变得十分重要。在组织投资者交流活动时要注意态度的主动化、实践的具体化、管理的规范化。任何投资者关系的建立都不能一蹴而就，想要优化投资者关系，企业还需要坚持与投资者在多领域进行沟通，建立畅通的沟通渠道和融洽的沟通氛围。

证监会《上市公司投资者关系管理工作指引》提出上市公司应当积极、主动地开展投资者关系管理工作，为投资者参与投资者关系管理活动提供便利。上市公司应当按照中国证监会、证券交易所的规定积极召开投资者说明会，向投资者介绍情况、回答问题、听取建议。投资者说明会包括业绩说明会、现金分红说明会、重大事项说明会等情形。一般情况下，董事长或者总经理应当出席投资者说明会，不能出席的应当公开说明原因。

上市公司召开投资者说明会应当事先公告，事后及时披露说明会情况，具体由各证券交易所规定。投资者说明会应当采取便于投资者参与的方式召开，现场召开的可以通过网络等渠道进行直播。在重大定期报告和临时公告披露后，投关工作人员要及时组织对应的专项交流活动，积极引导投资者并听取各方意见。

围绕着年报披露，上市公司还要及时组织信息传播、投资者沟通会、重点投资者交流等工作。投关工作人员需要就年报内容提前准备好宣介材料，重大波动、异常变动和投资者关系的重点问题要提前准备问答材料。重点事项上市公司内部要提前准备好宣介材料。一年之计在于春，年报就是市值管理工作者和投关工作人员一年中的第一件大事。

《上市公司投资者关系管理工作指引》规定，上市公司在年度报告披露后应当按照中国证监会、证券交易所的规定，及时召开业绩说明会，对公司所处行业状况、发展战略、生产经营、财务状况、分红情况、风险与困难等投资者关心的内容进行说明。上市公司召开业绩说明会应当提前征集投资者问题，注重与投资者交流互动的效果，可以采用视频、语音等形式。与此同时，交易所方面也要积极响应证监会要求，提出相关要求和建议，加强对上市公司召开业绩说明会的指引。

目前，官方对路演平台暂无指定要求，相关说明会可以采取线下或线上方式进行。沪市上市公司线上路演可以选择上证路演中心、上证 E 访谈等。深市上市公司线上路演可以选择全景·路演天下平台，可选音频、视频和文字等会议形式。

年报业绩说明会是上市公司投资者关系活动中全年最重要的会议，上市公司在业绩说明会上传达的信息往往高度影响着投资人的投资意向和公司的股价变动，所以，举办一场业绩说明会，在场地选择、现场布置、信息传达、互动效果、流程顺畅度等各个方面都要力求完美，以保证效果，有效传达年报信息，为投资人带来不错的参会体验。

但在衡量一场业绩说明会的有效性时，要看的远不止良好的现场效果，同样重要的还有一场业绩说明会带来的企业价值输出、企业品牌影响力传播和潜在投资人的转化。拓宽买卖方渠道、转化潜在投资人一直都是困扰投关工作人员的核心难点之一，而业绩说明会是转化潜在投资人的契机。会前、会中、会后各个阶段对于业绩说明会的多形式宣传、多渠道分发，能够扩大上市公司在全媒体平台的曝光度及影响力，吸引买卖方关注和参会。业绩说明会后参会数据、投资者画像等信息的获取，有利于上市公司追踪会议效果，获取投资人信息，了解投资意向，进行二次联络、线下回访，转化潜在投资人。

除了业绩说明会以外，还有以下投资者活动：

（1）路演。狭义的路演指公司在证券发行阶段向投资者介绍公司的商业模式、产品、业绩和融资计划等，充分阐述公司的投资价值，并回答投资者关心的问题。

（2）反向路演。相对于路演的“走出去”，反向路演就属于“请进来”。反向路演是指上市公司邀请投资者或者媒体到公司现场进行路演展示，这种方式更加直接和主动，不但能减少因信息不对称带来的负面影响，还能营造上市公司和投资者之间的良性互动。

（3）网络路演。传统的网络路演是在上交所和深交所指定的网站上路演，现在发展到在公司网站或第三方网站或 APP 上开设供公司投资者交流的专栏，开展网上推介会、网上业绩说明会等网上路演活动。

（4）电话会议。由券商分析师牵头或公司主动组织，通过电话和投资者进行互动交流。电话会议沟通方便、及时、成本低。

（5）一对一拜访。在危机爆发后，公司的实际控制人对机构投资者等重要股东进行一对一拜访，直接了解对方的意向和诉求，对事件作出面对面的澄清和说明。

（6）参加券商组织的机构策略会进行一对一和一对多的交流。

（7）接待覆盖公司的卖方分析师组织的买方机构调研。

除了会议形式外，许多企业官网都设有投资者关系主页，网络已经成为投资者和企业进行交流及企业回馈社会的重要平台，公司的定期报告和临时公告将被放到官网上，各类在线交流平台的使用使投资者与上市企业的交流更加顺畅。

以上的活动不是单一的，而应是通过立体的多渠道进行信息沟通和交流。投关工作人员通过日常的勤勉工作，结合公司业绩等重大信息的披露，定期组织发布活动，安排与高管见面交流互动。还要不定期结合投资者关注的热点以及公司的亮点和特色，主动邀请分析师和投资者参加反向路演或主题调研活动，使投资者更深入地了解和认识公司。同时还需丰富投资者日常沟通平台，在投资者热线电话、投资者邮箱、投资者关系网页等已有沟通渠道外，建立交易所网络平台维护机制，与投资者进行交流。另外，还可以将自媒体平台纳入投资者沟通平台管理体系。

流行于华尔街的一则谚语说道：保护投资者就是保护华尔街。沃伦·巴菲特于 1956 年收购了伯克希尔·哈撒韦公司，每年都会给公司股东写一封信，迄今已经持续 67 年。每一封致股东信都洋洋洒洒数万言，信中回顾公司业绩、投资策略，还会就许多热点话题表达观点。人们在向这位耄耋老人学习投资智慧的同时，也可以看到一家上市公司如何与股东进行有效和持续的沟通。

14.3.5　指数成分股

上市公司投关工作人员要充分掌握与本公司相关的指数动态及界定，争取和保护上市公司指数成分股地位。

同花顺数据显示，2020 年底，各类指数基金（ETF）的总份额比 2019 年底增长 28.87%。随着各类 ETF 份额的快速增长、合格境外机构投资者（QFII）额度的取消和 A 股进入全球三大股指标普道琼斯指数（S&P Dow Jones）、富时罗素指数（FTSE Russell）、明晟指数（MSCI）权重提高，上市公司进入各大指数成分股名单成为投关工作需要争取和努力的方向。

上市公司一旦进入对应指数成分股，就会自动进入对应基金和高净值投资人的视线，对提升公司市值和流动性具有实质意义。反之，一旦被从成分股中剔除，对公司市值和流动性的杀伤力也会比较大。投资机构，特别是公募或阳光私募的产品会与某个指数对标，来进行投资收益的测算，底线是表现不能比对标的指数逊色。因此，其投资组合会针对对标指数进行对冲，买入指数成分股；加之各类指数基金的资产管理规模呈上升趋势，一旦上市公司成为指数成分股，无论是交易量还是估值都会有所提升，进入指数成分股就好比“以点盖面”，大量的投资机构会“自动”持有你所代表的上市公司的股票；当然也会因指数的动态调整，自动减持上市公司股票。

投关工作人员一方面要积极关注对标指数的要求，想方设法达到入围标准，另一方面要做好对应的预期管理，防止公司市值的异常波动。

14.4　4R 关系管理

投资者关系工作是代表上市公司与利益相关者，包括投资机构、券商研究所、财经媒体、个人投资者、各类中介及监管部门做双向沟通，保障信息披露的对称性和透明度；

但最终目的是将企业的投资价值发掘出来、说明白，传播上市公司的价值，使得投资人、资本市场分析师、财经媒体听明白并逐步认可企业的投资价值，管理预期，防范危机，获得最佳动态估值，实现价值最大化。在这个过程中，上市公司会与利益相关者形成各类关系，因此投关工作也可以被总结为对四种关系（4R）的管理，即 IR（投资者关系）、AR（分析师关系）、MR（媒体关系）和 RR（监管层关系）。其中，IR、AR 是 4R 关系的核心，在规模较大的上市公司，媒体关系由市场部负责，政府关系有专门的 GR（政府关系）部门，或者单独的 PR（公共关系）部门负责。因此，投关工作人员处理对应关系事务时，需要注意组织内部的协调和沟通。

14.4.1 投资者关系管理

投资者是资本市场发展之本。投资者对一家上市公司最基础的需求是信息对称，要求上市公司能够保护投资者利益，希望能与上市公司加强双向沟通，投资者的声音需要被聆听，更需要来自公司的反馈，在交流中得到上市公司的尊重和认同，从而实现投资价值目标。上市公司要深刻认识到投资者的多层次需求，进而做好投关工作。

本小节主要讨论中小及个人投资者的投关工作。对于机构投资者交流，可以参见分析师关系管理对应部分。

随着价值投资理念的深入，中小及个人投资者对于上市公司基本面的研究日益深入，对于上市公司对外披露的公告和投关材料都非常关注，甚至长期关注投资公司的新闻、官方网站和各类官方自媒体账户。因此，信息披露和投关工作中的文字材料必须扎实，上市公司市场宣传部门在进行对外宣传时也需要考虑此部分需求，注意对外宣传的内容和表述，积极宣传上市公司的业务发展情况并和信息披露内容勾稽。

中小股东是上市公司的重要利益相关方，中小及个人投资者也是目前 A 股的重要流动性来源。中小及个人投资者常常通过各交易所提供的在线交流平台、上市公司股东大会、上市公司投资者热线进行发声并和上市公司进行交流。目前，各级证券监管部门及交易所对于中小及个人投资者的权益保护都非常到位，甚至投资者热线的接听是否顺畅都有明确的处罚措施。自媒体时代往往会放大上市公司的各类负面新闻，造成股价波动。因此，上市公司绝对不能因为中小及个人投资者的资金规模就掉以轻心。

上市公司投关工作人员在与中小及个人投资者的交流中要注意热情答复、客观谨慎。特别是文字书面类的交流，更需要谨慎，投关工作人员对于投资者关心的问题要经常进行总结，对于重大问题要提前形成内部回答口径。不管是电话交流还是网络交流，态度一定要诚恳，表达一定要清晰，措辞一定要严谨。不能说的不说，能说的慢慢说，不清楚的不乱说，尽量将投资者的注意力引导到已经披露的信息上去。

中小及个人投资者投关工作的一个重点，是理解和共情。上市公司要对投资者的参与作出积极响应，引导和鼓舞投资者。什么时候中小及个人投资者会来联系上市公司进行交流？当股价不好的时候！此时的中小及个人投资者往往是有怨气、有牢骚、有诉求、有建议，投关工作人员要耐心听取对方的交流内容，对于提出的问题在信息披露和公开信息的范围内进行全面详细的解释，对于提出的建议和诉求进行整理并及时上报，对于提出的抱怨要表达理解之情，投关工作人员此时要体现出上市公司窗口部门工作人员良好的精神风貌，代表上市公司的对外形象，要给中小及个人投资者留下良好的印象。

14.4.2　分析师关系管理

14.4.2.1　概述

由于资本市场的发展，通过分析师来了解、分析和研究公司已经成为资本市场的主流，可以说，在今天，机构投资者投关工作的重心是分析师关系管理。分析师在资本市场中充当着关键的衔接角色。分析师是专业的股票评估人员，又分为卖方分析师和买方分析师。卖方分析师隶属券商研究所等中介机构，研究成果对外公开，重点服务买方机构客户；买方分析师隶属投资机构的研究团队，研究成果不对外公开，一般只对内部的基金助理和基金经理提供。证券分析师深度分析公司的财务状况和盈利状况，对估值和股价的未来走势发布预测，提供投资建议。随着资本市场的发展，分析师的作用和地位越来越重要，已经成为资本市场上的一股重要力量。然而，由于上市公司市值大小、所处行业的景气度、市场关注度等因素，分析师对上市公司的覆盖是极其不均衡的。头部上市公司往往有几十家研究机构上百名分析师覆盖，热度高的时候，甚至会出现多家券商联合举办一场年报电话交流会，若干首席分析师轮流主持的盛况。尾部的上市公司连一家分析师的覆盖和调研都没有，更不要说发布研究报告了。投资者关系的重要工作和价值在于分析所在上市公司在行业和资本市场的位置和对应估值区间，吸引并不断扩大卖方分析师的覆盖，从而得到资本市场和投资机构的关注，同时做好预期管理，引导卖方分析师对上市公司价值，特别是潜力市值作出判断。

卖方分析师通过研究和现场调研，发掘上市公司的价值，进而将优质的上市公司推荐给买方机构，或邀请投资机构参加上市公司的调研活动，增进投资机构与上市公司的关系。如果券商分析师对一家上市公司不覆盖，也不提供自己的研究意见，那么资本市场上就会缺少对这家上市公司信息的流转。没有信息的流转就不可能有资金的流动，没有资金的流动，该上市公司就有可能会长期受冷落、被遗忘。投关工作为上市公司吸引机构投资者长期持仓是极其重要的工作，其抓手就是借助卖方分析师，特别是有影响力的市场分析师，因为基金经理、买方分析师是卖方分析师的直接客户。因此，作为上市公司的投关工作人员，必须懂得和善于同覆盖上市公司的卖方分析师打交道、交朋友。卖方分析师，特别是有影响力的卖方分析师在进取型市值管理和危机公关中起到举足轻重的作用。

14.4.2.2　分析师关系管理的内容

上市公司需要主动进行分析师关系管理，在合法合规的情况下，构建起和卖方研究所、买方机构联系的桥梁。此部分工作的分析和管理可以通过券商评级和券商研报两个维度完成，需要重点关注：

（1）券商评级。券商分析师会根据其对企业的研究成果，结合企业、行业和资本市场多方面的情况进行综合评级。评级越高，反映资本市场对公司的未来预期越高。给出评级的机构家数越多，评级结果越具有可参考性。相反，如果评级机构家数较少，则存在评级机构缺乏公允性的可能性，其评级的参考性会有所下降。综合评级的高低与两方面有关：一方面是公司本身的质地与投资价值；另一方面则是公司对资本市场价值传播过程的有效性。

（2）研究报告和深度研报。卖方分析师的研究报告（简称“研报”）是投关工作人员需要重点关注的，因为这些报告是发给投资机构且往往是可以公开查阅的，对上市公司市值、估值有直接的影响。卖方研究报告的格式和逻辑是固定的，是基于上市公司基本面进行分析，包括历史沿革，商业模式，过往业绩、财务、股东回报指标分析，还有行业及可比上市同行分析，最后是业绩预测、推断和结论。卖方研究报告的核心是上市公司的投资估值逻辑，这里面包括了对上市公司独到的见解和行业周期、趋势的精准判断。卖方分析师首次覆盖上市公司发布的研究报告，称为首发报告，首发报告至关重要。首发报告一般都是深度研报，会对公司所在的行业、公司战略、业务发展、商业模式、核心竞争力与增长潜力作出深入分析，还会包括未来若干年的财务预测模型，估值模型则需要详细的数据论证和解释说明。买方投资人最关注的是分析师介绍的投资估值逻辑，然后是上市公司基本面和经营财务数据、可比公司分析，之后才是评级。看研报数量与长度，可从中大体确定分析师对公司的关注度。分析师如果关注公司，一方面会随着公司的公告披露，不断出具短篇研报进行点评，如新股点评、活动调研、事件点评、季报点评等；另一方面会找机会对公司开展现场调研，进而不定期出具长篇的深度研报。深度研报指除了简单的定期报告与重大事件点评和业绩预测外，对公司所在的行业，公司的战略、业务、商业模式、核心竞争力与增长潜力形成深入分析的报告，一般在 30 页以上。因此，资本市场上券商研报的数量可以代表分析师对公司的关注情况。研报数量多、发布频繁，公司更容易被更多人关注到；而长篇的深度研报越多、含金量越高，公司的价值就越容易被挖掘，越容易受到买方机构的关注和认可。

（3）出具研报的券商数量和明星券商/分析师的量级。可以通过查看新财富/水晶球/金牛奖或其他评选体系等的排名确定各行业的明星分析师或券商。出具公司研报的券商越多、分析师越多，公司就越容易受到关注。其中，明星机构和明星分析师是关键。明星分析师的分析要比对明星机构的分析更重要，因为一些明星分析师的流动有可能影响机构在相应领域中的竞争力。因此，需要分析出具研报的分析师中有无明星分析师，以及明星分析师的数量。

（4）各券商对公司的解读情况。查看各大券商对公司的最新深度研报，看其对公司发展的解读与公司战略的契合程度。需要具体看深度研报对公司投资价值的解读是否准确、是否恰当、是否到位。对于一些相对细分的技术导向型行业，这一点尤为重要，因为分析师对该领域有可能较为陌生，解读出现偏差将不利于公司投资价值的传递。此外，我们还需要通过研报统计各大券商对公司的覆盖程度、评级情况等，看实际推荐公司的券商都有哪些，哪些评级是维持、哪些还没有覆盖到公司。如果覆盖程度较低或评级情况不理想，说明公司在价值传递上还有许多工作尚待完善。

投关工作人员需要先了解卖方和买方分析师的日常工作是如何开展的，工作是如何被评价的，年度考评和评比情况如何，分析师的影响力是如何建立的，只有互相熟悉和理解才能与卖方分析师交朋友，通过分析师及其报告来传播推介上市公司，建立并管理资本市场和投资机构对该上市公司的预期。

投关工作人员在与分析师沟通前，需要对上市公司的业务信息、财务信息和投关材料非常熟悉，包括上市公司历史数据、历史沿革、重大事件等，这样才能帮助分析师快速了解和把握上市公司情况，完成一份高质量、有影响力的研报。

为了让分析师长期关注和跟踪公司，上市公司要做好主动管理工作，积极联系和吸引分析师并进行良好的互动沟通，主动参加券商组织的年度、半年度、季度和各种专题策略会，主动组织分析师来参加公司的投关活动。重点是找到对公司感兴趣的投资机构、分析师，特别是专门覆盖一类行业或主题的投资机构、分析师，组织路演和反向路演，与投资机构、分析师深度沟通公司的商业模式、运营状况和盈利能力状况，取得投资机构和分析师对公司价值的认可。

14.4.3　媒体关系管理

14.4.3.1　概述

上市公司需要对价值传播主动进行管理，工作重心要由合法合规信息披露转型为积极向资本市场传播价值。价值传播，即明确如何总结提炼上市公司的价值描述并向外界进行传播。价值传播要坚持合法合规，基于事实，服务于公司发展。市场沟通与传播是用于消除资本市场的各类主体与上市公司之间信息不对称，避免公司价值被低估的重要环节，是整个企业对外形象的展现，是上市公司内在价值传播和实现的重要手段。

无论何种方式和原则，建议上市公司要旗帜鲜明地披露企业的业务战略规划和市值战略规划，以此让资本市场理解、接受、认可相关的发展逻辑和节奏等。在公司价值传播过程中，媒体是连接上市公司和投资者的重要桥梁，不仅包括传统媒体，还涉及新媒体，如公众号、头条号、各自媒体官方账号等。媒体，特别是财经媒体是投关工作的重要内容。上市公司价值传播的核心是资本市场投资逻辑与定位。如何根据目标投资群体的偏好，确定符合企业自身特点的前瞻性资本市场定位，引起目标投资群体的共鸣及认同是衡量一种定位好与不好的标准。

在媒体传播沟通过程中，上市公司要注意态度主动、管理规范、真实可信、合法合规。信息披露的基础是任何可以导致普通投资人改变对上市公司股票“买卖”看法的信息，都需要以交易所网站的信息披露为准、为先，之后才可以进一步通过其他渠道展开宣传。

14.4.3.2 媒体关系管理的内容

在公司价值实现的整合营销传播过程中，媒体是连接上市公司和投资者的重要桥梁，媒体关系管理的效果直接关系到公司价值能否在资本市场上得到认可。

在媒体关系管理中，处于第一位的是大众媒体和自媒体的综合应用。大众媒体是广大投资者获取上市公司信息的主要来源，而且一般具有专业性、权威性，可以为投资者答疑解惑，引导舆论。在媒体关系管理中，上市公司除了重视大众媒体外，还要学会善用自媒体。自媒体时代重新塑造了每个人看待这个世界的视角。自媒体传播速度快，加上“爆料”比分析师报告和公司澄清公告更具灵活属性，容易吸引眼球，刷屏热搜，引爆关注度。自媒体的信息杂乱，碎片化，专业性差，容易出现信息偏差，却容易出现病毒式传播，同时传播途径也易圈群化，事实真相容易受意见领袖的影响。资本市场从业者、监管部门、股民越来越多地依靠各类媒体来听取不同声音、获取信息。公司应该将自媒体视为面向投资者进行整合营销传播的重要渠道，建立各个自媒体官方账号，将其作为公司自愿信息披露的重要渠道，减少公司和投资者之间的信息不对称，加快沟通响应速度，这有利于公司价值最大化。针对不同类型媒体，公司应该完善媒体沟通制度，将媒体进行分类管理，并在此基础上，识别需要重点沟通、影响较大的媒体，定期主动邀约交流或参与重大活动等，达成良好的合作关系。对不同的媒体要注意统一口径，避免出现信息相互矛盾的情况。

公司在日常经营中，可能会有许多利好事件，如重要的资格认证、重要的奖项、有代表性的大客户签约、技术或产品创新等。价值描述做得优秀的公司会将这些消息通过公告的方式进行披露，然而非专业投资者往往不会查询公司的公告（或者此类事项不需要且达不到发临时公告的标准）。因此，通过媒体的方式进行传播就有了价值。公司需要关注传播和转发涉及公司新闻的媒体级别和影响力以及传播和覆盖热度。

上市公司在重大事项、重大资本运作的全过程中都要加强媒体关系管理工作。媒体的正面报道不见得有立竿见影的效果，但负面报道却会迅速带来巨大的伤害。上市公司应当完善涉及敏感信息的内部管理机制和责任追究机制，加强对网络媒体信息的管理。上市公司应当及时收集、分析、核实对公司估值和市值可能产生较大影响的信息，研判和评估风险，建立应对网络媒体的快速反应机制。后续章节将具体讨论舆情监控和危机公关的相关内容。

修订后的《证券法》完善了媒体责任的相关规定，以维护上市公司合法权利。如果媒体报道严重失实，上市公司可以对照其交易所公告和有关政府部门公开信息，据理力争，出具澄清公告，针对不实报道，向媒体发出“撤稿函”要求；媒体编辑收到上市公司的“撤稿函”后，必须针对失实内容加以及时更正并刊登；但是是否撤掉稿件，主动权在于媒体。在实操中，澄清公告的传播可以采用可靠可控的证监会法批媒体、合作媒体与上市公司官网及公众号，并协调法批媒体、合作媒体做进一步的深入解析报道，达到还原真相、引导舆论的效果。上市公司在收到媒体的不实报道后，除了出具澄清公告、“撤稿函”，要求澄清不实报道外，进一步采取法律手段往往流程长、难度大，因此媒体关系管理是每家上市公司自登陆资本市场伊始，市值管理和投关需要持续进行的工作。

14.4.4　监管层关系管理

监管层关系管理是上市公司外部治理结构的重要内容，是上市公司公共关系和政府关系管理的重要内容。上市公司与监管机构的沟通目的是建立信任，并不是所谓的“拉关系”或者“搞关系”。好的关系管理是在各方之间营造和谐信任的氛围，使各种事项能够顺利快速而又低成本地开展。健康的监管层关系管理逻辑是，企业所有的资本运作或市值管理手段必须是合法合规的，还应当与监管层的监管导向和政策方向相吻合，保证金融市场稳定、可持续、健康发展。由于监管机构的核心关注点在于上市公司的运作和信息披露的合法合规性，因此上市企业要坚持合规经营，所有资本运作和市值管理手段要合法合规，及时和各级监管机构沟通交流公司重大事项，避免产生合规风险，监管要求要及时高效执行，监管问询要按时回复，完整反馈，要认真执行和宣讲监管政策，积极参加培训，支持监管层的监管和日常管理工作。公司在进行重大市值管理和资本运作活动时，在注意合规的前提下，要做好与监管层的沟通和交流工作。

第15章 市值管理中的危机公关和反做空

我国资本市场尚不成熟，政策市、资金市、消息市特征还比较明显，市场易出现剧烈震荡，股票价格容易受到非理性因素的刺激而出现大幅波动。因此，制定系统化的管理机制，采取必要的价值维护手段，保障和维护公司价值处于最优化状态，对公司市值进行持续性的有效维护，减少市值的非理性波动，这也是公司市值管理的题中之义。常态化的市值维护手段如大股东及高管增持股份、推出股权激励计划、回购股份等在股权管理章节已经论述；针对突发事件的市值维护手段包括危机公关和反做空，以下进行详细论述。

15.1 危机公关

15.1.1 舆情监控和危机公关

上市公司是信息高度披露也备受各方关注的资本市场运行和交易的主体，社会影响面大，地位特殊，负面舆情容易放大和加速传播。偶发突发事件可能使公司声誉受到社会质疑，引发上市公司股价大幅波动，市值蒸发会深度侵蚀前期市值管理的成效，甚至会影响企业的正常运营和管理。危机公关管理是投资者关系管理，特别是媒体关系管理的重要组成部分，但牵扯的利益相关方更广。只有建立好预防和舆情监控机制，做好危机公关管理工作，企业在应对危机时才能快速找到合理的处理方式。企业在面临危机时，如何正确有效地控制、引导和处理危机就成为重中之重。

上市公司在发展过程中会面临各种突发的、对估值和市值有负面影响的危机事件，可以分为系统性危机和非系统性危机。前者是在公司日常运营管理活动中早就酝酿的各种制度性或系统性隐患，例如高管离职、员工管理不善、经营不善导致业绩变脸、股票质押面临爆仓。后者为体现出来的突发事件或偶然性事件，主要有两种：一是实控人或管理层自身的问题，如涉嫌犯罪等；二是公司经营管理上的负面事项，如产品质量、员工投诉、环境污染责任、安全生产事故、各种举报与诉讼等方面的舆情与危机。无论是什么样的危机，一般都以负面舆情形式体现，对上市公司的估值和市值都会造成不良影响和大幅波动。而危机公关要解决的就是将这种不良影响尽可能地降低到最小。

危机公关的核心是防患于未然。要做到这点，上市公司的实控人、管理层、董秘、证券与投关工作人员首先要有危机公关的意识，将危机防范管理流程和相关工作做在前头。危机公关最高明的应对是将舆论危机扼杀在摇篮之中，做到预防、预判和预控。既然危机难以避免，那么就应该做好危机的预防和应对工作。上市公司需要提前搭建危机公关工作体系，建立舆情监测预警系统和舆情管控制度，同时设立危机公关小组，负责人最好是董事长或总经理，因为上市公司的危机不仅会直接影响估值与市值，还会危及上市公司的品牌形象，甚至是生产业务经营，高级别的领导能够及时调度所需资源及时、有力地回应。危机公关小组成员应该包括董秘、市场部负责人、法务和合规负责人、投关负责人、政府关系与媒体关系负责人以及外聘的媒体、投关顾问等，涉及员工或技术事项时，人力资源和研发负责人也要及时参与。危机公关工作不仅限于总部，还应该包括上市公司的所有独立办公、生产、经营场所。

上市公司要建立舆论危机预防机制，重视舆情监控工作，制定舆情管理制度，设立舆情应急预案和舆情专岗，甚至组建专门的舆情监控团队。不少上市公司专门披露了自己的舆情管理制度文件。舆情管理制度是公司开展舆情工作的制度保证，上市公司可以围绕舆情管理制度的规定设计运行机制，实现定岗定责。要明确具体分管网络舆情信息的工作人员，一般是董事长和董秘，同时确定舆情监管专员（可由证代或助理兼任）负责网络舆情的日常监测，舆情信息采集范围应涵盖网络媒体、微信、博客、微博、抖音、问答、论坛、贴吧等各类型境内外互联网信息载体。舆情监控要遵循重要性原则，做好主动监控和预警，监控内容包括但不限于公司及重要子公司业务信息、公司及重要子公司董监高信息、公司产品信息、重要资本运作信息、定期报告及财务业绩信息、行业及监管政策信息等。舆情监控可以采用人工搜索或舆情监控系统的方式，公司可以配备自有舆情监控团队或者外采舆情监控服务。公司相关工作负责人员每天或每周对网络舆情进行分类整理，定期提供舆情监测分析报告，及时反馈。此外，要把保障舆情安全纳入公司整体宣传工作中，做好舆情安全工作，并长期执行。

在外部媒体上，公司应进行不间断的舆情监控和预警，安排专人负责对各大媒体、网站、自媒体进行日常信息监控。特别是在公司重大事项策划过程中、定期报告披露前、内部重要经营会议期间等敏感时点，更要强化监控力度，及时发现异常端倪，预防突发事件的发生。在内部，上市公司一定要严把信息发布关，要建立公司网络信息对外发布的审核制度，规范信息审核流程，实行专人负责。另外，建议对有开设网站，或有论坛、博客、播客、自媒体等交互栏目账号的公司员工，提前打好招呼或指定专门员工进行规范，提高预警意识，防止公司员工发布一些不合适的信息。

上市公司建立并运营官方自媒体体系也是自媒体运营时代的大势所趋，上市公司要和具有影响力的大众媒体及自媒体平台建立良好的沟通和互信关系，主动进行舆情管理，关注市场和投资者的舆情动向，通过自主发布公司正面宣传文章或第三方软文积极营造有利的舆论环境，引导市场对公司舆论的正向发展，以预防舆情的方式来达到舆情管控的目标。

上市公司投关和市场媒体工作人员需要在出现影响公司市值波动和公司形象的重大不利事项时，及时迅速整理资本市场和投资机构等的反馈信息，评估事件负面影响程度。而后，根据事项严重程度，确定负责沟通的主体，制定口径统一的信息披露内容，以恰当形式与各方沟通，维护公司形象。相关工作方案要及时上报危机公关工作小组，以形成统一认识和标准动作。

企业在应对危机时，除了要制订预备方案以外，还要快速反应，具备处理危机的速度意识。危机发生后企业应当第一时间作出积极、主动、耐心和认真的回应，如果采用漠视迟疑的态度回避，只会损害公司的形象和市值。对危机及时真实的回应，可以改变外界对危机的看法和稳定投资者情绪。在某中概股纸业公司信用评级危机中，在标普公布撤销其信用评级的第二天，该纸业公司发布公告，对于标普称“缺乏渠道接触管理层”予以澄清，称没有接到过标普的任何书面查询而不回复，并表示未来将改为聘用穆迪作为评级代理，且已收到穆迪的有关建议书，短期内将落实委聘，当日下午复牌其股价迅速走高，上涨 13.81%。该公司在紧急情况下的积极应对，对降低事件产生的不利影响起到了关键作用。

危机公关的核心是回应速度，其次是回应内容的权威性和说服力。上市公司需要及时披露事实和相关数据，让质疑和指控不攻而破，再加上投关的传播力度和广度——分析师报告、主流财经媒体、门户网站、自媒体文章必不可少，搜索引擎优化也需要启动。对于监测到的网络舆情动向，上市公司要主动进行舆情引导，发布正面文章，或开展评论性发帖，及时跟帖批驳反面声音。

需要注意的是相关重大事项受到市场高度关注或质疑，触及交易所规定的情形，应当通过现场、网络或其他方式召开说明会，介绍情况、解释原因，并回答相关问题。上市公司董事长、总经理、董事会秘书、财务总监或其他责任人应当参加说明会。要合理评估有关信息的影响。如果发现重大不实信息，或涉及内幕信息泄露，导致或可能导致公司证券及其衍生品种价格波动的，还要及时将舆情汇报给公司管辖地证监局及交易所，并及时披露澄清公告。在处理危机的过程中，公司、中介、相关方要团结一致。公司高层的擅自发声和不同声音很容易破坏公司的整体形象，并打乱公关部门的节奏。危机公关策略和工作的有效实施离不开在日常投关基础工作中团结的资本市场各类友军：买卖方分析师、买方基金经理、媒体、投资机构等。有他们的配合，危机中维护公司市值的效果会更好。

上市公司危机公关工作要放在公司投资者关系管理，以及更上层的市值管理整体框架中进行考虑，要加强与投资者的沟通，做好投资者的咨询、来访及调查工作。要明白良好的主动舆情管理、媒体关系和危机公关制度，对于提升公司的市场形象、与各类利益关系群体建立良好关系，以及未来降低融资成本、提升公司市值均具有重要的战略意义。

15.1.2 高管对外发言注意事项

董秘圈有个笑话，董秘最怕三件事：公司涉及资本市场的事项，全公司都知道了，自己不知道；关于公司的敏感事项，全资本市场都知道了，自己不知道；陪领导参加活动，领导现场“放炮”，没拦住。公司实控人、控股股东、董事、监事、高级管理人员、核心骨干员工，甚至接待人员都需要具备危机公关的意识，注意谨言慎行，上市公司应开展危机公关和投资者关系交流的相关培训。2023 年 5 月，美国知名在线教育公司 Chegg 的首席执行官丹·罗森斯威格（Dan Rosenweig）在财报电话会议上提及，ChatGPT 正在损害其业务增长，“自 3 月份以来，我们发现学生对 ChatGPT 的兴趣显著上升。我们现在认为，这对我们的新客户增长率产生了影响”。消息传出，Chegg 股价闪崩 49%，创该公司史上最大盘中跌幅。同时，一众欧美教育股股价也随之大幅下跌。

根据交易所规范指引的相关内容，上市公司应当建立投资者关系管理机制，指定董秘担任投资者关系管理负责人，除非得到明确授权并经过培训，公司其他董监高和员工应当避免在投资者关系活动中代表公司发言。如上市公司董监高确需代表公司对外发言的，根据信息披露相关规定，上市公司应当制定董监高对外发布信息的行为规范，明确非经董事会书面授权不得对外发布上市公司未披露信息的情形。

上市公司董监高在对外发言前除了需要取得董事会书面授权以外，根据规范指引的相关内容和相关信披规定，相关董监高应当知会董秘，董秘应当妥善安排采访、调研、路演等发言过程。例如，董秘可以事前审核采访问题和答复发言稿等相关资料的内容是否涉及未披露的重大信息，是否涉及热点问题，是否真实准确，是否可能引起公司股票及衍生品交易价格异动等问题；另外，对于重要活动或重要领导参与的活动，董秘可以全程参与发言过程，监督并提醒相关人员避免泄露未披露的重大信息等。董秘还需对公司董监高及相关人员开展投资者关系管理的系统培训，以提高其与特定对象进行沟通的能力，增强其对相关法律法规、业务规则和规章制度的理解，树立公平披露意识。

根据规范指引的相关内容和相关信披规定，上市公司应当尽量避免在定期报告和重大事项的窗口期内接受投资者现场调研、媒体采访等。因此，公司董监高及相关人员要避免在敏感期间接受媒体采访、接待投资者调研、对外发表涉及敏感事项的言论等。

上市公司（包括其董监高及其他代表公司的人员）、相关信息披露义务人接受特定对象的调研、采访等活动，或者参与对外宣传、推广等活动时，不得以任何形式发布、泄露未公开重大信息，只能以已公开披露信息和未公开非重大信息作为交流内容。否则，公司应当立即公开披露该未公开重大信息。也就是说，相关人员对外发言的内容只能是公司已披露的公开信息和未披露的非重大信息。除此之外，还应当注意发言内容的真实性、准确性和完整性，避免发表未经核实、论证的信息等。这里所说的未公开重大信息可以分为三类：与上市公司经营业绩相关的重大信息，包括可以推导出经营业绩的重大信息；与经营业绩无关的重大利好或利空信息；其他重大信息。

15.1.3　代表性人物风险

上市公司特有的一个棘手问题是代表性人物（实际控制人、法定代表人、创始人、董事长）风险，特别是实控人风险。一旦爆发与此类公司代表性人物相关的危机事件，对上市公司的资本市场表现将是一个致命伤，会对市值造成重大冲击。

2023 年 7 月 3 日，某上市公司发布《关于公司实际控制人、董事长被留置的公告》，披露公司收到电话通知，公司实际控制人、董事长被实施留置措施。公司在公告中，说明公司其他全部董监高目前均正常履职。公司拥有完善的治理结构及业务流程，日常经营管理由公司高管团队负责，公司高管团队已针对相关事项做了妥善安排，目前公司经营正常。截至公告披露日，公司尚未收到上述留置相关书面通知，亦未收到有关机关对公司的任何调查或者配合调查文件，暂未知悉留置调查的进展及结论，公司将持续关注上述事项的后续情况，并严格按照有关法律、法规的规定和要求，及时履行信息披露义务，请投资者注意风险。公告中，公司列明指定的信息披露媒体，并说明公司披露的信息均以在上述指定媒体刊登的为准。当天该公司股价大跌 19.96%。

上市公司实际控制人的风险虽然因人而异，但是在 A 股及中概股中比较突出，成为董秘、投关工作人员不得不防的潜在危机之一。在此类危机事件中，最棘手的要算公司代表性人物被立案调查或协助调查被公安机关带走或失联，其次为实际控制人、控股股东因股票质押而爆仓，面临失去控股权的可能；或公司代表性人物出现其他负面舆情。前者最有效的应对措施就是将代表性人物与上市公司有效“隔离”。上市公司需与资本市场充分沟通，说明代表性人物失联不影响上市公司的经营与业绩；最有效的应对是找出股票大跌的病根，往往与上市公司的业绩大幅下滑有关，将控股股东的股权与上市公司经营分开。涉及的代表性人物需要亲自出面安抚市场，平仓导致控股股东更换成金融机构后会继续支持上市公司改善经营、恢复业绩的举措，代表性人物和持有上市公司股票的金融机构的利益与所有股东是一致的，代表性人物和上市公司高管团队全力以赴投入力求扭亏为盈；或引入外部有实力和声誉的战略投资方扭转公司基本面。

《证券法》（2019 年修订版）第八十条规定，公司的控股股东或者实际控制人对重大事件的发生、进展产生较大影响的，应当及时将其知悉的有关情况书面告知公司，并配合公司履行信息披露义务。第八十五条规定，信息披露义务人未按照规定披露信息，或者公告的证券发行文件、定期报告、临时报告及其他信息披露资料存在虚假记载、误导性陈述或者重大遗漏，致使投资者在证券交易中遭受损失的，信息披露义务人应当承担赔偿责任；发行人的控股股东、实际控制人、董事、监事、高级管理人员和其他直接责任人员以及保荐人、承销的证券公司及其直接责任人员，应当与发行人承担连带赔偿责任，但是能够证明自己没有过错的除外。

总之，上市公司要未雨绸缪，做好舆情监控和危机公关制度建设，做好关键人的培训，在危机发生后快速响应，根据具体情况妥善处理信息披露问题。要注意信息披露的关键时间点、后续披露节奏、披露措辞、披露内容须与其他宣传材料的内容一致等，不要因危机公关导致信息披露违规，更要防止信披引起监管的后续问询及市场更大的质疑，务必守住合规底线。同时，上市公司要积极进行投资者交流活动，释疑解惑，坚定投资者持仓信心，防止股价大幅波动，引发新一轮的危机。

15.2 做空与反做空

15.2.1 做空概述

“卖空”交易（Short Sales），是指投资者在高价卖出并不拥有的股票，然后再在低价上补进等量的股票，从而获得差价收益的交易行为。世界上很多著名的证券市场都允许“卖空”交易，纽约证券交易所就是世界上最大的卖空市场。从本质上来看，“卖空”交易实际上是信用交易的一种形式，它是基于对公司前景看淡进行的交易，是公司估值引发的结果，也是一种投资意见。

“卖空”机制对证券市场有着重要的意义：首先，有了“卖空”交易，投资者会更加关心有关企业的各类信息，并从提前获知这些信息，特别是负面信息的过程中获利。其次，“卖空”交易机制有助于市场挤压泡沫，使市场预期不至于远远高出实际经济和公司基本面的运行。再次，“卖空”机制有助于提高资本市场的流通性，缩小市场的买卖价差，从而减少交易成本，使市场交易变得更加活跃。最后，“卖空”机制可以减少投资者的持仓成本，降低投资者的损失。总之，“卖空”机制在给上市公司形成压力、维持市场应有的流通量以及反映股票的真实价值方面，都具有不可置疑的作用。

2010 年 3 月 1 日，融资融券交易在 A 股市场正式开通，标志着中国资本市场的发展进入了新阶段。融资融券交易又称证券信用交易或保证金交易，是指投资者向具有融资融券业务资格的证券公司提供担保物，借入资金买入证券（融资交易）或借入证券并卖出（融券交易）的行为。直观地说，融资相当于借钱买证券；融券相当于借证券来卖，即卖空一只证券。融资融券都需要一定的初始保证金。由于融券属于做空机制，潜在风险更高，因此融券的初始保证金要高于融资。无论是交易规模还是参与主体，我国的融资融券业务得到了长足发展。作为重要的做空机制，融资融券对于信息传递、股票定价效率、市场流动性、市场参与者行为均具有重要影响。如根据《科创板股票交易特别规定》，科创板股票自上市首日起即可作为融资融券标的，也可以根据市场需要开展证券公司证券借入业务。这意味着科创板在制度设计上力图改变单边买入的交易机制，打开了做空的交易机制。北交所也建立了类似的融资融券制度。

中国 A 股资本市场长期缺失做空机制、投资者养成只能单一做多盈利的固有投资思维，使得中国上市公司缺乏反做空意识和经验。在 A 股投资者和上市公司的认知和思维框架中，很少把市场中潜在的做空势力纳入自己的风险管理体系，对于做空的手段、可能产生的影响，以及具体的做空流程和反做空措施，未能形成系统性的认识，再加上中国 A 股上市公司的公司治理和信息披露状况依然需要持续提升和改进，这也造成上市公司在做空来临时，无法有效地采取反做空手段，维护市值和自己的合法权益。同时，对国内大多数的投资者和上市公司而言，做空事件主要发生在海外上市公司，似乎离我们还有一段距离。然而，做空机制是成熟资本市场的重要组成部分，对于投资者、上市公司或者整体市场稳定而言，单边做多的市场并不是健康、可持续的。随着融资融券交易在 A 股市场正式开通和普及，客观地认识做空，不仅是对过去经验的总结和回顾，更是对未来可能出现市场风险的防患于未然。上市公司要正确看待做空，只要合规、用心经营，正确进行信息披露，正确反击做空机制，是完全可以做到市值平稳，避免市值大幅向下波动的。就此不论是海外中概股还是港股市场，都有很多的成功案例。反之，如果上市公司触犯合规红线，将沦为做空机构的标的。

根据统计，2011 年至 2019 年，港股共 32 家主板上市公司遭到做空机构爆料狙击，19 家（占比 59.4%）遭受“狙击”的后果惨重，不仅市值腰斩，业绩也从此一蹶不振，其中 2 家摘牌，1 家 IPO 停发，1 家已经更换主业，重组上市。进入 2020 年以来，美国上市的明星中概股频遭做空机构爆雷。其中，某公司遭做空后最终退市，对中概股的整体诚信声誉打击很大。2020 年 2 月 1 日，某国际知名做空机构发布了针对某美股上市公司的做空报告，在长达 89 页的报告中指出了该公司存在捏造公司财务和运营数据的行为。为完成该份报告，报告作者派了 92 个全职调查员和 1 400 个兼职调查员，进行了超过 1 万小时的门店录像，收集了 25 000 多张小票及大量内部微信聊天记录，最终得出该公司虚增收入达到 22 亿元的结论。2020 年 4 月 2 日，该公司公告称，公司内部调查显示，部分高管及员工从 2020 年第二季度起从事某些不当行为，伪造与交易相关的销售额约 22 亿元。由此，该公司股价暴跌，3 个交易日内的跌幅达到 83%，并最终退市。而此前该公司刚完成一轮增发，融资超过 50 亿元人民币。中国证监会进行了立案调查，同时根据国际证监会组织（International Organization of Securities Commissions，IOSCO）跨境监管合作机制安排，配合美国证券监管部门开展跨境协查。财政部、国家市场监督管理总局、证监会依法对该公司境内运营主体及相关责任人、协助造假及帮助虚假宣传的多家第三方公司、两家新三板关联公司及相关责任人予以行政处罚。

15.2.2　信息披露是做空的主要引发因素

在整个做空流程中，做空机构通常采取以下步骤：

首先，根据公司信息披露、股权结构、行业特征、财务披露信息等，选择做空的目标公司；

其次，针对公司可能存在的问题，围绕信息披露是否造假进行调查研究；

再次，卖出空仓，并发布做空报告；

最后，引起市场价格下跌后平仓以实现获利。

从上述步骤看，上市公司信息披露瑕疵是被做空的主要引发因素和判断依据。对于上市公司的信息披露问题，财务报表数据造假是最为主要、最容易引发投资者反应的信息。其中，涉及收入、利润、净资产等信息的财务数据又是核心中的核心，因为这直接决定投资者对公司股票的估值。除此之外，财务报表中有关公司资产、现金流的信息同样会成为做空机构关注并攻击的焦点。比如，以2017—2019年三年营收连续正增长的股票比例来看，中概股的比例大幅高于美股。但从经营性现金流量净额来看，中概股中近三年现金流为正的股票比例显著低于整体美股中为正的比例。因此，中概股总体经营性现金流质量低于美股整体水平，但业绩增速又比美股整体亮眼许多。这样一种营业收入高速增长与经营性现金流量不佳之间的反差，使得中概股业绩容易遭受质疑并被做空。

同时，需要注意的是，所谓的信息披露问题并不一定意味着上市公司就存在造假，其中可能涉及信息披露的不完整或其他瑕疵，而这些信息对于投资者来说可能是至关重要的。

揭露信息披露问题是做空机构进行攻击的核心。因此，上市公司对做空指控的回应，实际上就是证明自身信息披露不存在问题的过程。

15.2.3 反做空

一般而言，反做空有四个基本步骤，分别为紧急应对、补充应对、联合外部应对与后续应对。

15.2.3.1 紧急应对

做空攻击通常没有预兆，而是在盘中突然发布，在做空报告发布后，市场上一瞬间会充斥大量负面信息、谣言四起。投资者在做空消息的单方影响下，往往选择先减仓甚至清仓，而投资者间的“羊群效应”会放大恐慌，引发大量的股票抛售，公司股价随即暴跌、市值缩水。鉴于这种突然性，公司根本无法提前准备，因此，及时筹划应对措施、回应外界质疑是一个极大的挑战。但这种挑战又是必须面对的，一旦错过做空之初的最佳时间点，就很可能失去投资者的支持，无法挽回股价一泻千里的局面。因此，在做空后的第一时间必须采取有效的紧急应对措施，以挽回投资者信心并遏制股价下跌。

通常紧急应对包括以下内容：召开电话会议、发布澄清报告、大股东增持、公司回购股票。

（1）召开电话会议。电话会议通常由公司高管甚至是董事长亲自组织召开，邀请证券分析师等进行连线提问，高管现场答疑。分析师会围绕做空提出的问题和事实材料进行发问，公司在解答问题的过程中向外界传递真实信息，在市场吸收更多的负面信息之前向投资者证明自身并不存在被指控的问题。电话会议一般是与投资者沟通的第一道桥梁，公司必须及时召开且真实回应，为后续应对奠定良好基础。

（2）发布澄清报告。澄清报告指针对做空机构攻击内容的书面回应，内容应当紧密围绕做空机构所提到的信息披露问题展开，通常包括对做空攻击错误之处的指正、对真实情况的披露，以及对更多相关信息的披露等。澄清报告是对做空内容进行回应的最主要载体，公司必须保证能对做空质疑问题进行有针对性的、真实且全面的回应；否则，就可能令投资者认为未回答的问题是公司刻意隐瞒的，这样即使其他问题应对得当，也无法取得投资者的信任。此外，公司可以披露更多做空机构未直接质疑的问题，进一步增强市场信心。为了提高澄清报告的真实可信性，公司可以采取的方法包括：

- 以数据为核心进行重点解释和澄清，而不要仅仅提供文字阐述解释；
- 公布照片、扫描件等直接证据；
- 报告清楚易懂，关键结论和陈述斩钉截铁；
- 将自身情况与做空机构指控以图表形式逐一对比说明，提高应对质疑的直观性；
- 涉及境外投资和监管时，尽量提供双语或多语材料，并保证翻译的准确性；
- 寻找监管机构、权威机构进行背书或出具结论。

（3）大股东增持或公司回购股票。除了保持与投资者的有效沟通，遏制股价下跌也是上市公司应采取的紧急应对措施。最为直接、有效的方法就是实控人增持股份或者公司回购股份，不仅能够支撑股价上升，还有助于维护公司形象、树立投资者信心。

上市公司在反做空时只有把握真实性与全面性、及时回应、系统运作、权威证实四个关键要素，才能在反做空时积极主动，迅速且有效地证明自身信息披露无误，打击做空者的阴谋，重新赢回投资者信心，稳定和维护市值。

15.2.3.2　补充应对

在紧急应对之后，上市公司通常还可以采取一些补充应对措施，进一步挽回公司形象和投资者信心。补充应对主要发生在遭遇做空后的一周之内，公司通常会宣布尽快针对做空机构的指控展开独立调查，确认指控是否属实；公司往往会利用权威和大众媒体平台及时表达对做空质疑的回应。上市公司可以聘请独立机构调查，独立机构既包括具有行业权威性的专业机构，也包括公司自行邀请组建的独立调查委员会。由于公司此时已被质疑存在信息披露问题，独立机构的权威性调查将成为有效的信用背书。

15.2.3.3　联合外部应对

联合外部应对指上市公司在借助外部力量时，系统化地组织各方的支持，组建统一的应对阵营。上市公司组建外部声援网络，通过多方口径来证明自身并不存在做空方质疑的问题。个体能力有限，群体的支持将成为反做空的强大力量。例如，在收入遭到质疑时，公司可以联系客户、供应商、渠道商等予以发声，形成完整的证据链条。

媒体平台传播消息速度快、影响范围广，有助于公司及时发布澄清信息并扩散，也常被公司董事、高管等关键人员用作表达观点、声援公司的渠道。但由于其观点不具有官方性，因此仅可以作为公司的选用方式。

虽然互联网媒体平台并不是官方的媒介，但由于它在社会公众中受关注度极高，因而有助于公司快速传递信息。值得注意的是，正是由于互联网媒体的受众面广，公司在发布信息时更要注意真实性和准确性，一旦出现不实信息，负面影响将被放大。

公司为了反做空所聘请的独立机构或者上市、日常督导的券商投行，其本身的资质应该具有权威性。聘请不具有权威性的机构作为证明，并不会令投资者信服。

卖方券商研究员对股票的评级是资本市场的风向标，在市场上具有较高的权威性。若在遭遇做空后，券商研究员，特别是头部券商研究员维持评级或通过自己的影响力积极为上市公司站台，就能够大幅提高市场信心。

政府和行业协会是常常被忽视的利益相关者，然而被做空公司如能够获得政府或行业协会的支持，即便只是给予公司部分的肯定，其本身具有的权威性也会大幅提升市场对公司的信心，投资者更愿意相信公司能够度过困难时期。

15.2.3.4 后续应对

公司被做空后往往会引起市值大幅波动，做空机构可能披露公司存在的虚假披露问题、质疑公司未来的持续经营能力，使公司容易受到投资者的诉讼。特别是境外证券市场，监管更为严格，港股、中概股公司潜在的披露问题更可能被放大。一旦陷入诉讼过程，不仅费用高昂，公司形象也会受到重创。中概股某公司被做空机构公开质疑后，股价迅速下跌，导致多家律师事务所对其展开调查和提起集体诉讼，诉讼主体还包括主要的投资者，要求公司为财务报告违规问题给予巨额赔偿，最终该公司的总赔偿额超过 10 亿美元。境外市场集体诉讼是投资者保护自身利益的利器，A 股相关制度也在建设和发展中，上市公司在被做空后应该及时作出应对，充分披露相关信息或回购股票，表明公司自身的价值和对投资者利益的保护。

被做空公司也可能主动寻求法律手段，对做空机构予以还击。在遭到恶意做空时，公司可以通过法律途径维护公司利益，如报警、发出警告函、向法院提起诉讼等。在选择法律手段时，公司应该合理评估费用、程序、时间和结果，综合进行决策。

虽然上述内容讨论了反做空的基本对策与步骤，但需要说明的是，这些步骤必须遵循一定的关键原则才能有效地发挥作用。一些形式上的步骤（如回购股票等）虽然能够有效地遏制股价下跌，减弱做空对公司的影响，但在短期拉动股价的利好消息过去后，投资者很可能再度选择“用脚投票”。因此，如果想真正挽回投资者的信心，在反做空时，公司就必须把握关键要素：真实性与全面性。在反做空时，真实性是最根本和最重要的原则，也是所有反做空措施的核心。在反驳做空机构的指控时，真实性要求必须言之有据，根据公司的客观情况披露真实的信息。不论采取何种具体措施，真实性都是前提要求：召开电话会议和发布澄清报告要求基于真实信息与投资者沟通；利用媒体平台要求发布真实的信息；也只有真实的信息，才能请到合作伙伴为自己发声、争取到分析师的“买入”评级。

中概股某公司是安全软件公司，业务为应用程序开发，在 2017 年和 2018 年经历过危机公关和做空事件。公司于 2014 年 5 月在纽约交易所上市。2017 年 10 月 26 日，做空机构 Prescience Point 发布针对该公司的长达 62 页的做空报告，一度引起美国证券交易委员会的关注并介入调查。做空报告发表当日，该公司收盘价相比于前一交易日下跌 4.39%。随着私募基金不断抄底，股价迅速恢复并上涨到 16 美元，涨幅接近 1 倍。2018 年 11 月 17 日，移动应用分析平台 Kochava 指出，该公司旗下 7 个手机 APP 涉嫌广告欺诈。28 日，该公司发布声明称 Kochava 发布不实消息，并决定起诉。29 日，该公司再发长文，通过详细地剖析视频，指出 Kochava 存在的技术和逻辑漏洞，对指控进行逐一驳斥。这显著地提振了投资者情绪，股价随之大涨 21.17%。但该公司在 2019 年 3 月 25 日公布业绩快报，显示出最新一期的净利润有所下滑，股价随后一路下跌。

15.2.4　防止做空和危机事件的根本

打铁还需自身硬。防止做空的根本在于完善信息披露内容，建立、健全财务管理制度和内部控制制度，以持续的业绩增长反驳做空者。由于信息披露是做空的主要引发因素，我国上市公司应当从以下角度健全自身的信息披露内容：

（1）重点关注收入、资产、现金的披露。上市公司的收支确认和报表编制流程是一个复杂的运作过程，收入与成本、费用、销量、现金流等存在密切的勾稽关系，这些关系必须在定期报告和财务信息披露中合理地体现。

（2）真实披露市场运营业绩，公司不能抱有欺骗投资者的侥幸心理。

（3）加强对关联方和关联交易的管理和披露。上市公司应明确公司的一致行动人和关联方，遵循“实质重于形式”的原则，将实质上对公司财务或融资有着重大影响的关联交易在财务报告附注和定期报告相关部分予以充分披露。

（4）细化对并购信息的披露。上市公司扩大信息披露范围，增加对并购交易信息和估值测算过程的披露，做好大宗并购项目对投资者的解释。

（5）选择知名会计师事务所有助于增强市场信任，配合审计师扩大审计范围、完善审计程序也有助于自身信息披露水平的提高。

（6）积极完善公司治理结构，发挥治理层对信息披露的监督作用，建立健全的信息披露制度需要配套的公司治理水平。

及时进行危机管控和开展投资者关系工作，将做空和危机公关对上市公司估值、市值的影响尽可能降低到最小，使市值波动曲线变得平滑。市值的修复和持续增长最终要看企业的内在价值创造、基本面和成长性，以及持续的信息披露质量和中长期耐心细致的投关工作，可谓任重而道远。

参考文献

[1] 费舍. 怎样选择成长股. 罗耀宗，译. 海口：海南出版社，1999.

[2] 章诚爽，赵立新. 成就千亿市值：市值管理与投关指南. 北京：中国广播影视出版社，2021.

[3] 和恒咨询. 市值战略：上市公司市值管理有方法. 北京：中华工商联合出版社，2021.

[4] 秦毅，郎尔今. 管企业就是管市值：从股权融资到 IPO. 北京：人民邮电出版社，2020.

[5] 马永斌. 市值管理与资本实践. 北京：清华大学出版社，2018.

[6] 魏斌. 价值之道：公司价值管理的最佳实践. 北京：中信出版社，2018.

[7] 葛永盛. 资本运作. 上海：华东理工大学出版社，2017.

[8] 周红. 企业上市全程指引. 4 版. 北京：中信出版集团，2019.

[9] 孙次锁. 守正：专注科技创新投资. 北京：机械工业出版社，2022.

[10] 马军，宋辉，段迎晟. 科技投资新时代：TMT 投资方法、趋势与热点聚焦. 北京：人民邮电出版社，2018.

[11] 瓦伦丁. 证券分析师实践指南. 王洋，译. 北京：机械工业出版社，2018.

[12] 卢庆华. 公司控制权：用小股权控制公司的九种模式. 北京：机械工业出版社，2019.

[13] 于秉汝，索晓辉. 财务分析指标案例精讲. 北京：中国经济出版社，2018.

[14] 程郡. 简明财报分析指南：教你如何挖掘好公司. 北京：四川人民出版社，2021.

[15] 全昌明. 投资最困难的事：公司基本面分析与估值. 北京：中国经济出版社，2017.

[16] 马永斌. 公司治理之道：控制权争夺与股权激励. 北京：清华大学出版社，2013.

[17] 华生. 万科模式：控制权之争与公司治理. 北京：东方出版社，2017.

[18] 闫长乐. 公司治理. 修订版. 北京：人民邮电出版社，2016.

[19] 桂曙光，陈昊阳. 股权融资：创业与风险投资. 北京：机械工业出版社，2019.

[20] 杨军. 企业融资：投资人没告诉你的那些事. 北京：中华工商联合出版社，2021.

[21] 谢晖，杜超，林可成，郑曦林. 赢在 IPO：注册制下的 IPO 上市实用指南. 北京：人民邮电出版社，2022.

[22] 张兰田. 企业上市审核标准实证解析：企业上市 • 审核标准实证解析. 北京：北

京大学出版社，2013.
［23］袁森庚，李智琪，舒长林，张振华，王志健，李欣. 科创板上市实务精要. 北京：中国经济出版社，2019.
［24］陈滔，罗楠. 企业上市筹备攻略. 北京：法律出版社，2017.
［25］陈卓，王贺. 北交所IPO：北京证券交易所制度规则透析与上市实务操作指南. 北京：中国法制出版社，2022.
［26］丁先云，刘海旭. 科创板IPO上市全流程指导. 北京：中华工商联合出版社，2020.
［27］尹松林. 注册制企业IPO实战指南：IPO全流程与案例深度剖析. 北京：人民邮电出版社，2021.
［28］阿斯沃斯·达摩达兰. 故事与估值：商业故事的价值. 廖鑫亚，艾红，译. 北京：中信出版社，2018.
［29］阿斯沃斯·达摩达兰. 学会估值，轻松投资. 陈召强，译. 北京：中信出版社，2018.
［30］陆晔飞（Yefei Lu）. 巴菲特的估值逻辑：20个投资案例深入复盘. 李必龙，林安霁，李羿，译. 北京：机械工业出版社，2017.
［31］默瑟，哈姆斯. 股权估值综合实践：产业投资、私募股权、上市公司估值实践综合指南（原书第3版）. 刘寅龙，周国康，夏洪岩，译. 北京：机械工业出版社，2022.
［32］拉勒比，沃斯. 估值技术. 王晋忠，译. 北京：机械工业出版社，2015.
［33］郭永清. 财务报表分析与股票估值. 北京：机械工业出版社，2017.
［34］Dr.2. 估值就是讲故事：创业融资与投资. 北京：机械工业出版社，2015.
［35］饶勇军. 股权思维：打造价值百亿的准上市公司. 北京：机械工业出版社，2018.
［36］徐爱玲. 机构投资者持股、公司投资与公司业绩. 北京：社会科学文献出版社，2017.
［37］深圳证券交易所投资者教育中心. 上市公司公告解读25讲. 北京：机械工业出版社，2011.
［38］袁克成. 股市信息藏宝图. 北京：机械工业出版社，2009.
［39］李明. 媒体报道、董秘特征与信息披露质量. 成都：西南财经大学出版社，2020.
［40］任泽平. 大势研判：经济、政策与资本市场. 北京：中信出版社，2016.
［41］任泽平，甘源. 新周期：中国宏观经济理论与实战. 北京：中信出版社，2018.
［42］静逸投资. 投资至简：从原点出发构建价值投资体系. 北京：机械工业出版社，2020.
［43］林奇，何天峰. 一本书看透价值投资. 北京：机械工业出版社，2020.
［44］梁宇峰. 长期的力量：如何构建可持续的价值投资盈利体系. 北京：中信出版集团，2019.
［45］王利杰. 投资异类. 北京：北京联合出版公司，2017.

[46] 王成，韦笑. 策略投资. 北京：地震出版社，2012.
[47] 申银万国策略投资团队. 策略投资方法论. 太原：山西人民出版社，2014.
[48] 武超则，张玉龙. 科创板投资策略十讲：制度、交易与案例分析. 北京：中信出版集团，2019.
[49] 张巍（清澄君）. 资本的规则. 北京：中国法制出版社，2017.
[50] 李晓伟. 中国股市 20 年投资智慧. 北京：电子工业出版社，2011.
[51] 李善友. 第二曲线创新. 北京：人民邮电出版社，2019.
[52] 李善友. 第一性原理. 北京：人民邮电出版社，2021.
[53] 赫尔曼·西蒙（Hermann Simon），杨一安. 隐形冠军：未来全球化的先锋（原书第 2 版）. 张帆，吴君，刘惠宇，刘银远，译. 北京：机械工业出版社，2019.
[54] 李开复，汪华，傅盛. 创业就是要细分垄断：互联网创业下半场机会路线图. 北京：文化发展出版社，2017.
[55] 彼得·蒂尔，布莱克·马斯特斯. 从 0 到 1：开启商业与未来的秘密. 高玉芳，译. 北京：中信出版社，2015.
[56] 王鑫鑫. 软件企业商业模式创新研究. 武汉：湖北科学技术出版社，2012.
[57] 谢芳. 上市公司价值管理研究基于中国上市公司的案例分析. 北京：北京理工大学出版社，2019.
[58] 何丹. 上市公司投资者关系管理：评价、路径与效应. 成都：西南财经大学出版社，2020.
[59] 周涛. 财务尽职调查：全流程方法与实务案例. 北京：人民邮电出版社，2021.
[60] 张国峰. 走向资本市场：企业上市尽职调查与疑难问题剖析. 北京：法律出版社，2013.
[61] 江苏省上市公司协会. 上市公司证券事务管理手册. 北京：中国财政经济出版社，2019.
[62] 李占英. 公司章程制定实务与条款设计指引. 3 版. 北京：法律出版社，2016.
[63] 布拉德·菲尔德（Brad Feld），杰森·门德尔松（Jason Mendelson）. 风投的技术：创业融资及条款清单大揭秘. 桂曙光，译. 北京：机械工业出版社，2017.
[64] 欧阳良宜. 私募股权投资管理. 北京：北京大学出版社，2013.
[65] 雷霆. 公司并购重组原理、实务及疑难问题诠释. 北京：中国法制出版社，2014.
[66] 邱丽，殷磊刚. 上市公司并购重组操作实务指引. 北京：法律出版社，2017.
[67] 陈汉文，林勇峰，鲁威朝. 做空 VS 反做空：信息披露维度的观察. 北京：北京大学出版社，2018.